易經圖解

用數字卦占卜法，掌握自我運勢，
解答人生及職場的不可測

占卜攻略

原來 著

自序

我這一輩子都一直在做一件事情，就是亟思越寫越簡單，因為我認為知識沒有那麼複雜，所謂江湖一點訣，只要抓住關鍵點就可全部貫通，所以無論我是在講課、企業管理診斷、心理諮商，我大多是一語道破一針見血。曾經，有學生向我說：老師，您講話好毒，可是很爽！因為我直接點出他作品的最大盲點，現在他在某大城市當電影導演了，還得獎呢！曾經，我老表姊在車上訴說她的苦處，我聽完回了幾句話，她回說：原來，您怎麼可以用幾句話就把我一生的困難疑惑解決了，兩年後她就無憾地走了。

一個簡單的道理，可以直接說，也可以包裝成看似學術的外衣，讓外人望之生畏，感覺進入深奧的大殿堂，要努力研讀才能獲取箇中精要，但是當他鑽研成為一方大家之後，才豁然頓悟，原來道理就這麼簡單；要塑造學問術數的權威感，卻要犧牲這麼多年研修一堆刻意創造的專業知識，最後才講出簡單的答案。這就是學術經濟學，也就是說您要花五年的學費才能「全部悟透」，否則，一小時就講明白了，這個學費能夠收多少？

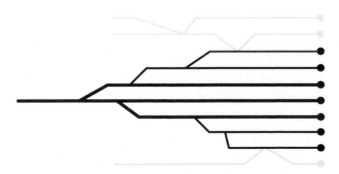

　　還有一個現象，就是原本的知識是簡單且基本的，後人就依個人的感想與創意增添上去，或是另創新詞，更有甚者，根本不是這門學問，也靠過來沾黏一下，對外也說這個理（黑色線），所以原本只有三個點，最後呈現的就高達十個點，要學習十個點的知識，最後才知道只有三個點是真的道理。最明顯的情況就是行銷，本來只有幾個簡單的架構就可以說明整個市場運作，後來又發明一堆新詞，什麼第八項修養、藍牛、深海戰略等（名詞都修飾過），最終都只有一個理。

　　我求學問只有一個道理，就是宋‧張載《經學理窟‧義理篇》所言：「於不疑處有疑，方是進矣。」胡適先生也呼應：「做學問要在不疑處有疑，待人要在有疑處不疑。」所以當大家都在延伸易經的卦意爻辭在人生道理上，我卻對於易經在商朝成書之因產生好奇心，因而出版了「易經原意」乙書，封面兩行字就是整本書的主軸：刪除孔子注述，只留本卦和爻辭原始版本；以天文考古上古史文獻，探究易經成書之原意。

　　我自小就是喜歡亂塗鴉的，師從李仲生老師學習現代藝術，也開過個展，對於圖像感覺特別靈敏；看易經小然，腦海中總是會組成一些畫面，慢慢地，我發現使用一棟六層樓的說明方法，配合現代的語言去詮釋爻辭，還是可以講得通的，而且可以降低初學易經讀者的恐懼感，我希望的是，這句話「易經，好難喔」從此消失。

　　我希望這一本是入門易經的「真正第一本」，讓您讀了有興趣，有一種撥雲見日的快感，您就會繼續研究下去；我也很歡迎您拿這一本書向老外介紹易經，因為文字淺顯容易翻譯，而且我刻意畫西洋樓層更有親和力，如果一本書可以當作文化外交，也是一件功德了。

原來　謹識

於桃園南崁

2020年3月1日

導讀

　　本書的特色就是：**用現代生活用語及創意圖像解說易經。**

　　易經卦象爻辭的表達特色是：**創意的圖像表現法，使用西洋一棟六層樓（在英國，我們認知的樓上二樓就稱為一樓，您就這樣想像吧），每個爻都處在某層樓的高度與地位，它和其他層樓的互動關係，所產生的情況就是爻辭含意。**

　　本章導讀的解說順序與用意：

1. 自古有疑問就會有占卜的行為，榮格也有解釋這是「共時性」現象。
2. 遠古時代就有拿草桿卜筮，有八種組合與答案，預估是八卦的前身。
3. 「心誠則靈」可啟動共時性，以及問卜題目類型和應有的態度。
4. 舉出最簡單的數字占卜法，自己馬上可以問卜，並列舉四個問卜實例。
5. 說明商朝易經成書，事隔620年之後的孔子所寫的十翼，應予刪除，才能真正回歸到易經原初面貌。
6. 說明經過100萬次商朝巫覡卜筮後所驗證修飾的爻辭，準確度無人能比。
7. 開始解說太極、八卦之各種含意，以及易經上下兩卦的組合稱呼方式。
8. 解釋上下兩卦的各種現象，例如上位下位、外位內位等互動關係。
9. 介紹本書創意圖像表現法，一棟西洋造型的六層樓，每一層樓所代表的含意，以及爻位屬性的表現方式。

　　無論是現在或古代，人們對於未知的未來總有莫名的恐懼感，也想要知道未來將會是什麼情況。在古代，透過某些儀式預測這次的出征打戰會不會獲勝？或是這次將女兒嫁出去或是去娶媳婦適不適當？什麼時候去偷襲敵人的營寨最容易成功？直至現代亦然，有三間公司要去哪一家比較好？最近做的案子會有什麼問題？她到底愛不愛我？遇到未來的情況，現在應該要準備什麼？要用什麼心態面對未來？全世界各地都有不同形式的卜筮活動，所使用的工具隨地拿取，觀看眼前所呈現的徵象判斷與預測，長期的卜筮實驗，一些徵象大量地出現某些特定的結果，慢慢地就形成了一套理論與原則，並且賦予它們一些專有名詞以便記憶與運用。

　　為什麼卜卦、塔羅牌、米卦、鳥卦等卜筮儀式可以對應到問卜者的相關事情？瑞士心理學家榮格受到《易經》的啟發，提出「共時性」（Synchronicity）現象，在專心而誠意的情境下，啟動了共時性，造成了「有意義的巧合」，反映了人和事物在當下時空的相互關聯與呼應；為了要讓共時性發生，

榮格也認為「心誠則靈」的重要性，問卜者一定要想定這些事物一定會存在於當時的時空情境中，並且認定卦爻辭確實可以呈現出他的狀態。在這個卦象解釋存在於當卜時空特殊的互相依存的關係上，有人說三個月期間（卜卦不能卜一輩子的事），人和事物有一種強烈的參與情感發生。

　　在遠古時代，八卦產生之前，就有請巫師卜筮預測將要發生的事情的儀式，以涼山彝族的「雷山孜」數卜卦為例，巫師取細竹或草桿一束，握於左手，右手隨便分去一部份，看左手所餘數量是奇是偶。如此共行三次，則可得三個數字。巫師根據這三個數是奇是偶及其先後排列，判斷「打冤家」、「出行」、「婚喪」等事的勝敗和吉凶。

這種占卜法卜必三次，其排列和組合有八種答案：

奇奇奇	非勝即敗，勝則大勝，敗則大敗（中平）
偶偶偶	不分勝負（中平）
奇偶偶	戰鬥必敗，損失大（下下）
偶奇奇	戰鬥不太順利（下）
奇偶奇	戰必勝，俘虜必多（上上）
偶奇偶	戰鬥無大不利（中平）
奇奇偶	戰鬥與否，無甚影響（平）
偶偶奇	戰鬥有勝的希望（上）

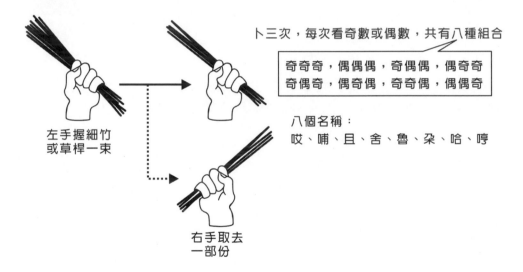

卜三次，每次看奇數或偶數，共有八種組合

奇奇奇，偶偶偶，奇偶偶，偶奇奇
奇偶奇，偶奇偶，奇奇偶，偶偶奇

八個名稱：
哎、哺、且、舍、魯、朵、哈、哼

左手握細竹
或草桿一束

右手取去
一部份

這八個答案，有八個名稱，分別是哎、哺、且、舍、魯、朵、哈，哼等八卦的卦象，這說明了在我們熟知的八卦之前，早就有類似八個答案組合的卜筮活動。

易經成書究源

　　易經成書應該是在商朝末年，最後一個卦的完成應該是歸妹卦。

　　商朝末年最後第二個君王帝乙（帝辛紂王之父）為了當時的政治情勢，將自己的親妹妹嫁給西伯昌（以後的周文王）以穩定雙方矛盾，重修舊好，姊姊未嫁而妹妹先嫁有違常理，和雷澤卦（長男在上，少女在下）的卦理相同，所以巫師們把這一事件放在雷澤卦，取名「歸妹」，所以可以推論易經成書於商朝末年。

　　而事後大約620年，孔子將作十翼，把易經整部書解釋一遍，事隔六百多年，孔子一位學習易經的人，如何能夠正確解釋古人的書？兩個時段的時空和社會觀念大為不同，這就好像是一樣是620年，就是現在和明惠帝的時間距離，我們能夠知道明惠帝當時的社會觀念和生活型態嗎？我們能夠正確詮釋明惠帝當時的古書嗎？我們連明惠帝當時的流行歌曲都沒聽過呢！

　　加上孔子一生信奉的一個重要理念是：敬鬼神而遠之！至於有沒有神，他既不承認，也不否定。以中國傳統自居的儒家文化，就缺乏對神明的敬畏。讓孔子詮釋這整部卜筮之書，而且全部轉為仁義智信，對易經而言等於是披上了儒家思想，但是卻無法回歸到易經在商朝成書的原貌；孔子對易經爻辭的解釋甚至摒棄原有的內涵，雖然是為後世研究易經創造了新的思路，但是卻也阻斷了人與天溝通的橋樑。

　　所以本書只保留易經的原文，其他全部捨去，回歸到易經的原貌，才能正確地看易經，而且以最原始的立場看易經。

　　從時間軸線劃分就很清楚，易經成書於商朝，當時所使用的是先天八卦，也就是說，商朝的巫師只知道先天八卦。在商朝末年完成易經之

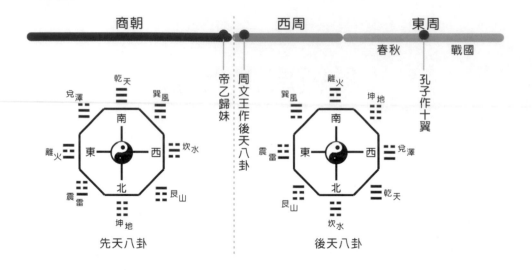

後，周文王才創作後天八卦，所以不應該使用後天八卦去詮釋易經，後人拿後天八卦來詮釋易經，有可能會誤解了商朝巫師的原意。加上孔子又作十翼寫的文字遠多於易經本文，加入太多個人主觀的信仰與理念，更可能有喧賓奪主或曲解之虞。

商朝約600年的歷史，屢次遷都心裡不安定，直至盤庚遷於殷才安定273年，這600年商人事事問卜，如果一天有5人問卜（商朝土地那麼大，應該有吧），600年×365天×5次＝1,095,000次，隨便計算至少有100萬次的卜筮，這麼龐大的卜筮實際驗證，某些情況會大量重複出現在某卦某爻，而將各爻辭調整修飾到最準確的文字。

這些龜甲獸骨在歷朝歷代都被當作「龍骨」一種不值錢的中藥材，這其間3000年來不知被吃掉多少，至少吃掉84萬片吧，直至1899年清朝末年金石學家王懿榮去中藥店拿藥，他發現這些龍骨上面刻有未見過的古文字，趕緊在北京廣泛收購了1500片，王懿榮鑑定龍骨上的文字就是商代文字，這也是研究甲骨文之始，王懿榮因此被稱為甲骨文之父。

現今所蒐集的龜甲有十六萬零三十片，反推回去，扣掉3000年來被吃掉大量的龍骨，商代至少有100萬次卜筮應該可以成立，每一次正式的卜筮，必須回報給君王貴族，巫師們不敢怠慢，如果卜後結果與爻辭不符，必然會稍加修正直至趨於準確，這世界上能有多達百萬次的驗證的卜筮書，應該只有易經這一本書了吧。

　　每一個人都可以對易經發表自己的看法，因為易經本文的文字很少，但是如果要詮釋易經應該要去除周朝以後的所有文字，因為自從儒家掌握整個中華文化的主流之後，後代學者就會參考孔子對易經龐大的註釋字字推敲，又衍生一堆見解，這樣離易經本意可能越來越遠，本書刻意刪除商朝末年以後才增加的任何文字，只保留易經爻辭本文，直接探求其意，回歸原真。

　　您會發現到，除了易經爻辭本文以外，附加上去的文章與注釋還真的是非常多呢，這些文字可能可以更完整地解釋易經，但也有假借易經而發揚自身信仰與道德觀之嫌，尤其是儒家不敬神，有一堆爻辭的解釋都歸類於「君子」，連我們所熟知的「天行健，君子以自強不息」也是外加上去，並不是商朝巫覡寫的文字。所以，我們一開始要認識易經，可否先直接去探求爻辭本文之原意，等到弄懂以後，自己有一個評斷的基準，再去檢視後代附加上去的文章；否則，任何人寫的文章，您都以為是易經本義原意，很可能會傷了商朝巫覡的心。

易理淺說

太極

　　事物最原始的秩序狀態，從陰陽未分到分出了白天晚上日照陰影持續運行，所有事物的本源，稱為太極。

　　一生二，有陰有陽，有0有1，陽是一長直線，陰本來是打摺的線，後來使用中間斷掉的兩短線符號；世間一切事物或現象都存在相互對立或相對的概念，陽是上是天是升，陰是下是地是降，是為兩儀。

陽，表示陽氣，剛健，男性，君子，實等意思。

陰，表示陰氣，柔順，女性，小人，虛等意思。

以一樣的演化邏輯，左邊是陽（1），右邊是陰（0），再發展下去就發展了四象，分別是太陽，少陰，少陽，太陰。而「四象」如同「四時和四方」，少陽為春為東，太陽為夏為南，少陰為秋為西，太陰為冬為北，天地能長養萬物，就是有春去秋來、寒來暑往的交替變化，也有生、長、收、藏的生命現象。

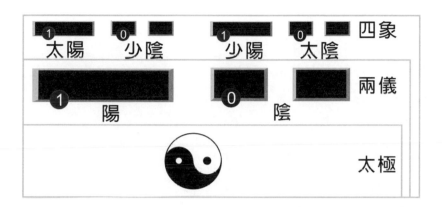

再以一樣的陽在左陰在右往上發展而成八卦，這也是2的3次方，有八種組合，以數字和陰陽來看，從下面分別疊上去，從左到右依次是111陽陽陽、110陽陽陰、101陽陰陽、100陽陰陰、011陰陽陽、010陰陽陰、001陰陰陽、000陰陰陰。

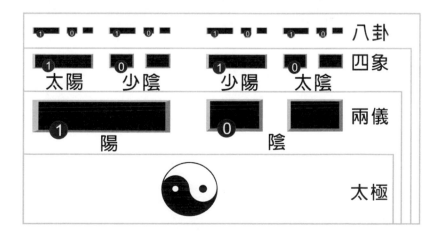

這八卦依照發展的順序就給予編號，也賦予一個名稱，按其順序（從左至右）就是乾兌離震巽坎艮坤（12345678），多唸幾遍您就熟悉了。

而每個卦的名稱和形狀的記憶點，宋代朱熹寫了一首《八卦取象歌》可供參考：

乾三連（☰），坤六斷（☷）；
震仰盂（☳），艮覆碗（☶）；
離中虛（☲），坎中滿（☵）；
兌上缺（☱），巽下斷（☴）。

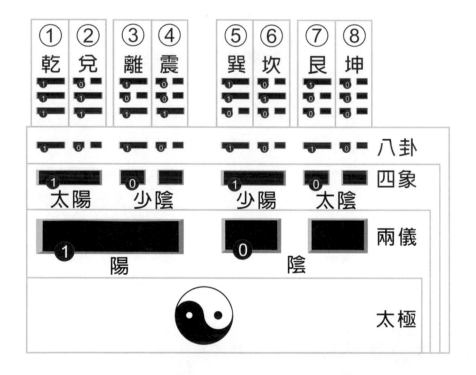

乾卦是三個陽爻三直劃，坤卦是三個陰爻斷成六短劃，震卦看起來就像一個碗朝向上方，艮卦則像一個碗倒蓋，而離卦中間是虛空的，坎卦的中間是滿盈的，兌卦上面是陰爻看起來缺了一些，巽卦則是下方斷掉了。

　　由於八卦的演化是從太極兩儀四象而成，就像蓋房子一樣，由底層漸漸疊上去，所以底層最早形成，在家裡應該是排行老大，由上則依序是老二和老么。

　　所以八卦也可分別代表家中的成員，乾卦是父親都是陽爻，兌卦是三女因為一個陰爻在最上層最後次序，離卦是次女一個陰爻在中間第二次序，震卦是長男一個陽爻在最底層第一個順位。

　　巽卦是長女一個陰爻在最底層第一個順位，坎卦是次男一個陽爻在中間第二次序，艮卦是三男因為一個陽爻在最上層最後次序，坤卦是母親都是陰爻。

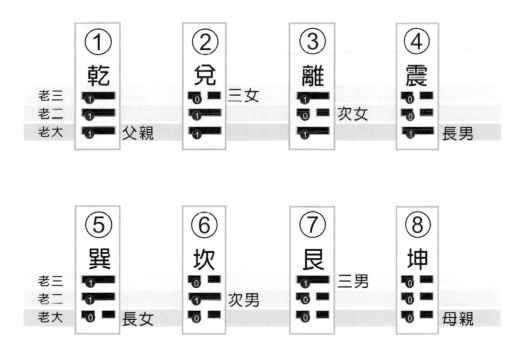

　　八卦對應於山水天象，每一卦就有一個主要的象，就是**乾為天，坤為地，震為雷，巽為風，坎為水，離為火，艮為山，兌為澤**。

　　這八個象記住了，以後就很好記六十四卦，因為六十四卦是由兩個卦體上下組合，拿這八個象比較容易記憶，例如比卦䷇，上卦是坎卦為水，下卦是坤卦為地，所以依照上下卦象就稱為「水地比」；又如大有卦䷍，上卦是離卦為火，下卦是乾卦為天，所以稱為「火天大有」。

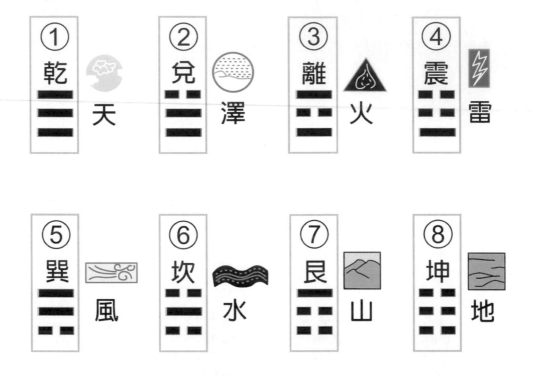

這個依照後天八卦而衍生的五行屬性，和商朝末年成書的易經關係不大，但是因為五行幾乎盤據整個中華文化，是必備的知識，所以還是要介紹一下。

五行的唸法以後要這麼唸：**木火土金水**，因為這樣的順序剛好是相生，木生火，火生土，土生金，金生水，水生木；而相剋則是「下跳棋」，跳過一格就是相剋，木剋土（跳過火），火剋金（跳過土），土剋水（跳過金），金剋木（跳過水），水剋火（跳過木）。

以形狀而論，木是長方形，火是三角形，土是正方形，金是圓形，水是波浪形。

以顏色而言，木是青色，火是紅色，土是黃色，金是白色，水是黑色。

八卦的五行屬性，乾卦為天屬金（圓形形狀），兌卦為澤屬金（圓形形狀），離卦為火屬火（三角形形狀），震卦為雷屬木（長方形形狀），巽卦為風屬木（長方形形狀），坎卦為水屬水（波浪形形狀），艮卦為山屬土（正方形形狀），坤卦為地屬土（正方形形狀）。

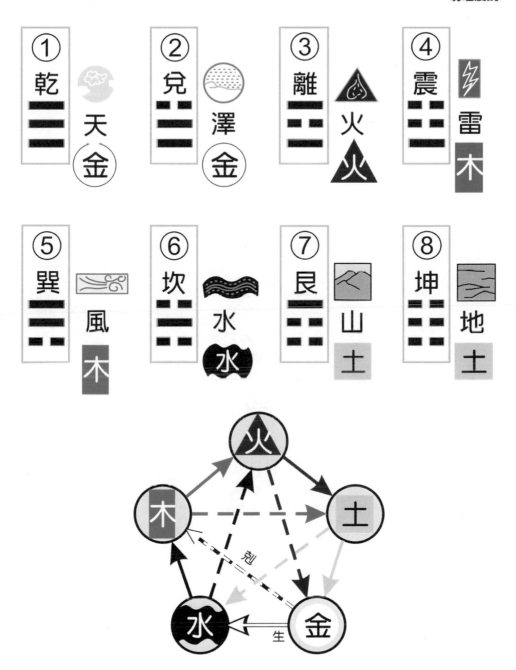

這就是先天八卦的位置圖，要留意的是上方是南方，因為在中原地區太陽永遠在南方運行，所以前方上方是南方。

　　先天八卦就是空間陰陽相對的概念，相對兩端的卦都是相對而互補，正所謂「天地定位，雷風相薄，山澤通氣，水火不相射」，整個萬物就是在陰陽消長中形成一個平衡狀態。

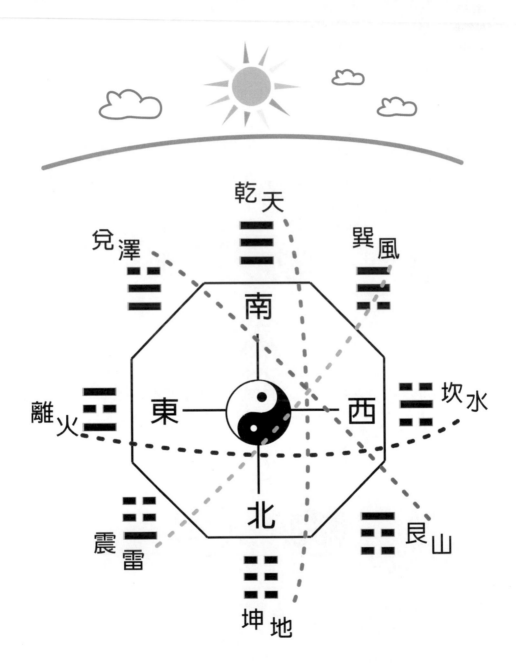

　　要記住先天八卦的位置很簡單，只要熟唸「**乾兌離震巽坎艮坤**」這個順序，從上面畫下來剛好先逆時針後順時針，和太極圖相似。唸了一遍，各卦的位置就在腦中排列出來了，萬一您不熟悉震卦在先天八卦的位置，當您唸「乾兌離震」就已經走到第四號的東北方，所以震卦在先天八卦位於東北方。而坤卦位置呢？當您唸「乾兌離震巽坎艮坤」最後唸完，剛好落在第八號北方位置，所以坤卦在先天八卦位於北方。

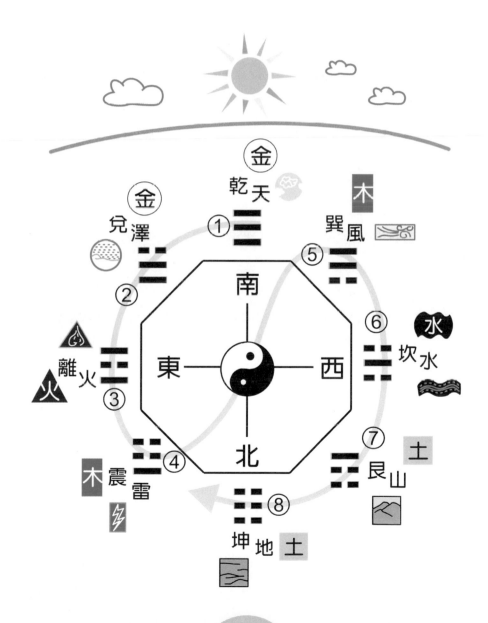

六十四卦是由上下兩卦組成，要記住卦名最好的方法就是上下兩卦體的象一併唸出，一方面好記，另一方面也馬上熟知該卦的卦意。

例如：天火同人，水澤節，雷地豫，風山漸，澤火革，地天泰。

八卦組成上下兩卦成為64個卦(8X8=64)

上卦	☰ 天	☵ 水	☳ 雷	☴ 風	☱ 澤	☷ 地
下卦	☲ 火	☱ 澤	☷ 地	☶ 山	☲ 火	☰ 天
	同人卦	節卦	豫卦	漸卦	革卦	泰卦

這是看一個卦的多種方式，用以判斷這個卦，這個爻所處的情況，這都是後世解釋卦象的見解，多加了解即可，有時用得上，解釋得通，理解更快一些。

上位和下位：就是上下卦，表示天地萬象的上下構成，這是卦最早的意象，卦名也是由此推演而來。

外位和內位：外位為上卦，表示事物的外部表徵；內位是下卦，代表內在本質。

左位和右位：在夏商周時期，朝官尊左，上卦為左位，下卦為右位，表示事物的左右兩面之平行、對等關係。

前位和後位：上卦為前位，表示事物的前半部運作；下卦為後位，代表事物的後半部，往後發展趨勢。

往位和來位：上卦為往位，是指事物遠處發散、擴張離去之情況；下卦為來位，表示近處

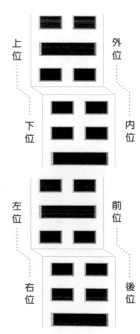

上位 / 外位

下位 / 內位

左位 / 前位

右位 / 後位

聚合、收縮回來的狀態。事物的往來狀態或聚散現象。所以，從上到下就是「來」，從下到上是「往」。

主位和次位：主位在下卦，表示事物的基本，卦的形成就是由下至上的；次位在上卦，代表從屬和衍生。

重位：上卦和下卦一樣，重複卦象，有強調、加重的意思。

天人地位：上面兩個爻為天位，表示高層、天上之事；中間兩個爻為人位，代表中層、人事；底下兩個爻為地位，代表基層、地下之事。

地位的正位是第二爻，因為第二爻正好位於下卦的中位。

人位的正位是第三爻，因為第二爻更接近大地（第一、二爻地位）。

天位的正位是第五爻，因為第五爻正好位於上卦的中位。

第五爻為天位的正位，也被稱為君位。

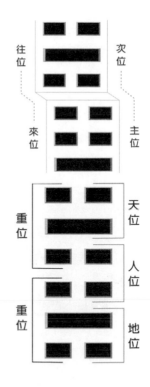

易圖釋義

本書為了能夠讓讀者了解卦爻之意，特以房子結構和窗戶形狀的圖解方式表達，共有六層樓。

底下大門這一層樓只是裝飾不算，您就想成這是一棟英國的房子，英國的「一樓」就是我們所稱的二樓，這只是方便圖解表達而已。

每一層樓的本質應該是陽或陰，以「窗戶形狀」表示。例如一、三、五樓的窗戶是「陽」的形狀，二、四、六樓的窗戶是「陰」的形狀。

如果各卦的爻的陽或陰和窗戶形狀相吻合，就是得位、當位、正位；如果形狀不相符，就是失位、不當位，非其位。

住在每一層樓的心理狀態也各有不同。

住在一樓有「**多潛**」難知，因為事物才剛開始，能力也較無經驗，適宜安守潛修，對未來發展也比較難以預料。

住在二樓「**多譽**」，自己位於下卦的中央（臣子），離五樓（君王）遠而不受干擾，而且和五樓是相應的位置，獲得美譽的機會比較多。

住在三樓「**多凶**」，位於下卦最上端末路之位，和六樓相應但是六樓自己也是上卦最上端末路之位，六樓都自顧不瑕了，三樓沒有獲得六樓強力的相應支援，如果是陽爻剛好符合窗戶形狀（陽）凶險較小，但是如果是陰爻（與窗戶不相符）則多凶險。

住在四樓「**多懼**」，因為距離五樓（君王）最近，伴君如伴虎而感覺不安，四樓和一樓相應但是兩者都是位於上下卦的最下位，事情才剛剛開始，經常拿不定主意，所以較多恐懼。如果四樓和五樓陰陽相合，多懼的情況會較緩和；但是如果四樓和五樓同是陰或同是陽，同性相斥，則四樓將如履薄冰。

住在五樓「**多功**」，位於上卦的中央（君王），是整棟樓中至尊至貴的位置，所以多功蹟。

住在六樓「**多亢**」易知，已經位於最高樓，代表宗廟、祖宗等，也表示事情做得過頭，爻辭有警示之語；也表示事情已經到了最終狀態，全部過程及結果都很清楚，爻辭有肯定之意。

整棟樓從一樓到六樓，從氣的運作而言，依次為**始、成、極、革、盛、終**。

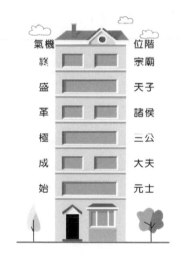

如果是整個社會階層而言，從最底層往上，依次為**元士、大夫、三公、諸侯、天子、宗廟。另外，也可以比喻為庶民、士人、大夫、公侯、天子、太上皇**，大致上階層差距不大。

從底層到最高層，易經取象多元，有時候會從岸邊、丘陵漸至高山，有時候會從人體的腳趾，大腿直到頭部。

這六個爻都畫得歪斜，因為爻和窗戶的形狀不相符，也就是說，一樓本來應該是陽位，窗戶的形狀就是陽，但是陰爻放在一樓無法嵌入窗戶，所以歪斜。

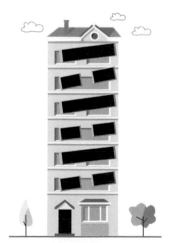

二樓的本質就是陰位，窗戶的形狀就是陰，但是陽爻在二樓無法融入，所以歪斜。

這就是不得位，失位，不當位，非其位。

這六個爻都畫得很正，因為爻和窗戶的形狀相吻合，也就是說，一樓本來應該是陽位，窗戶的形狀就是陽，陽爻放在一樓剛好嵌入窗戶，所以畫得正。

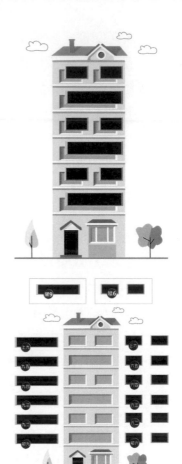

二樓的本質就是陰位，窗戶的形狀就是陰，陰爻在二樓可以融入，所以畫得正。

這就是得位，正位，當位。

九是極陽之數，六是極陰之數，易經稱九就是陽爻，六就是陰爻。第一層樓稱為「初」，二至五樓以數字稱之，到了第六層樓稱為「上」。

所以，以陽爻而言，由下而上，初九，九二，九三，九四，九五，上九。

就陰爻而論，則是初六，六二，六三，六四，六五，上六。

一看就知道住在哪一層樓，是陽或是陰。

這六層樓其實是分為兩大部份，上半部和下半部，兩部份的相對位置就會互相溝通，因為他們的處境都一樣。

一樓和四樓都處於上下卦的最下爻，二樓和五樓都是上下卦的中央位置，而三樓和六樓則處於上下卦的最頂端。

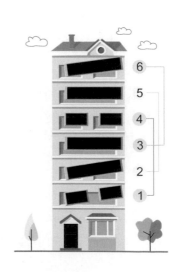

這就是「應」。

因為陰陽相合，異性相吸，會互相打電話溝通，相應支持，所以如果一、四樓，二、五樓，三、六樓分別是陰和陽，就是「相應」，或得應。

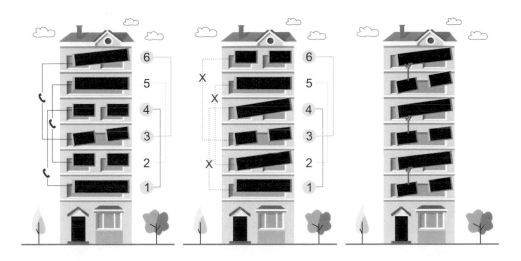

　　如果兩方都是陽，或都是陰，同性相斥，不會溝通，不會相互支援，所以如果一、四樓，二、五樓，三、六樓同樣是陰或陽，就是「敵應」，或失應。

　　陰會支持陽，柔弱者會順承陽剛者，或是賢臣輔佐明君；所以如果往上走的時候，遇到單一的陰爻，或是多個陰爻再往上轉為陽爻時，底下的陰爻會支持陽爻，這是一種一種支撐、烘托、承繼等作用，稱為「承」。

　　例如 一樓（陰）承二樓（陽），三樓（陰）承四樓（陽），五樓（陰）承六樓（陽）。

　　所以使用綠色手托著的抽象符號表示。

　　相鄰的上下樓有比鄰、比肩的關係，例如一樓和二樓，四樓和五樓等。因為同性相斥，異性相吸，所以相鄰比鄰的如果是同性（陽陽，陰陰）就稱為「敵比」，沒有相求相得之意；如果是異性（陰陽）就是「親比」。

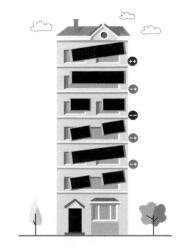

　　例如一、二樓；二、三樓；四、五樓是陰陽相鄰，所以是親比，畫一個綠色圓圈有正負符號。這陰或陽哪一個在上方也有不

同，陽在上陰在下（一、二樓）是「順」，合乎常理，陽乘陰，陰承陽；而陰在上陽在下（二、三樓）是「逆」，雖然陰陽相合，但是不太順利。

三、四樓是陰陰相鄰，是敵比，畫一個紅色圓圈負負符號。

五、六樓是陽陽相鄰，也是敵比，畫一個紅色圓圈正正符號。

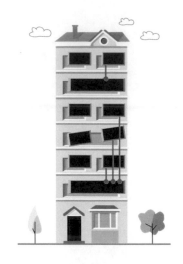

陰會對陽趁虛、趁危，居高臨下；陰爻在上面乘了底下的陽爻，表示臣子欺辱君王，小人乘凌君子。如果從上而下，單一個陰轉成陽，或是很多個陰之後轉成陽之時，就有「乘」的作用。

例如：六樓（陰）乘五樓（陽）。四、三、二樓（陰）乘一樓（陽）。

所以使用紫色線拉到一圓點表示。

如果六層樓中只有一個陰爻，或只有一個陽爻，而且不是在第一或第六層樓，就是在二、三、四、五樓這個爻得位（爻的形狀和窗戶相吻合）或位居尊位（五樓），則其他五層樓都會和這個爻對應而陰陽相合。

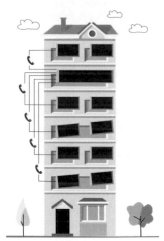

例如五樓是陽爻，位於尊位且得位，則一、二、三、四、六樓（陰）都會和五樓打電話溝通相應支持。

爻和爻之間會有相應溝通，通常都是上下卦相對應的位置，例如下卦的最底層（一樓）和上卦最底層（四樓），下卦中央（二樓）和上卦中央（五樓），下卦最頂端（三樓）和上卦最頂端（六樓）。

如果兩層樓都是同性，陽和陽，陰和

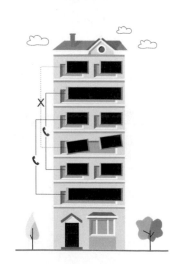

陰，同性相斥，不會相互溝通，例如三樓和
六樓是「敵應」。

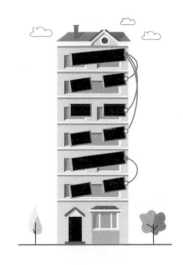

如果兩層樓都是異性，陰陽相合，會相
互打電話支持，例如一樓和四樓，二樓和五
樓是「相應」。

陽會控制陰，陽的底下有陰就有佔據、
盤據、居高臨下的現象，這就是「據」，例
如二樓（陽）據一樓（陰），六樓（陽）
分別據五樓（陰）、四樓（陰）和三樓
（陰）。

一個卦是由三個爻組成，中間那個爻是
中位，這整棟樓有上下兩個卦，就有兩個
中位，上卦的中位在五樓，下卦的中位在
二樓。

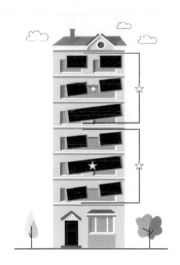

五樓本質是陽（窗戶形狀是陽），如果
陽爻位居五樓，又有剛中之德；二樓本質是
陰（窗戶形狀是陰），如果陰爻位居二樓，
則有柔中之德。

中位畫上一顆星星，代表多是有好的情
況，而五樓是尊位代表君王，俗稱「九五之
尊」；二樓就是臣子、賢達人士等。

易占簡單方法——數字卦占卜法

先簡單地想，易經在商朝本來就是一本卜筮書，是巫師卜卦後的徵象決斷參考；不管以後如何演化到人生哲理或數學演化，我們先回復到易經最原初的狀態，就是解決王侯面臨的征戰決策、百姓面對紛亂時局的去向疑惑，坐在攤位的卜卦師就可以解答。

基於「心誠則靈」的大原則，問卜絕對不可以輕忽不經心，更不可用玩耍的心態一卜再卜；不要幫別人問卜，要問的是自己的事情，精神和身體都投入於這件事情的氛圍裡面，並誠心祈求上天能夠賜給一個方向供您參考。更進一步，將自己放空，感覺自己可以與上天密接，準備聽天意，這樣所卜出來的徵象，依實際案例，會更貼近您的情況，這也可以說您已經啟動您自己的「共時性」了。但是同一件事情，短時間內不可重複占問，最好過了三個月「共時性」時段之後，再問卜為宜。

至於問卜的問題，您要先想像上天或神祇是一個靈性的氣團，祂是直觀的，祂沒有我們人類有那麼多種情愫、詭辯、以及假設語氣；所以，您不要陳述太多的前因後果，例如：「我和她是透過XXX介紹的，當初……，現在她的若即若離使我……」，或是「假設他這樣的話，我可以怎樣」之類的話，也不要設了太多的變數，這樣所顯示出來的徵象，可能連您都不知道是反映哪一段呢！

所以，**問卜的問題要明確，直接，清楚，而且是和您自己關係最密切的問題，距離越近越好，不要幫別人問**，這樣和上天溝通才會有直觀應證的結果。

問題舉例A：陳先生繼續在王府井公司當經理，是否正確，努力是否有收穫。

問題舉例B：某公司已經同意王小姐去上班，王小姐是否要去，努力是否有收穫。

問題舉例C：我和宋小姐交往在一起，是否是合適的。

問題舉例D：我和我男朋友已經交往多年，我未來的公婆會不會接受我。

卜筮會有儀式要做，其實說穿了這只是要幫助您心誠專注而已，要讓自己全心投入於您的問題氛圍的方式，您應該有自己的方法，如果沒有，也可以依照以下的指示去做：

1. **將自己的姓名生日，以及想要占卜的問題寫在紙上。** 這個步驟主要就是藉由書寫的方式，幫助你環顧現狀，整理思緒，釐清問題；同時寫下你的姓名生日，表示你對這件事情的重視。

2. **念一段祈禱文，以開啟「共時性」的卜卦儀式。** 傳統形式的祈禱文大致如下：「弟子（你的姓名），拜請八卦祖師、伏羲、文王、周公、孔子，五大聖賢。智聖王禪老祖，及孫臏真人、諸葛孔明真人、劉伯溫真人、九天玄女、陳摶真人、十方世界諸仙佛、飛空過往神聖，本地、本地方主司福德正神，排卦、排卦童子，成卦童郎，駕臨指示聖卦。今有弟子（你的姓名），住在（你的地址），今為（你的事情），（你的問題）憂疑難決，請諸神依實指示聖卦，請諸神依實指示聖卦。」

3. 以上的祈禱文可以改寫為您自己的版本，這只是利用唸起禱文的一分多鐘時間，促使您心誠則靈而啟動共時性。同理，您如果一直向朋友訴苦某一件事情，其實您也很「專心」於那個問題，在這當口您也可以開始卜卦了。

4. **開始占卜，占卜的方法很多種，** 本書挑一個最簡單的數字問卜法，讓您可以即時上手，方法多元都是次要的，心誠專注才是重點。

5. **卜完後，再唸一次祈禱文，** 或是您自己編寫專屬自己的祈禱文，主要是回報上天或神明，你已經占卜完成，謝謝上天或神明的指導，感激不盡等語。

6.依占卜得到的結果，查閱本書對應的卦，先去理解整個卦意，再去查看因為變爻的爻辭，根據爻辭內容對應自己的情況，可以做哪些的準備，如果預期可能的發展，現在應該先預作哪些事情，以預防、以避免、以迎接這件事情。

7.這只是中國人幾千年來面對著戰亂飢荒人禍等未來不確定情況，個人、社稷、國家都有安全、防衛、治理等諸多問題，透過卜卦指引大致的走向，以供當時君王臣子或平民一個可以著手準備的方向，甚至連逃難的方向也要找到最安全的路，卜卦也可以是一個實用的心理諮商，一直到現在都還蠻實用的。

8.占卜到吉卦，只要高興一小時就好了，要看如何加強準備，以維持這個好運勢；相對地，卜到凶卦，莫驚慌，總會有路可以走的，了解整個卦意，找到適切的方法，把損害想辦法降到最低，要善用這個古老的工具保護自己和家人。

　　易經占卜的方法很多，本書只要提供一個非常簡單，容易操作的方法，**數字卦占卜法**；再次強調，問卜首要心誠則靈，所以就是簡單的數字也可以表現出徵象的。

　　只要講3組三位數字就行了，因為三位數字比較不容易看出最終的計算結果，所以占卜的可信度就增加一些；心裡面不必多想，想到什麼就說什麼，就是腦中有太多數字在繞，以嘴巴最終說出來的數字為準。然後第一、二組數字除以8，第三組數字除以6，就可以得到您要的卦意爻辭了。

　　例如：您說了三組數字分別是868、537、388。

　　將第一組數字除以8，得出的餘數4放在上卦（868/8＝108餘4），按卦序乾（天）1、兌（澤）2、離（火）3、震（雷）4、巽（風）5、坎（水）6、艮（山）7、坤（地）8。4就是震卦，以雷稱之。

　　將第二組數字除以8，得出的餘數1放在下卦（537/8＝67餘1），1就是乾卦，以天稱之。

　　這樣上卦是震（雷），下卦是乾（天），就得出了第三十四卦【震上乾下】的雷天大壯卦（請對照目次）。

　　將第三組數字除以6，得出的餘數4即為爻變（388/6＝64餘4），則

爻變是第四爻，就是從底下開始算上去的第四個爻，你就去看P.174雷天大壯卦第四爻（大壯四）的爻辭「九四：貞吉，悔亡；藩決不贏，壯於大輿之輹。」可知這三個月內的情況變化。

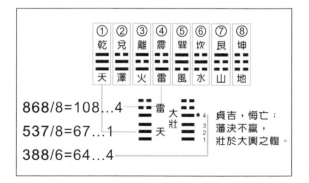

餘數	1	2	3	4	5	6	7	8
上卦	乾	兌	離	震	巽	坎	艮	坤
下卦	乾	兌	離	震	巽	坎	艮	坤

868/8=108…4
537/8=67…1
388/6=64…4

雷 大壯
天

貞吉，悔亡；
藩決不贏，
壯於大輿之輹。

一位業務人員問卜，他擔心手頭上正在處理客戶產品代工案會出問題，他說278、762、326三組數字，占得第六十卦【坎上兌下】的「水澤節卦」P.277第二爻（節二）「不出門庭，凶。」所以不要以為簽了訂單，代工廠商就會如期交件，他一定要出去親自去現場盯緊製作進度，或是指派專人去，否則一定會出事。業務人員表示確實是這樣，因為

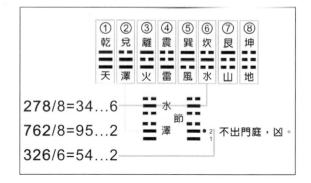

餘數	1	2	3	4	5	6	7	8
上卦	乾	兌	離	震	巽	坎	艮	坤
下卦	乾	兌	離	震	巽	坎	艮	坤

278/8=34…6
762/8=95…2
326/6=54…2

水 節
澤

不出門庭，凶。

這家廠商過去有一些不好的紀錄；之後，在一場宴席他一直謝我，感謝我的提醒，他說製造過程真的「驚險萬分」，好幾次都是即時盯場產品做好，而準時交給客戶。

我朋友問事，AB兩案都行，他一直傾向A案，但總覺得怪怪的，做事不太順的感覺；卜卦後建議改為B案應該就順了。他說156、928、336三組數字，其中，第二組數字928/8＝116整除，那就是115…8（餘8），得了8號坤卦；而第三組數字336要用6去除，336/6＝56也是整除，也是55…6（餘6），在第六爻為爻變。卜得第十六卦【震上坤下】

的「雷地豫卦」P.103第六爻（豫六），爻辭「冥豫，成有渝，無咎。」這意思就是說只要及時覺悟，改弦易轍，則平安無事。第六爻已經是豫卦最上方了，事情已經成熟，但上極則變，而上卦震卦也有改變之象，所以爻辭提示要更改初衷；果然，我朋友改用B案，事情進行順利，平安無事。

有一位地方候選人問卜，他說544、478、825三組數字，卜得第七卦【坤上坎下】的「地水師卦」P.66第三爻（師三），爻辭「師或輿屍，凶。」我說您根本不會當選，而且沒有人幫您，因為第三爻沒有應。他表示確實如此，因為他是無黨籍參選，雖然上次政黨提名小輸，但是這次無黨籍陷入苦戰。果然，選前一個月他發生一件不小的事情，中途退選，當然沒有當選。

我朋友買一間房子，從開始簽約之後就一直不

餘數	1	2	3	4	5	6	7	8
上卦	乾	兌	離	震	巽	坎	艮	坤
下卦	乾	兌	離	震	巽	坎	艮	坤

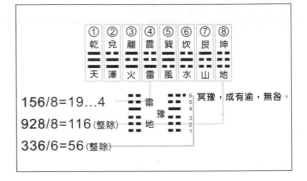

156/8=19...4
928/8=116(整除)
336/6=56(整除)

冥豫，成有渝，無咎。

餘數	1	2	3	4	5	6	7	8
上卦	乾	兌	離	震	巽	坎	艮	坤
下卦	乾	兌	離	震	巽	坎	艮	坤

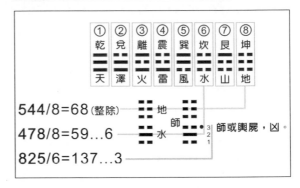

544/8=68(整除)
478/8=59...6
825/6=137...3

師或輿屍，凶。

餘數	1	2	3	4	5	6	7	8
上卦	乾	兌	離	震	巽	坎	艮	坤
下卦	乾	兌	離	震	巽	坎	艮	坤

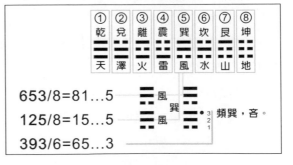

653/8=81...5
125/8=15...5
393/6=65...3

頻巽，吝。

順，找我卜卦，他說653、125、393三組數字，卜到第五十七卦【巽上巽下】的巽卦P.266第三爻（巽三）「頻巽，吝。」爻辭大意是皺緊眉頭伏跪在床下，有困厄；但也有不斷往返的含意，就是風不斷地來回擺盪。我說這間房子有一直反覆做同樣事情的情況，而且會持續很久，這期間要多忍耐，心理建設最重要，知道會有這樣的情況心裡面會好受些。果然，他遇到了這一輩子從來沒有遇到的情況，就是每一件事情都要做兩遍才對，裝窗簾要裝兩次，浴室磁磚要拆下重貼，壁紙要做兩次工，幾乎每一個裝潢工程都是要拆下重做，而且持續一年都是這樣，他只能默默地承受，因為這種情況是無法避免的，卜卦讓他事先了解情況而寬心順命一些。

易經就是這麼簡單，現代人實在不需要了解那麼多的術語，懂那麼多的生活哲理。

一個最小市民的想法，就是可不可以用易卦占卜的方式，解答我眼前的疑惑，就是當作決策的參考也可以。

當然可以，您只要按照前述「易占簡單方法」所提示的數字占卜，就可以找到您占到的是哪一個卦，位於哪一個爻，再看爻辭的解釋，以及該爻後面說明您占到的將是面臨到什麼情況，以此為戒，以此為鑑。

但是，首先自己「必須」先要有疑惑，不可擅自玩弄不敬重上天；另外，占卜時，心要專一誠意，一直念想著自己的問題，這樣，準確度才會提升。

希望，這本書能夠陪伴您和您好友一輩子，有問題，就看這本書。

CONTENTS

自序 002

導讀 004

易經成書究源 007

易理淺說 010

易圖釋義 020

易占簡單方法──數字卦占卜法 026

易經六十四卦圖解及卦意

第一卦　　乾卦　　【乾上乾下】　038

第二卦　　坤卦　　【坤上坤下】　043

第三卦　　屯卦　　【坎上震下】　048

第四卦　　蒙卦　　【艮上坎下】　052

第五卦　　需卦　　【坎上乾下】　056

第六卦　　訟卦　　【乾上坎下】　060

第七卦　　師卦　　【坤上坎下】　064

第八卦　　比卦　　【坎上坤下】　068

第九卦　　小畜卦　【巽上乾下】　072

第十卦　　履卦　　【乾上兌下】　076

第十一卦　泰卦　　【坤上乾下】　080

第十二卦	否卦	【乾上坤下】	084
第十三卦	同人卦	【乾上離下】	088
第十四卦	大有卦	【離上乾下】	092
第十五卦	謙卦	【坤上艮下】	096
第十六卦	豫卦	【震上坤下】	100
第十七卦	隨卦	【兌上震下】	104
第十八卦	蠱卦	【艮上巽下】	108
第十九卦	臨卦	【坤上兌下】	112
第二十卦	觀卦	【巽上坤下】	116
第二十一卦	噬嗑卦	【離上震下】	120
第二十二卦	賁卦	【艮上離下】	124
第二十三卦	剝卦	【艮上坤下】	128
第二十四卦	復卦	【坤上震下】	132
第二十五卦	無妄卦	【乾上震下】	136
第二十六卦	大畜卦	【艮上乾下】	140
第二十七卦	頤卦	【艮上震下】	144
第二十八卦	大過卦	【兌上巽下】	148
第二十九卦	坎卦	【坎上坎下】	152
第 三十 卦	離卦	【離上離下】	156
第三十一卦	咸卦	【兌上艮下】	160

第三十二卦　恒卦　【震上巽下】　164

第三十三卦　遯卦　【乾上艮下】　168

第三十四卦　大壯卦　【震上乾下】　172

第三十五卦　晉卦　【離上坤下】　176

第三十六卦　明夷卦　【坤上離下】　180

第三十七卦　家人卦　【巽上離下】　184

第三十八卦　睽卦　【離上兌下】　188

第三十九卦　蹇卦　【坎上艮下】　192

第 四十 卦　解卦　【震上坎下】　196

第四十一卦　損卦　【艮上兌下】　200

第四十二卦　益卦　【巽上震下】　204

第四十三卦　夬卦　【兌上乾下】　208

第四十四卦　姤卦　【乾上巽下】　212

第四十五卦　萃卦　【兌上坤下】　216

第四十六卦　升卦　【坤上巽下】　220

第四十七卦　困卦　【兌上坎下】　224

第四十八卦　井卦　【坎上巽下】　228

第四十九卦　革卦　【兌上離下】　232

第 五十 卦　鼎卦　【離上巽下】　236

第五十一卦　震卦　【震上震下】　240

第五十二卦　艮卦　【艮上艮下】　244

第五十三卦　漸卦　【巽上艮下】　248

第五十四卦　歸妹卦　【震上兌下】　252

第五十五卦　豐卦　【震上離下】　256

第五十六卦　旅卦　【離上艮下】　260

第五十七卦　巽卦　【巽上巽下】　264

第五十八卦　兌卦　【兌上兌下】　268

第五十九卦　渙卦　【巽上坎下】　272

第 六十 卦　節卦　【坎上兌下】　276

第六十一卦　中孚卦　【巽上兌下】　280

第六十二卦　小過卦　【震上艮下】　284

第六十三卦　既濟卦　【坎上離下】　288

第六十四卦　未濟卦　【離上坎下】　292

① 乾 天 金

② 兌 澤 金

③ 離 火 火

④ 震 雷 木

⑤ 巽 風 木

⑥ 坎 水 水

⑦ 艮 山 土

⑧ 坤 地 土

易經六十四卦
圖解及卦意

第一卦

乾卦

這個「乾」字的「乞」，就是是「氣」的變形，表示蒸汽。
〔圖〕＝〔朝〕（「朝」〔圖〕，表示日出）＋火（火，炎熱）＋〔氣〕（氣，蒸汽），表示在豔陽下水汽蒸發，是一個陽剛的現象。

上卦下卦都是天，上天陽剛的磁場，循環不已地運行。

❖【乾上乾下】　乾為天

整棟樓全部都是剛健純陽，大而週流順暢，萬物生成繁盛。乾卦是全部易經之始，以中國人崇敬龍為主角描述。

所以爻辭寫著：

乾：元，亨，利，貞。

【白話】《乾卦》象徵天：元始，亨通，和諧，貞正。

另外說明：甲骨文「貞」〔圖〕為方鼎，甲骨文「鼎」〔圖〕字為圓鼎。

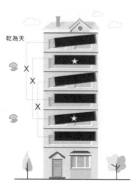

方鼎為祭奠、占卜的禮器，圓鼎則為象徵貴族身份的禮器。巫覡使用的是方鼎，天子、諸侯使用的是圓鼎。所以這可以間接證明《易經》是巫覡卜筮之書，因為「貞」就是巫覡使用的工具。

卦意對照

卦次	圖解	卦意
乾一	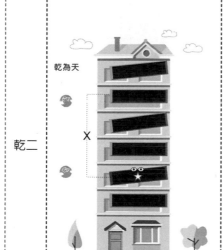	一樓（陽）形狀和窗戶相吻合，坐得正位，和四樓（陽）不相應溝通，一、二樓在整棟樓來看是屬於「地位」，而一樓更是在地底下，所以一樓（陽）這條龍是潛伏在地底下，本身還沒有足夠的實力可堪用，所以現在還是讓一樓這條龍待著養足氣力再說。這時候正是十一月，陽氣雖然有動，但是還在地中，所以稱為潛龍。 所以爻辭寫著： 初九：潛龍，勿用。 【白話】初九，龍潛伏著，不要行動。 ⊕占卜到這個爻表示目前暫時待著，努力充實自己的本職學能，還不到展現才能的時機。
乾二		二樓（陽）形狀和窗戶不相符，坐不得位，和五樓（陽）無法溝通支持，二樓（陽）位於下卦乾卦（天）的中央，獲得了一顆星星（臣子），這時候是春分之時，天上的天田星已經升起在地平線了，天田星有兩星，屬於角宿，角宿就是東方蒼龍七宿的第一宿，所以龍已經出現在地平線上，君子可以出來面見大人了。 所以爻辭寫著： 九二：見龍在田，利見大人。 【白話】九二，龍初現於地平線上，利於出現德高勢隆的大人物。 ⊕占卜到這個爻表示是可以展現自己才能的時後，謹言慎行，心誠守正，就有機會遇到貴人，或是自己嶄露頭角成為大人物。

卦意對照

卦次	圖解	卦意
乾三	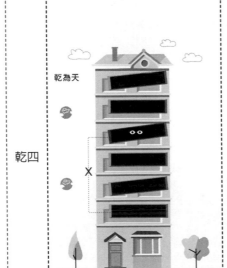	三樓（陽）形狀和窗戶相吻合，坐得正位，和六樓（陽）無法打電話溝通，三樓（陽）位於下卦乾卦（天）最上端偏位，本來就有不安的情況；這時候就必須注意蒼龍七宿第四房宿的鍵閉星（鍵＝乾），只要鍵閉星一有異樣，表示天子、宗廟、國必有大災，所以整天都要謹慎小心。 所以爻辭寫著： 九三：君子終日乾乾（鍵鍵），夕惕若，厲無咎。 【白話】九三，君子整天孜孜不倦地努力上進，晚上也不敢有絲毫的懈怠，這樣即使遇到危險，也沒有禍患。 ⊕占卜到這個爻表示目前已經小有成就，但是不能因此而顯現驕氣，反而應該自省再檢討改過，讓事情進行得更為順利。
乾四		四樓（陽）形狀和窗戶不相符，坐不得位，和一樓（陽）沒有溝通相應，四樓位於上卦乾卦（天）最底端，輔在五樓（陽，君王），正可以一躍而出做一番事業；這時候正是夏曆五月，天上銀河呈現圓形猶如一汪漩渦，而蒼龍七宿的上半身（角宿、亢宿、氐宿、房宿）蜿蜒向斜上方伸長，就像在銀河上躍躍欲出，而下半身（心宿、尾宿、箕宿）陷在銀河內，天空正是一幅龍躍於淵而欲出之象。 所以爻辭寫著： 九四：或躍在淵，無咎。 【白話】九四，龍或騰躍而起，或退居於淵，獲得施展才能的機會，都會平安無事。 ⊕占卜到這個爻表示現在正是展現才華的時機，可以大顯身手大躍前進，只要穩健踏實，自可向上進入新一階段。

卦意對照

卦次	圖解	卦意
乾五	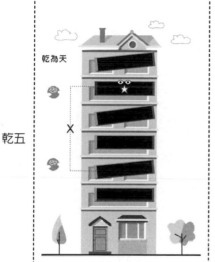	五樓（陽）形狀和窗戶相吻合，坐得正位，和二樓（陽）無法溝通相應，五樓（陽）位於上卦乾卦（天）的中央，獲得了一顆星星（君王），坐得尊位稱為九五之尊；這時是春分後，天蠍座（蒼龍七宿第五心宿）自地平線冉冉上升，直到中天的景象。天為天門星，龍度天門則是得天時之象。 所以爻辭寫著： 九五：飛龍在天，利見大人。 【白話】九五，龍飛上了高空，君子躍居高位，得以施展才華，大展鴻圖。 ⊕占卜到這個爻表示目前德業功業已有大成就，獲得眾人的掌聲與信賴，也要留心慎守得來不易的大成就。
乾六	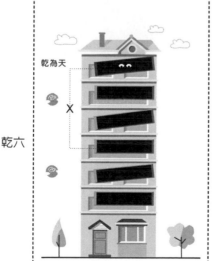	六樓（陽）形狀和窗戶不相符，坐不得位，和三樓（陽）無法相應支持，六樓已經位於最高樓，上卦最上端偏位（不是中位），前無進路，如果一昧固執往前，不知止退，將會有悔恨；這時候的天蠍座（蒼龍七宿第五心宿）已過中天之象，龍星已偏巾天，直向西落，往而不返。亢為東方蒼龍七宿第二亢宿，亢宿主疾，有悔。 所以爻辭寫著： 上九：亢龍有悔。 【白話】上九，龍高飛遠舉，有悔恨煩惱。 ⊕占卜到這個爻表示自己所做的事情，如果沒有該職務相對等的才德能力，卻想要佔據高位，自不量力，肆意妄為，將會動輒得咎而自陷困境。

卦意對照

卦次	圖解	卦意
用九	一	整棟樓都是陽，都是龍，每條龍都有自己的特性與能量，不去尋求其他龍的支援，也不去爭領導地位，自然就不會產生過強的陽剛，也不會產生物極必反的不利後果，自然就吉祥如意。 所以爻辭寫著： 用九：見群龍無首，吉。 【白話】用九，群星燦爛，英雄群起，是很吉利的。

第二卦

坤卦

坤＝圡（土，大地）＋申（申，神），表示地神，是與陽性的上天成相對狀態的陰性大地。

上卦下卦都是地，坤代表母親，本質柔和順從，但坤地堅厚實在，可以承載萬物，有柔順與忍耐之意。

❖【坤上坤下】　坤為地

整棟樓都是陰，承載萬物，和雌馬一樣可蓄養、乘坐、販運而有利。大地廣闊，剛開始找不到方向，只要立定目標即可清楚明見。在先天八卦的西南方是巽卦（風），巽是陰之始而終於坤，所以往西南方會有利；而東北方是震卦（雷），震是陽之始而終於乾，乾是坤的相對，所以往東北方不會有利。

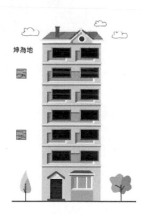

所以爻辭寫著：

坤：元，亨，利牝馬之貞。君子有攸往，先迷，後得主，利。西南得朋，東北喪朋。安貞，吉。

【白話】《坤卦》象徵地：元始，亨通，利於堅守像雌馬柔順的正道，則是吉利的。君子從事某項事業，雖然開始時不知所從，但結果會找到陽剛之氣的領路人。如往西南方，則會得到朋友的幫助。如往東北方，則會失去朋友的幫助。如果保持現狀，也是吉利的。

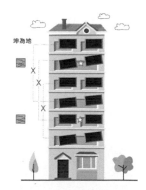

卦意對照

卦次	圖解	卦意

坤為地

坤一

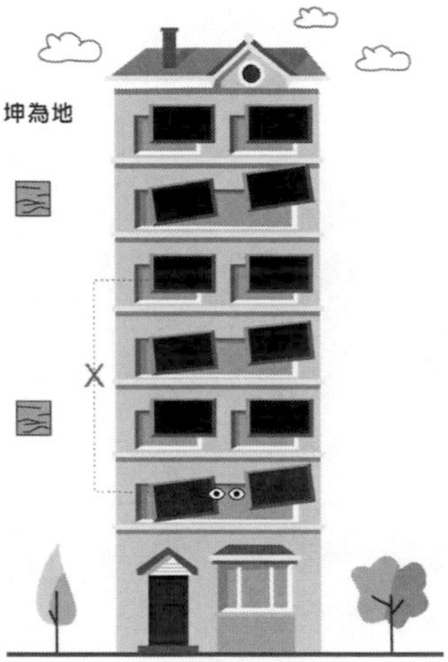

一樓（陰）形狀和窗戶不相符，坐不得位，和四樓（陰）無法相應溝通，整棟樓都是陰，而一樓正是陰開始凝結而成霜，順著自然的運行慢慢地會結成冰，這是事物積漸而成的過程。

所以爻辭寫著：
初六：履霜，堅冰至。
【白話】初六，腳踏上了霜，氣候變冷，冰雪即將到來。

⊕占卜到這個爻表示要見微知著，發現問題在剛萌芽之時，才可以防微杜漸，解決難題。

坤為地

坤二

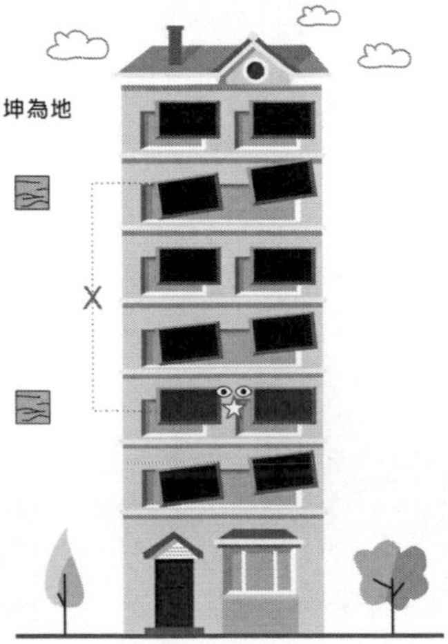

二樓（陰）形狀和窗戶相吻合，坐得正位，和五樓（陰）無法打電話溝通，二樓（陰）位於下卦坤卦（地）的中央，獲得了一顆星星（臣子），二樓坐了中位心存正直，行事端方，無論做什麼事都沒有問題。

所以爻辭寫著：
六二：直方，大，不習無不利。
【白話】六二，正直，端正，廣大，具備這樣的品質，即使尚未熟習，也無所不利。

⊕占卜到這個爻表示要心存誠正，持著光明磊落的態度，有遠見，就有機會成就大業。

卦意對照

卦次	圖解	卦意

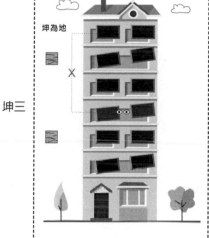

坤三

坤為地

三樓（陰）形狀和窗戶不相符，坐不得位，和六樓（陰）無法打電話溝通，三樓陰居陽位，內在陽剛而外在柔德，就好像是內有文采卻含蓄不顯，這就好像是輔佐君王處理事情，看起來好像沒有做成，其實已經完成實質任務了。

所以爻辭寫著：
六三：含章可貞，或從王事，無成有終。
【白話】六三，胸懷才華而不顯露，如果輔佐君主，能克盡職守，功成不居。

⊕占卜到這個爻表示目前自己的事情可能沒有完成，但是整體大業已經竟其功；同時也提醒做事需要內斂持穩，專注於事情的實際面，不要只做浮誇的表面榮譽。

坤四

坤為地

四樓（陰）形狀和窗戶相吻合，坐得正位，和一樓（陰）無法溝通相應，四樓位於上卦坤卦（地）最下端是一位正直謙遜的大臣，輔佐五樓（君王）掌管一國內政之事，從上卦坤卦來看，四樓就像是一隻袋子的底部，囊括所有的糧食物資且包裹得密實，對外不求讚譽，謹言堅守，也沒有禍患。

所以爻辭寫著：
六四：括囊，無咎，無譽。
【白話】六四，紮緊袋口，這樣雖然得不到稱讚，但也免遭禍患。

⊕占卜到這個爻表示要專注於看得到的實際利益，內斂謹言，就是獲得好處也不要到處張揚而惹禍，確實擁有豐厚資源才是王道。

卦意對照

卦次	圖解	卦意

坤五

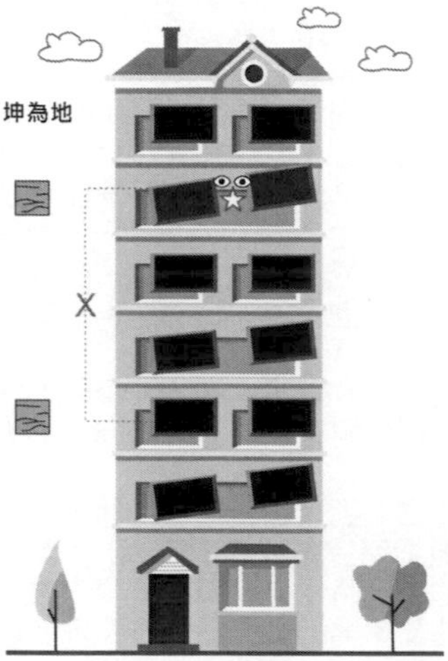

坤為地

五樓（陰）形狀和窗戶不相符，坐不得位，和二樓（陰）無法相應支持，五樓（陰）位於上卦坤卦（地）的中央，獲得了一顆星星（君王），母儀天下，有中順之德。

所以爻辭寫著：
六五：黃裳，元吉。
【白話】六五，黃色裙裝，起頭吉祥。

⊕占卜到這個爻表示要心誠守正，則事情將順利成功。

坤六

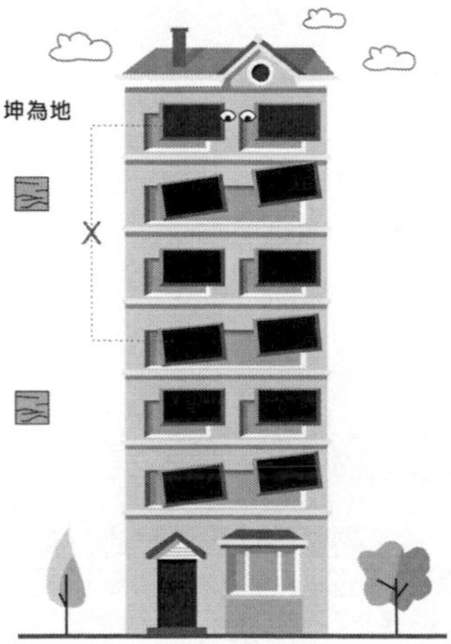

坤為地

六樓（陰）形狀和窗戶相吻合，坐得正位，和三樓（陰）無法溝通相應，六樓已經位於最高樓郊外之地，陰已經逼到極點，陽已經無路可退，必須一戰以決勝負，陰和陽兩大能量的交戰，勢必兩敗俱傷，玄黃混濁。

所以爻辭寫著：
上六：龍戰於野，其血玄黃。
【白話】上六，陰氣陽氣相戰郊外，天地混雜，乾坤莫辨。

⊕占卜到這個爻表示必須順其常道，不要違背自然之理，如果只想耍弄小聰明而違法亂紀，致使道德淪喪，則大禍將至。

卦意對照

卦次	圖解	卦意
用六	—	整棟樓都是陰，陰者虛也，有容乃大，所以能夠永續發展，利於生生不息之道。 所以爻辭寫著： 用六：利永貞。 【白話】利於永遠保持中正，堅貞牢守永遠不變的真理。

第三卦

屯卦

　　♀像一顆種子，上有嫩莖♂，下有細根♀；在根部加一橫畫表示種籽繁根。剛開始生長的嫩芽，是比較艱難的。

　　水在上方雷在下方（上卦坎卦是水，下卦震卦是雷），上方有水很危險，而下方的雷想要動卻遇上水險的阻礙，難以伸張；這種情況就好像是大地雖有一聲雷，但是卻遇到大雨滿盈於地，使得萬物受困，必須等待時機而進，所以有混沌不明、醞釀等待成形的意思。

❖【坎上震下】　水雷屯

　　一樓的陽想要動，但是受到四五六樓水的阻擋，短期內是受到阻礙，但是一、二樓都可以分別和四、五樓互相打電話支援，而且逐漸上樓都有五樓的照應，不久應該可以衝破上方水的阻擋。

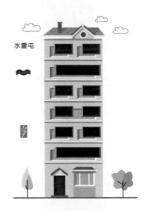

　　但是不能急於一時，要有充分的準備，才能夠順利一樓一樓地往上走，最終轉危為安。

　　所以爻辭寫著：

　　屯：元，亨，利，貞；勿用，有攸往，利建侯。

　　【白話】《屯卦》象徵初生：元始，亨通，和諧，貞正。不要急於發展，首先要建立王侯基業。

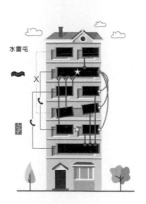

卦意對照

卦次	圖解	卦意

| 屯一 | 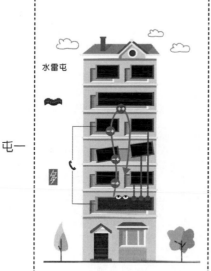 水雷屯 | 一樓（陽）的形狀剛好符合一樓窗戶的框，坐了正位，可是這才剛開始，基於陰陽相合，一樓（陽）要往上走第二、三、四樓（陰）都是很順的，但是到五樓（陽）就必須返回，就有水流徘徊不進的盤桓現象。但是二、三、四樓（陰）都順從一樓（陽），四樓也經常打電話和一樓溝通，這時候一樓應該立定志向，先設立自己的根據地，以做未來往上進的準備。

所以爻辭寫：
初九：盤桓，利居貞，利建侯。
【白話】初九，營造成郭宮室，利於在家堅守正道，以建立王侯基業。

⊕占卜到這個爻就是提醒您遇到困難時，要冷靜思考，沉著應對，同時要協同眾人之力，切勿孤軍作戰。 |

| 屯二 | 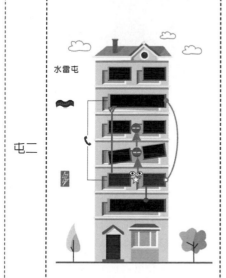 水雷屯 | 二樓（陰）的形狀和二樓窗戶形狀吻合，坐了正位，二樓（陰）想要和一樓（陽）與之結合，但是二樓（陰）和五樓（陽）的關係太好了，不僅經常打電話溝通，而且支持和控制的關係很密切；但是當二樓（陰）要往上去會見五樓（陽）之間，卻遭到三、四樓（陰）的阻擾，想要上樓又無法如意，二樓（陰）卻一心想要和五樓（陽）結婚，就是等久一點也沒有關係。

所以爻辭寫：
六二：屯如邅如，乘馬班如。匪寇婚媾，女子貞不字，十年乃字。
【白話】前行困難而在原地盤旋不進，乘上馬又在原地打轉，原來不是盜賊，而是前來求親的人馬。結婚之後，女子占問為何無法懷孕生子，因為這個婚姻關係不正常，因此十年之後才有可能會懷孕。

⊕占卜到這個爻如果要求子、求婚，是有些困難，會拖久一些。 |

卦意對照

卦次	圖解	卦意

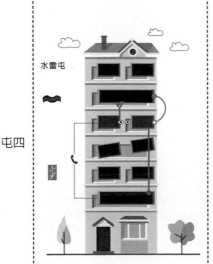

三樓（陰）的形狀和三樓窗戶不相符，坐不正位，而三樓（陰）正位於下方震卦（雷）的最上爻，正處於往外動的情況，可是三樓無法和六樓打電話溝通，如果三樓堅持要往前進，沒有人會幫忙三樓，會有窮困或一些險難情況。

所以爻辭寫：
六三：即鹿無虞，惟入于林中，君子幾不如舍，往吝。
【白話】六三，追逐鹿時，由於缺少管山林之人的引導，致使鹿逃入樹林中去。君子此時如仍不願捨棄，輕率地繼續追蹤，則必然會發生禍事。

⊕占卜到這個爻就是提醒您，自己不熟悉情況，有沒有人幫助，千萬不要盲目亂衝，很可能會失敗的。

屯三

水雷屯

X

四樓（陰）的形狀和四樓窗戶相吻合，坐得正位，又得到一樓（陽）的相應支援，四樓（陰）支持五樓（陽），相對地也受到五樓的眷顧；可是雖然四樓想要去支援五樓，可是四樓（陰）的力量過小，想要去幫忙有猶豫，稍微停止一下；但是四樓（陰）如果想要和五樓（陽）結婚相合，由於四、五樓關係密切，往上走是可行的。

所以爻辭寫：
六四：乘馬班如，求婚媾，往吉，無不利。
【白話】六四，四馬前進，乘馬徘徊，前來求親，大膽前進，結果必然是吉祥順利的。

⊕占卜到這個卦表示剛開始可能會曲折難行，但是只要堅持下去，最終會達到目標了。

屯四

水雷屯

卦意對照

卦次	圖解	卦意
屯五	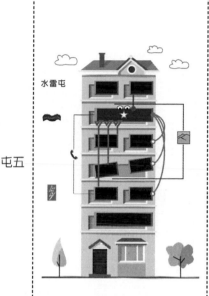 水雷屯	五樓（陽）形狀和五樓窗戶相吻合，坐得正位，又獲得了一顆星星（君王），可見五樓是個陽剛君王，但是五樓（陽）雖然有二樓（陰）相呼應，可是二樓（陰）力量過小無力支援，只是叫好聽的而已。第二、三、四樓雖然都支持五樓君王，可是第三、四、五樓組成艮卦（山），而五樓剛好是山的頂端，山代表停止；五樓停止不動已經夠悶了，偏偏五樓又位在上方坎卦（水）最中央的位置，埋在一堆水裡面，所以五樓只會想到自己，不會照顧到他人，五樓做一點小事情是可以的，如果想要做大事，會受到山高水險的阻難。 所以爻辭寫： 九五：屯其膏，小貞吉，大貞凶。 【白話】九五，只顧自己囤積財富而不注意幫助別人，是很危險的，那樣做，辦小事雖有成功的可能，但辦大事則必然會出現兇險。 **⊕占卜到這個爻，表示如果問小事情，應該是吉祥的；如果問大事情，則可能是凶象。**
屯六	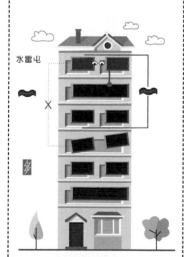 水雷屯	六樓（陰）的形狀和原有窗戶相吻合，坐到正位，可是六樓已經是最高樓了，沒有前進的空間，偏偏五樓（陽）君王只顧自己的事，不管六樓（陰），而六樓也沒有和三樓相呼應，位於頂端的六樓簡直孤立無援。 六樓（陰）本身力量就很小，又位於上方坎卦（水）的上方，面對這艱難的情況簡直是淚水直下，不知所措。 所以爻辭寫： 上六：乘馬班如，泣血漣如。 【白話】上六，四馬前進而徘徊，前來搶婚，被搶女子，悲傷哭泣，泣血不止。 **⊕占卜到這個爻表示如果處理不當，好事也會變成壞事；這是黎明前最艱難的時候，要堅持信念，才有光明的轉機。**

第四卦

蒙卦

　　𦥛 = ⌒（冃，冒，將帽子套在頭上）+ 隹（隹，小鳥），表示用帽子罩住小鳥。古人為了馴養剛捕獲的鳥獸，避免牠們因看到陌生環境而掙扎或逃脫，幫助牠們安靜下來，特地將牠們的眼睛罩住，以利馴養。上面加上"草"艸艸寫成"蒙"，表示用草木枝葉遮蔽，使人看不見。

　　山在上水在下（上卦艮卦是山，下卦坎卦是水），山在前面，山下的泉水受到阻礙沒有流通，或是有遮蔽或蒙昧無知之意，就像小孩剛開始學習，需要老師啟蒙一樣的意思。

❖【艮上坎下】　山水蒙

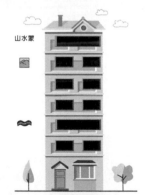

　　看到這棟樓有五個樓層坐得歪斜，如果是一個人，這個人並不太成熟，剛開始沒有人幫忙，後來慢慢地有人相呼應就順利了。

　　所以不通不順的狀態就是要教育，要導正一個人。

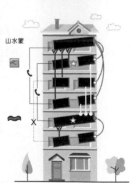

　　所以爻辭寫著：

　　蒙，亨。匪我求童蒙，童蒙求我；初筮告，再三瀆，瀆則不告。利貞。

　　【白話】《蒙卦》象徵啟蒙：亨通。不是我有求於幼童，應該是幼童求教於我。第一次向我請教，我有問必答，如果一而再、再而三地問相同的問題，就是幼童求教之心不誠，則不予回答。利於堅守正道。

卦意對照

卦次	圖解	卦意

蒙一

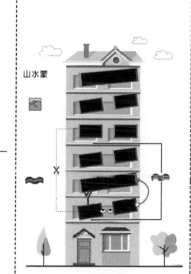

山水蒙

一樓（陰）形狀與原有窗戶不符合，坐得不正，而且四樓（陰）不想要和一樓（陰）相呼應，可見一樓頑劣是必須要受教育的；但是上面的二樓（陽）和一樓（陰）關係密切，二樓可以引導教育啟發一樓，而且必須要用法律規範才能導正坐得不正的一樓；但是一樓因為得不到四樓的呼應，而且一樓又位於下方坎卦（水）的險惡，要前進是有困難的。

所以爻辭寫：
初六‧發蒙，利用刑人，用說桎梏；以往吝。
【白話】初六，要進行啟蒙教育，貴在樹立典型，可以利用犯人，脫去他們的枷鎖，進行教育。但如果允許他們外出，則不利。

⊕占卜到這個爻如果有爭訟之事是有利的，但是最好不要出行。

蒙二

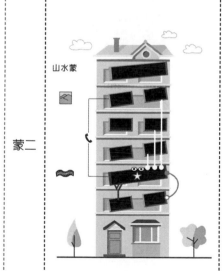

山水蒙

二樓（陽）的形狀雖然和原有窗戶不相符，坐不正位，但是二樓（陽）在窗戶形狀（陰）的外面，有陽包覆著陰的感覺；而二樓（陽）位於下方坎卦（水）的中央位置，受到周遭的朝拜，又和五樓（陰）相呼應，有二樓（陽）去娶五樓（陰）的現象；二樓位於下卦中央代表臣子、兒子，五樓位於上卦中央代表君王、父親，下幫上，有臣子協助君王，兒子繼承父業的意思。

所以爻辭寫：
九二：包蒙，吉。納婦，吉；子克家。
【白話】九二，周圍都是上進心很強的蒙童，希望獲得知識，這是很吉利的。如果迎娶新媳婦，也是吉祥的。由於渴望接受教育，上進心很強，所以連孩子們也能成家立業了。

⊕占卜到這個爻顯示凡事吉祥。

卦意對照

卦次	圖解	卦意
蒙三	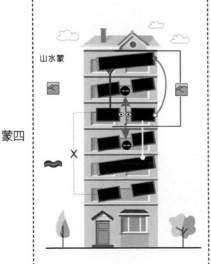 山水蒙	三樓（陰）形狀和原有窗戶不相符，坐不正位，本身歪斜意志不堅定，因為三樓（陰）想要和二樓（陽）相合，但是三樓（陰）又經常打電話給六樓（陽），偏偏六樓位於上方艮卦（山）的頂端，艮卦屬金，六樓的金性很強；而六樓（陽）在外，三樓（陰）在內，又去引誘二樓（陽），這個三樓（陰）可能行為不端正，意志不堅，應該不是賢妻，最終是不會得到應有的利益的。 所以爻辭寫： 六三：勿用取女，見金夫，不有躬，無攸利。 【白話】六三，不能搶奪女子為妻，否則見到武夫，小命難保，沒有利益。 ⊕占卜到這個爻，做事情不會很順利，千萬不要三心二意。
蒙四	山水蒙	四樓（陰）自身形狀與原有窗戶相合，坐得正位，但是一樓（陰）不呼應四樓，而四樓偏偏又位於上方艮卦（山）的底端，代表靜止，自己想動卻不能動。 四樓（陰）想要和二樓（陽）、六樓（陽）聯絡相合，卻分別受到三樓（陰）和五樓（陰）的阻隔，整個就是困在中間動彈不得。 所以爻辭寫： 六四：困蒙，吝。 【白話】六四，人處於困難的境地，不利於接受啟蒙教育，因而孤陋寡聞，必然舉步維艱。 ⊕占卜到這個爻顯示目前呈現了困頓的現象。

054

卦意對照

卦次	圖解	卦意
蒙五	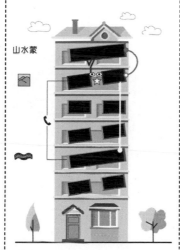	五樓（陰）的形狀與原有窗戶不相符，坐不正位，象徵位於上卦中央的君王不成熟，而這個不成熟的君王卻得到二樓（陽）賢臣的支持，經常打電話溝通，所以有賢臣支持，即使君王不成熟，仍然是吉祥的。 所以爻辭寫： 六五：童蒙，吉。 【白話】六五，蒙童虛心地向老師求教，這是很吉祥的。 ⊕占卜到這個爻，表示對方或您是可造之材，大有可為。
蒙六	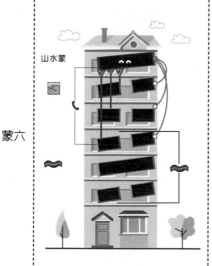	六樓（陽）形狀與原有窗戶不相符，坐得不正，而且性情陽剛；雖然六樓（陽）可以和三樓（陰）溝通，但是三樓（陰）自身就位於下方坎卦的最上爻，而下方整個坎卦（三層樓）都坐得不正，如盜賊一般。六樓（陽）站在最高點，下方坎卦為盜，所以要用「擊」，要用鼓勵積極地方式施以教育，去導正下方不正之頑劣之徒。 所以爻辭寫著： 上九：擊蒙，不利為寇，利禦寇。 【白話】上九，啟蒙教育要及早實行，要針對蒙童的缺點，先發治人。教導他們侵犯別人，對自己不利；抵禦侵犯，對自己有利。 ⊕占卜到這個爻，凡事都要採用穩守策略，要團結對外，不可以侵犯他人。

第五卦

需卦

漬 ＝ 大（大，人）＋ 水（水），像一個人 大 兩腋之下汗水淋
漓 水，表示體虛發汗。

水在上天在下（上卦坎卦是水，下卦乾卦是天），水在上方
成為烏雲密佈，但是天在下方阻隔，形成將要下雨而未下之象，
有等待時機、仰賴需要之意。

❖【坎上乾下】　水天需

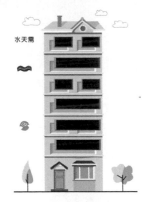

這棟樓長得還蠻正的，只有二樓歪斜不得
位，也沒有得到五樓的回應，其他樓層都坐得
很好。所以起頭和終點都不錯，只有中間會有
些波折，但是只要心中存有誠信，加上要渡河
（上卦是坎卦是水）之前仔細想好，是可以成功
渡河的。

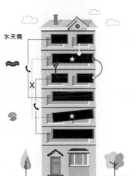

所以爻辭寫著：
需有孚，光亨，貞吉，利涉大川。
【白話】《需卦》象徵等待：具有誠實守信
的品德，光明正大，亨通順利，占問的結果是吉
祥的，出外遠行利於冒險渡過大河。

卦意對照

卦次	圖解	卦意
需一	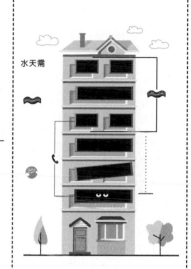	一樓（陽）的形狀和窗戶相吻合，坐得正位，又可以經常和四樓打電話問候，最幸運的是，一樓遠離上卦坎卦（水）的危險，又位於下卦乾卦（天）的第一層樓，自己守在上卦坎卦（水險）的遠處郊外，安居絕對沒有問題；如果要冒險前進，是有可能招致險難的。 所以爻辭寫著： 初九：需於郊，利用恒，無咎。 【白話】初九，在郊外等待，必須有恒心，長久耐心地靜候時機，不會有什麼禍患。 ⊕占卜到這個爻表示長久居住此處是比較可行的，最好不要冒險前進，以免招致災禍。
需二	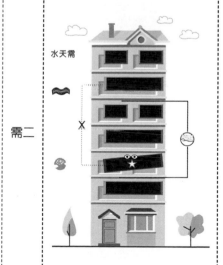	二樓（陽）的形狀和窗戶不相符，坐得不正，又無法打電話給五樓（二樓陽和五樓陽不溝通），加上二樓正處於兌卦（二、三、四樓組成一個兌卦）的底部，而這個兌卦是澤，二樓好像是位於澤的旁邊有沙，兌卦也是三女，小女生沒有人幫她，自己又坐得不正，加上兌卦也屬於口，所以難免有一些言語的摩擦。 可幸的是，二樓就在下卦的中央，得了一個榮譽的星星符號（大臣），而且本身是陽有剛健之氣，所以最後會沒有事的。 所以爻辭寫著： 九二：需於沙，小有言，終吉。 【白話】九二，在沙灘上等待，雖然要受到別人的一些非難指責，耐心等待終究會獲得吉祥。 ⊕占卜到這個爻表示可能有口舌糾紛，或謠言四起，但是最終謠言止於智者，沒事。

卦意對照

卦次	圖解	卦意

需三

水天需

三樓（陽）的形狀和窗戶吻合，坐得正位；但是三樓處於上卦坎卦（水）的旁邊，當然是沾到水氣成為泥巴，上卦坎卦是水，水代表危險，也經常被比喻為盜賊，基本上，三樓不在上卦坎卦（水）之內，沒有立即的危險。

但是三樓沒有得到中央的星星符號（二樓才會拿得到），三樓位於下卦乾卦（天）的最上方，有想要往上前進的衝動，偏偏前方是盜賊或是水險，所以很容易會受到攻擊，或是招致災禍。

三樓（陽）有了六樓（陰）的相應引導，只要自己能夠謹慎提防，或是勇於改過，是可以避免災禍的。

所以爻辭寫著：
九三：需於泥，致寇至。
【白話】九三，在泥濘中等待，結果遭致強盜的襲擊。

⊕占卜到這個爻表示要謹慎再謹慎，自我反省，才可以立於不敗之地。

需四

水天需

四樓（陰）的形狀和窗戶相吻合，坐得正位，上面和下面都是陽，從外表的樣子來看，四樓就像是在一處穴，而且這個穴正處於上卦坎卦（水）危險之內。

不過，四樓也蠻幸運的，一樓（陽）經常打電話給四樓（陰）打氣，而且四樓支持五樓，五樓（陽，君王）也會幫四樓（陰）脫離險境。

所以爻辭寫著：
六四：需於血，出自穴。
【白話】六四，在血泊中等待，從洞穴中走出來。

⊕占卜到這個爻表示要聽從建議，就可以脫離險境。

卦意對照

卦次	圖解	卦意

需五

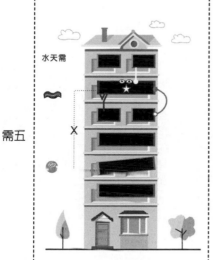

五樓（陽）形狀和窗戶吻合，坐得正位，又得了一顆星星符號（君王），坐到王位的正位，在坎卦（水）的中央獲得酒食，上下（四樓和六樓）都有支援扶助，可以從容處理事務，行事穩定。

所以爻辭寫著：
九五：需於酒食，貞吉。
【白話】九五，準備好酒食招待客人，占問的結果是吉祥的。

⊕占卜到這個爻是可以從容等待，只要守本份都是吉祥的。

需六

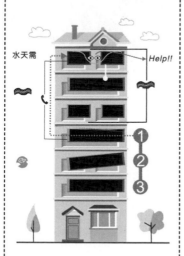

六樓（陰）形狀和窗戶吻合，坐得正位，但是六樓處於上卦坎卦（水）最上端的危險位置；加上從外觀來看，六樓剛好陷在穴裡面，看起來是很危險了。還好，三樓（陽）經常打電話給六樓（陰）關心，一有困難，三樓馬上邀一、二樓，三個陽一起上去營救，六樓當以迎貴人之禮恭敬待之，而且六樓本身就坐了正位，因此最終應該能化險為夷。

所以爻辭寫著：
上六：入於穴，有不速之客三人來；敬之，終吉。
【白話】上六，落入了洞穴之中，忽然有不請自來的三位客人到來；對他們恭恭敬敬，以禮相待，終久會得到吉祥的結果。

⊕占卜到這個爻表示可能會遭遇不測之事，但只需要謹慎應對，最後將會沒事，吉祥。

第六卦

訟卦

□□ = □（口，訴辨）＋□（口，訴辨），表示雙方進行訴辨。

天在上水在下（上卦乾卦是天，下卦坎卦是水），天往上不斷上升，下方的水流則往下流動，上下兩方不相遇；上方乾卦代表父親，下方坎卦是次子，父子之間意見不和，有爭執不讓之象。

❖【乾上坎下】 天水訟

這棟樓幾乎都是歪斜，幾乎都不得位，內心有不平之情，或是有違常理；如果明知自己無理或理虧，還要力爭到底，就已經註定未訟先輸，所以千萬不要冒然強渡大河。

整棟樓最有威望的就是五樓君王，得正位，有判斷是非的能力，可以去找中正之人，期能止訟。

所以爻辭寫著：

訟，有孚，窒。惕中吉；終凶。利見大人，不利涉大川。

【白話】《訟卦》象徵打官司：因為誠實守信的德行受到阻塞，心中畏懼並有戒備。警惕堅守正道居中不偏會有吉祥；堅持把官司打到底則有兇險。利於會見德高望重的大人物，但不利於冒險渡大河。

卦意對照

卦次	圖解	卦意
訟一	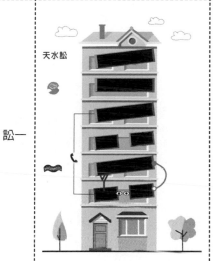 天水訟	一樓（陰）形狀和窗戶不相符，坐不得位，本身的力量就很柔弱，剛開始（位於一樓）才爭吵，但是二樓會去壓迫一樓，四樓也經常關心一樓，所以這個小爭吵是不會拖太久的，能退一步和解，雙方都吉祥。 所以爻辭寫著： 初六：不永所事；小有言，終吉。 【白話】初六，不久將陷於爭端之中；雖然會受到一些非難和指責，但終久將獲得吉祥。 ⊕占卜到這個爻表示可能有言語小誤會，只要自己能夠時時警惕，就可以停止爭訟；如果有訴訟，可能會庭外和解。
訟二	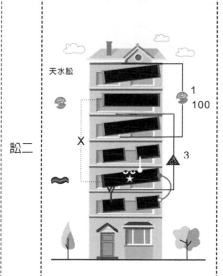 天水訟　1 100　3	二樓（陽）形狀和窗戶不相符，坐得不正，自己有拿到一顆星星符號（大臣），也是下卦坎卦（水）的重要臣子，但是和五樓（陽）君王不溝通，五樓陽剛乾卦屬天往上，二樓也是陽剛坎卦屬水往下，兩人不合，但是五樓（坐得正位）當然壓得住二樓（歪斜不得位），如果二樓想要向五樓提出告訴，二樓一定會輸。 二樓最終只能逃回自己的封地，窩在大約三百戶的封地內（二、三、四樓組成離卦，離卦數字代號是3；上卦是乾卦，數字代號是1或100），這樣就可避禍了。 所以爻辭寫著： 九二：不克訟，歸而逋，其邑人三百戶，無眚。 【白話】九二，打官司失利，走為上策，跑到只有三百戶人家的地區，在此居住可以避開災禍。 ⊕占卜到這個爻表示會敗訴，最好自己撤銷告訴。

卦意對照

卦次	圖解	卦意
訟三	天水訟	三樓（陰）形狀和窗戶不相符，坐不正位，又被二樓（陽）和四樓（陽）夾住，又居於下卦坎卦最最上端，處境岌岌可危，簡直是雞蛋碰石頭，所以自己要很謙虛，只要安享舊日獲得的尊榮與祿位即可，保有自己的實力，不要去做意氣之爭。 六樓（陽）經常打電話給三樓（陰），六樓有意邀請三樓上來就任處理政事，但是三樓（陰）能力很弱，又坐不得位，是很柔順，剛強果決不足，是無法成就大事的。 所以爻辭寫著： 六三：食舊德，貞厲，終吉；或從王事，無成。 【白話】六三，安享著原有的家業，吃喝不愁，堅守正道，最終會獲得吉祥；但是如果輔佐君王建功立業，不會有什麼成就的。 ⊕占卜到這個爻表示先保有自己的老本，坐享其利；即使有爭訟而贏得官司，也是危險的，目前暫時不要從事公務工作。
訟四	天水訟	四樓（陽）形狀與窗戶不相符，坐不得位，四樓在五樓（君王）之下，四樓（陽）受到三樓（陰）的支持，四樓的位置也接近宰相了，四樓本來應該柔順為宜，結果四樓（陽）偏偏要和五樓（陽，君王，坐得正位）爭訟，兩個陽相撞，四樓一定會輸的。 四樓只能退回去服從五樓的判令，加上一樓（陰）經常和四樓（陽）溝通，讓四樓念頭一轉，改變初衷，安於本份，就可吉祥了。 所以爻辭寫著： 九四：不克訟；複即命，渝安貞，吉。 【白話】九四，打官司失利，回來服從王命；改變了當初的主意，安分守己，則吉。 ⊕占卜到這個爻表示如果敗訴，只要改變心意，不要再去爭，安於本份，就不會有事。

卦意對照

卦次	圖解	卦意
訟五	天水訟	五樓（陽）形狀與窗戶相吻合，坐得正位，有一顆星星符號（君王），是一位公正嚴明、剛正不阿的審判官，五樓說的話都有道理，公理必然獲得伸張，可以使訟事停止。 所以爻辭寫著： 九五：訟，元吉。 【白話】九五，官司得到了公正的判決，開始獲得吉祥。 ⊕占卜到這個爻表示只要據理力爭，應該會勝訴。
訟六	天水訟	六樓（陽）形狀與窗戶不相符，坐不得位，以陽剛之氣加上最高位置的優勢要提出爭訟，就是沒有道理也是會勝訴，或是很會爭訟獲勝因而得到五樓（君王）的喜愛，可是這種不正的行為不會受到民眾或屬下的認同，而且即使六樓因而獲得了什麼，也很快就消失，無法長久保有。 五樓（君王）知道六樓的爭訟行為不值得鼓勵，本來頒授的勳章又拔下，光是一天就有多次（三代表多次）頒發與拔除的行為，這樣的下場是不吉利的。 所以爻辭寫著： 上九：或錫之鞶帶，終朝三褫之。 【白話】上九，因打官司獲勝，君王可能會賞賜給飾有皮束衣帶的勳帶，但在一天之內，會三次賜予，三次剝奪。 ⊕占卜到這個爻表示即使很會打官司，自己沒有道理也打贏，即使有所得也會很快失去，不能長久保有。

第七卦

師卦

ᠪ 或 ᠪᠮ，左邊 ᠪ 像古代兵符。朝廷將刻有虎、獅等圖案的圓形玉塊〇，切割成裂紋不規則的兩塊或幾塊 ᠪ，其中部分留在朝庭，其他部分放在地方或軍隊，天子和軍隊將軍都持有兵符，拿過來結合，看是否能夠吻合，以確定調動兵權是真是假。

地在上水在下（上卦坤卦是地，下卦坎卦是水），水在地下不侵犯；整個卦只有第二爻是陽爻是主帥，其餘陰爻都是兵將部隊，有行正義之師之勢；但是下方是水代表危險，也有兵不厭詐的詭道，所以有軍旅、出師之意。

❖ 【坤上坎下】　地水師

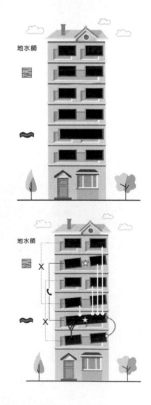

地水師

地水師

整棟樓只有二樓（陽）得高望眾的臣子當作主帥，統領其他各樓（陰）出征，所以五樓君王要任命德孚眾望的人擔任軍隊統帥，即使兵者詭道，最終仍會吉祥的。

所以爻辭寫著：

師貞，丈人，吉無咎。

【白話】《師卦》象徵兵眾（師指軍隊）：堅守正道，由老成持重、德高望重的長者統帥軍隊可以得到吉祥，不會有災殃。

卦意對照

卦次	圖解	卦意
師一	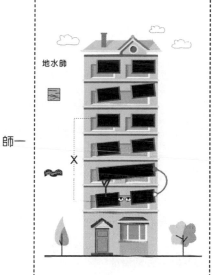	一樓（陰）形狀與窗戶不相符，坐不正位，還好戰爭才剛開始，二樓（陽）也會來指導一樓，要整軍經武，嚴守軍紀，才有機會打勝仗。否則軍隊沒有紀律，是很凶險的。 所以爻辭寫著： 初六：師出以律，否臧凶。 【白話】初六，出師征戰，紀律嚴之，紀律不善，前景必然有凶險。 ⊕占卜到這個爻表示要重視團隊紀律，才能統一步伐克竟其功。
師二	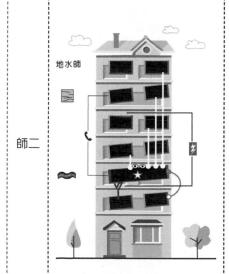	二樓（陽）的形狀與窗戶不相符，坐不得位，但是因為二樓（陽）是主帥陽剛受到各層樓（陰）的擁戴，而二樓的陽剛與窗戶（陰）產生剛柔並濟，恩威並施的現象；二樓的外觀來看正處於震卦（二、三、四樓組成）之始，震卦代表長子也是動之始，二樓（陽）確定是主帥。 五樓（陰，君王）又經常向二樓（陽）打氣鼓勵，二樓（臣子）獲得五樓（君王）的信任，獲得君王多次（三代表多次）的任命，充分授權。 所以爻辭寫著： 九二：在師中，吉無咎；王三錫命。 【白話】九二，在軍中任統帥，持中不偏可得吉祥，不會有什麼災禍；君王三次進行獎勵，並被委以重任。 ⊕占卜到這個爻表示要委任德高望重的人，充分授權，以充份發揮戰力。

卦意對照

卦次	圖解	卦意
師三	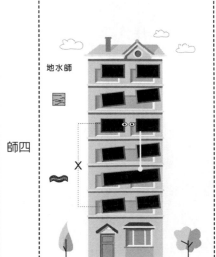	三樓（陰）形狀和窗戶不相符，坐不得位，不是一個剛強的主帥，位於下卦坎卦的最上端危險之地，往上看都是和三樓一樣的陰柔（四、五、六樓），都是陰互相煽惑而無法果斷，偏偏又要面對二樓（陽）主將的挑戰，因而陷於相爭相敵，一個軍隊裡面有很多主將各有意見，而且主事者（三樓）本身柔弱不正無法做正確判斷，加上六樓也不聽三樓的話，這個軍隊是會打敗仗的。 所以爻辭寫著： 六三：師或輿屍，凶。 【白話】六三，不時有士兵從戰場上運送戰死者的屍體回來，兇險。 **⊕占卜到這個爻表示不宜前進，不可輕舉妄動，否則會徒勞無功。**
師四	地水師	四樓（陰）形狀和窗戶相吻合，坐得正位，但是四樓（陰）自己知道自己的實力較為薄弱，不敢領軍往前衝，而且一樓（陰）也不支持四樓，四樓得不到援兵相助，最好的辦法就是退而求其次，宜靜不宜動，或是利用地形地勢掩護，保持實力，這樣就不會有危險。在古代以右為尊，左為降，所以左次，將求退求卑為宜。 所以爻辭寫著： 六四：師左次，無咎。 【白話】六四，軍隊退守駐防，沒有危險。 **⊕占卜到這個爻表示退據有時，不宜逞強，做無謂的犧牲。**

卦意對照

卦次	圖解	卦意
師五	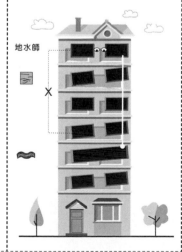	五樓（陰）形狀與窗戶不相符，坐不得位。五樓（陰）位於上卦坤卦（地）的中央位置，有獲得一顆星星（君王），在田中打獵是會有擒獲的。要打戰了，五樓（君王）命二樓（主帥）出戰，二樓處於震卦（二、三、四樓組成震卦）之始，震卦代表長子，但是二樓在下卦坎卦中央又坐得歪斜，和五樓一樣，相互猜疑，加上五樓（陰）柔弱無法成為剛強果斷的君王（柔弱居於剛位），才不稱職，加上二樓雖然陽剛，周遭卻是陰柔小人圍繞，這個軍隊無法致勝，必然是凶險的。 所以爻辭寫著： 六五：田有禽，利執言，無咎；長子帥師，弟子輿屍，貞凶。 【白話】六五，出野中有野獸出沒，率軍圍獵捕獲，執籥奏樂，平安無事；委任德高望重的長者或長子為軍中主帥，底下的人將運送著屍體大敗回，占問的結果必然是兇險的。 ⊕占卜到這個爻表示要帥權統一，經營事業也要以主業為主，不要兼營副業而分心。
師六		六樓（陰）形狀和窗戶相吻合，坐得正位，而且坐到最上乘的極位，是個大人的位置，可以頒發誥命。但是三樓（陰）沒有和六樓（陰）相呼應，六樓又擁有群陰（一、三、四、五樓），很容易有小人竄位得勢的現象。所以不能任用小人做大事，否則國家必亂。 所以爻辭寫著： 上六：大君有命，開國承家，小人勿用。 【白話】上六，凱旋而歸，天子頒佈了誥命，分封功臣，各享封國，但小人決不可以重用。 ⊕占卜到這個爻表示要注意賞罰分明，任人要重視才華品德。

第八卦

比卦

၂၂字形，像兩個人 ၂、၂ 並肩而立。

水在上地在下（上卦坎卦是水，下卦坤卦是地），地上有水，兩者親密無間，水土相互夾雜而同流，有親密、相比為鄰的意思。

❖【坎上坤下】 水地比

整棟樓看起來就是五樓（陽，君王）領導眾陰（一、二、三、四樓眾民），而且君王和眾民的關係很親密，溝通無礙。但是如果從一樓慢慢往上走就會發現，一至三樓是坤卦（地）寧靜，走到四至六樓是坎卦（水）有一些危險，所以越走到最後越凶險。

所以爻辭寫著：

比吉。原筮元永貞，無咎。不寧方來，後夫凶。

【白話】《比卦》親近於人，結果必吉，但必須如初筮時之誠敬，一開始就抱著堅守常分的態度，方不致發生差錯；如係不得已才來接近，則宜及早，時間越遲，越有凶殃。

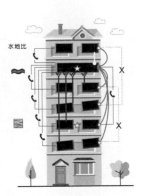

卦意對照

卦次	圖解	卦意
比一	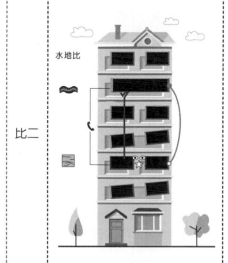 水地比	一樓（陰）形狀和窗戶不相符，坐不得位，但是位於下卦坤卦（地）之始，雖然沒有和四樓（陰）打電話溝通，但是和五樓（陽）過從甚密，上卦是坎卦（水）與下卦（地）承載豐實萬物，是很吉祥的。 所以爻辭寫著： 初六：有孚比之，無咎；有孚盈缶，終來有它吉。 【白話】初六，具有誠實守信的德行，親密團結，不會有災禍；誠信的德行，就將美酒注滿了酒缸，最終可以招撫遠方的人，結果是吉祥的。 ⊕占卜到這個爻表示有誠信，表裡如一，最終是吉祥的。
比二	水地比	二樓（陰）形狀和窗戶相吻合，坐得正位，又拿到一顆星星（臣子），位於下卦坤卦（地）的中央，代表二樓（陰）內心是誠懇信實的，而且和地（下卦坤卦）一樣的心胸廣闊，獲得五樓（陽，君王）的相應支持，一陰（二樓）一陽（五樓）身份都很恰當。 所以爻辭寫著： 六二：比之自內，貞吉。 【白話】六二，在內部親密團結，結果是吉祥的。 ⊕占卜到這個爻表示只要是出自內心的誠信，一切都是順利吉祥的。

卦意對照

卦次	圖解	卦意
比三	水地比	三樓（陰）形狀和窗戶不相符，坐不得位，沒有獲得六樓（陰）相應協助，而且三樓（陰）位於下卦坤卦（地）最上端，本身就是多凶的位置，又靠近上卦坎卦（水）的危險邊緣；偏偏二樓（陰）和四樓（陰）不會幫助三樓（陰），所以三樓交的朋友都是壞人，不是好人。 所以爻辭寫著： 六三：比之匪人。 【白話】六三，所親近的人是行為不端正的人。 ⊕占卜到這個爻表示多留意身邊的朋友，自己不要陷入小人圈內而傷害到自己。
比四	水地比	四樓（陰）形狀與窗戶相吻合，坐得正位，而且本身柔而正，和五樓（陽）剛而正，兩相配合緊密，受到五樓的照應，五樓位於上卦（外卦），所以四樓、五樓是上卦的範圍之內最親密的夥伴。而且一樓（陰）也不會和四樓（陰）聯絡感情，所以四樓如果往上跟從君王，或是尋求賢能人士，都是吉祥的。 所以爻辭寫著： 六四：外比之，貞吉。 【白話】六四，對外交往中互相信任，親密團結，其結果是吉祥的。 ⊕占卜到這個爻表示內外朋友互相協助，一切順利吉祥。

卦意對照

卦次	圖解	卦意

比五

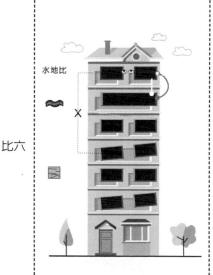

水地比

五樓（陽）形狀和窗戶相吻合，坐得正位，受到各層樓（都是陰）的相應，是一個光明正大的君王。既然是有仁德的君王，就連狩獵時也會以三面合圍的方式，讓獵物有逃走的空間，捕獲留下來的獵物；民眾看到君王有此仁心，都對君王尊崇仰望，對君王沒有戒心，上下一心。
用三面圍捕來形容這位君王的光明與仁德，一切都吉祥。

所以爻辭寫著：
九五：顯比；王用三驅，失前禽，邑人不誡，吉。
【白話】九五，光明無私，親密團結，廣為宣導；跟隨君王去田野圍獵，從三面驅趕，網開一面，看著禽獸從放開的一面逃走，百姓感到君王仁慈，不害怕，吉祥。

⊕占卜到這個爻表示一切都是吉祥的。

比六

水地比

六樓（陰）形狀和窗戶相吻合，坐得正位，和五樓是有相呼應，但是六樓已經在最頂端最上位，雖然六樓的位置已經是最高等級，五樓（陽）卻擁有所有的權力，六樓只是空有顯貴之名，沒有實權；六樓（陰）自己孤立在最上方，和三樓（陰）也不相應，而且六樓想要用自身的柔弱（陰）去駕馭陽剛的五樓（君王），其作為並不適當，所以呈現凶象。

所以爻辭寫著：
上六：比之無首，凶。
【白話】上六，小人成黨沒有首領，無法團結一心，將有凶險。

⊕占卜到這個爻表示要注意一個團體要有一個有力的領導人物，否則小人群聚將會出事情。

第九卦

小畜卦

畜 = ㄠ（上半部的ㄠ，絲，表示系、綁）＋ ⊕ （下半部田間 ⊕ 的穀物⁂），表示圈繫動物，以穀物飼養。

風在上而天在下（上卦巽卦是風，下卦乾卦是天），順風吹拂了天，使萬物接受其氣，而能生成育養，也有上柔而能克下剛之意，因為有育養就小有積蓄。

❖【巽上乾下】 風天小畜

這棟樓的四樓是陰，其他各層樓都是陽，而且溝通無礙。下卦內卦是乾卦（天）有陽剛之氣，上卦外卦是巽卦（風）懷著陰柔之氣，對外謙遜而內部剛健，是有自我省察，自求多福之意。

整棟樓只有下半部溝通無礙（一和四樓），上面仍然沒有聯絡（二和五樓，三和六樓），可見事情還沒有完全做好。

上卦的風積雲仍無法達到下雨恩澤大地的時機，準備還不充足，以中原地區的天候為例，只要是從西邊過來的雲，水氣多半不足，是不會下雨的。

所以爻辭寫著：

小畜，亨；密雲不雨，自我西郊。

【白話】《小畜卦》象徵農產小有積蓄，亨通順利；天空佈滿濃密的積雲，從西郊過來，但還沒有下雨。

卦意對照

卦次	圖解	卦意
小畜一	風天小畜	一樓（陽）形狀與窗戶相吻合，坐得正位。一樓（陽）又獲得了四樓（陰，也是正位）的協助，而一樓本身就是在下卦乾卦之始，能夠穩健行事就是好事。 所以爻辭寫著： 初九：復自道，何其咎，吉。 【白話】初九，回到自己農業生產的道路上，哪有什麼不好？吉祥。 ⊕占卜到這個爻表示要回到自己原本的善性初衷，穩健實在的做事，就會得到幫助，一切都會順利。
小畜二	風天小畜	二樓（陽）形狀和窗戶不相符，坐不得位，但是因為二樓（陽）本身就拿到一顆星星（臣子），位於下卦乾卦（天）的中央，雖然沒有獲得五樓（陽）的回應，但是二樓本身就位居下卦中位，和一樓（陽，正位）一起引導大家回歸正道，不要迷失自我，是很吉祥的。 所以爻辭寫著： 九二：牽復，吉。 【白話】九二，和志同道合的人從原路返回，吉祥。 ⊕占卜到這個爻表示要認清楚自己的定位，誠信守正，做事自然順利。

卦意對照

卦次	圖解	卦意
小畜三	風天小畜	三樓（陽）形狀和窗戶相吻合，坐得正位，而四樓（陰）坐正位，三樓和四樓都被比喻一對夫妻，偏偏這一對夫妻位置剛好相反。 三樓（陽）位於下卦內卦表示男在內，而四樓（陰）位於上卦外卦表示女在外，與一般夫妻的觀念（男主外女主內）不相符；以內部的卦象也看得出來，四樓是離卦中位（火，三、四、五樓組成離卦），三樓是兌卦中位（澤，二、三、四樓組成兌卦），這兩卦就組成睽卦（火澤睽）意見乖離的意思，也說明了這對夫妻注定反目，就好像車輪脫離車子一樣，無法運作。 所以爻辭寫著： 九三：輿說輻，夫妻反目。 【白話】九三，行在半路上，大車的輻條從車輪中脫落，夫妻因此大吵大鬧反目不和。 **⊕占卜到這個爻表示要心平氣和，深自反省並壓抑怒氣，爭取化解矛盾，否則將會拆夥收場。**
小畜四	風天小畜	四樓（陰）形狀和窗戶相吻合，坐得正位，而且一個陰可以和五個陽緊密溝通，又受到五樓（陽，君王）的支持，陰（四樓）從陽（五樓），四樓是一個稱職的宰相，所以憂傷遠離，沒有禍患。 所以爻辭寫著： 六四：有孚；血去惕出，無咎。 【白話】六四，心懷有誠實守信的德行，互相信任；即可免去憂患和恐懼，沒有災禍。 **⊕占卜到這個爻表示只要心存誠信，行事多可順利。**

卦意對照

卦次	圖解	卦意
小畜五		五樓（陽）形狀和窗戶相吻合，坐得正位，又拿到一顆星星（君王），是一位陽剛守正的君王，可貴的是，五樓（陽）也聽從四樓（陰，正位）的建言，崇尚誠信，使各層樓的陽都全部歸順過來。 所以五樓（陽）不只自己富有，也擴及其他鄰居，共享富有。 所以爻辭寫著： 九五：有孚攣如，富以其鄰。 【白話】九五，心懷誠信的德行，與別人緊密聯繫，互相幫助，大家一起富裕起來。 **⊕占卜到這個爻表示可以和他人攜手創業，共同致富。**
小畜六	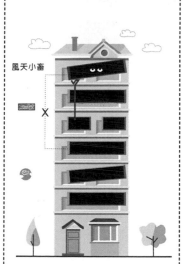	六樓（陽）形狀和窗戶不相符，坐不得位，但是已經到了小畜卦的最上方，本來密佈雲不下雨的情況，因為六樓（陽）受到四樓（陰）的支持，陰陽交合，就是下雨的契機了。這個情況有如月亮快到了農曆十五日，接近圓滿無缺。 而六樓已經在最高樓了，前面沒有路，加上上卦巽卦不定，加上六樓（陽）又不得位，切不可再往前進，就是六樓窗戶本身（陰）婦女面臨的情況也是一樣，都不要妄進貪進。 所以爻辭寫著： 上九：既雨既處，尚德載；婦貞厲，月幾望；君子征凶。 【白話】上九，下了細雨，又停下來；還來得及栽種，但是時令是晚了；這時婦人占問，有凶險；十五月圓十六就開始虧了，君子出征，有兇險。 **⊕占卜到這個爻表示目前地位或所得已足，不宜再貪進，要多加審慎考量。**

第十卦

履卦

履 ＝ （足，表示行走）＋ （頁，代表頭，思慮、職責），整個字有前往就任的意思。

上方是天而下方為澤（上卦乾卦是天，下卦兌卦是澤），天降恩澤；上方乾卦代表父親，下方兌卦是少女，少女順從父親，承歡於其膝下，有實踐履行、以禮相待之意。

❖【乾上兌下】　天澤履

整棟樓看起來就是戰戰兢兢的，有四層樓都不得位，走路都要很小心。上卦乾卦（天）陽剛如老虎，下卦兌卦（澤）表示喜悅，面對凶猛的老虎必須要和悅柔順，才不會被老虎咬。

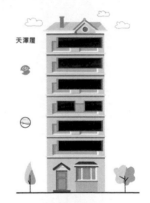

所以爻辭寫著：

履虎尾，不咥人，亨。

【白話】《履卦》象徵小心行動：踏住老虎尾巴，老虎也沒有回頭咬人，亨通順利。

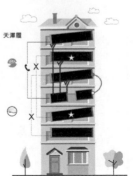

卦意對照

卦次	圖解	卦意
履一	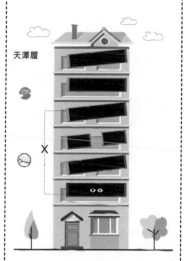	一樓（陽）形狀和窗戶相吻合，坐得正位，和歪斜的四樓（陽）不相應，不會受到四樓的引誘；一樓自己不同流合污，不受外界干擾，只要守禮法，務實做事，這樣就會順利了。 所以爻辭寫著： 初九：素履往，無咎。 【白話】初九，心地純樸，品行端正，無論到什麼地方都不會有災禍。 ⊕占卜到這個爻表示只要以平常心做事情，就不會有事。
履二	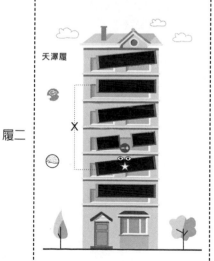	二樓（陽）形狀和窗戶不相符，坐不得位，但是因為二樓（陽）位於下卦兌卦（澤）的中央，二樓可以守中道，而且陽坐在陰位，表示是一位低調的人；二樓可以按自己的正義個性往前走，三樓（陰）和二樓（陽）可以相合，所以前進無阻礙。 所以爻辭寫著： 九二：履道坦坦，幽人貞吉。 【白話】九二，走在寬廣平坦的大路上，心懷坦蕩端正，不求聞達，幽居的人占問，結果是吉祥的。 ⊕占卜到這個爻表示敦睦守禮，講求信義，做事情將會一切順暢。

卦意對照

卦次	圖解	卦意
履三	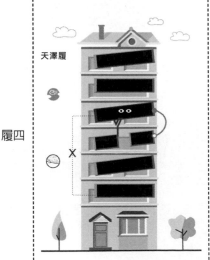 天澤履	三樓（陰）形狀和窗戶不相符，坐不正位，本身很陰柔卻坐在陽剛位置，而且又位於下卦兌卦（澤）的最上端，不中不正，不是一個正常人，就好像是少一個眼睛，或是少一隻腳的人。 三樓（陰）的能力有限，就不要妄想要做大事，如果不自量力去踩老虎尾巴，是會被咬的；正如一位霸據一方的將軍想要去做君王，這是一件很危險的事。 所以爻辭寫著： 六三：眇能視，跛能履。履虎尾，咥人，凶。武人為于大君。 【白話】六三，獨眼還要看，跛足還要遠行，一旦不小心踩在老虎尾巴上，老虎回頭就咬人，凶險，做事要量力而為；縱有血氣之勇的人，想要爭大位，凶。 **⊕占卜到這個爻表示要量力而為，認清自己的地位，不要做超過自己能力的事情。**
履四	天澤履	四樓（陽）形狀和窗戶不相符，坐不正位，自己是陽剛而位居柔弱位置，懷著謙遜戒懼的心侍奉五樓（陽，君王），所以即使踩到老虎尾巴，敬謹慎行，最後還是吉祥的。 所以爻辭寫著： 九四：履虎尾，愬愬終吉。 【白話】九四，踏住老虎尾巴，心中感到恐懼害怕，但身處險境謹慎小心，最終會得到吉祥。 **⊕占卜到這個爻表示做事情要謙卑謙遜，謹慎小心，就會平安順利。**

卦意對照

卦次	圖解	卦意
履五	天澤履	五樓（陽）形狀和窗戶相吻合，坐得正位，本來是一個大有可為的君王，可是二樓（陽）不和五樓（陽）溝通，而四樓（陽）和六樓（陽）也排斥五樓（陽），五樓缺乏輔助、協調的支援，五樓（陽）君王因而傾向於剛愎自用，一意孤行，專制獨斷，將有危險。 所以爻辭寫著： 九五：夬履，貞厲。 【白話】九五，剛毅作決斷，行動要小心，要提防危險。 ⊕占卜到這個爻表示要避免剛愎自用，做事情要謙卑自抑，認清自己的處境，不要專斷而誤事。
履六	天澤履	六樓（陰）形狀和窗戶不相符，坐得不正位，但是六樓（陽）陽剛而有柔德，又可和三樓（陰）相互溝通與支持，六樓站在最高處觀看審查行事過程，就好像是人生到了盡頭安心養老回顧，多年努力終竟其功。 所以爻辭寫著： 上九：視履考祥，其旋元吉。 【白話】上九，經常檢視以前走過的路，做過的事，考察未來的吉凶禍福，凶兆也會轉回至起頭的吉祥佳兆。 ⊕占卜到這個爻表示大功告成，必須及時回頭，不要再盲目硬闖。

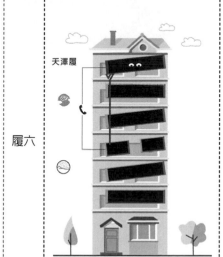

第十一卦

泰卦

泰 = 氵（表示洗滌、清洗）＋卄（看似雙手在捧、或持），表示潑水清洗。古人認為淨水是聖潔的，因此酷熱夏季將水潑在身上，不僅能清爽降溫，還能去汙驅邪，帶來吉祥與幸福。

地在上而天在下（上卦坤卦是地，下卦乾卦是天），乾天之氣往上升，坤地之氣向下降，天與地彼此相互交流通合，陰陽交合，萬物暢通，生化成泰平之象。

❖【坤上乾下】　地天泰

下卦為天為陽而居於小位，卻可從下到上而往；而上卦為地為陰居於大位，則將從上到下而來，所以小往大來，陽往陰來，陰陽交會調和，吉祥。

所以爻辭寫著：

泰，小往大來，吉亨。

【白話】《泰卦》居於下卦為小是陽是天而往上，位於上卦是陰是地而下來，小下大上，吉祥，亨通。

卦意對照

卦次	圖解	卦意
泰一	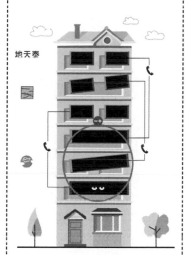	一樓（陽）形狀和窗戶相吻合，坐得正位，一樓在底部根部，和四樓（陰）相應，而且二樓（陽）、三樓（陽）都分別和五樓（陰）、六樓（陰）相應，底下三層樓同心一致向上，走向陰（四樓）陽相合的前方，猶如茅根拔起往上，是可以或得上方有力的支持。 所以爻辭寫著： 初九：拔茅茹，以其彙，征吉。 【白話】初九，拔起茂盛的茅草，將它們的根繫在一起，往前行進或行動是吉祥的。 ⊕占卜到這個爻表示齊心協力，團結一致，繼續前進是吉祥的。
泰二	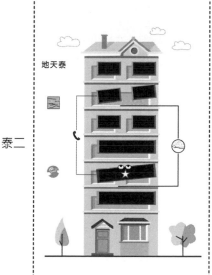	二樓（陽）形狀和窗戶不相符，坐不正位，但是二樓位於下卦乾卦（天）中央，拿到一顆星星（陽剛的臣子），而且又位於內部兌卦（澤）的底部，就像宰相肚裡能容，而且受到家人愛戴。五樓經常關心二樓，可見二樓（臣子）的辦事能力受到五樓（君王）的信任，所以往上走是有發展的。 所以爻辭寫著： 九二：包荒，用馮河，不遐遺；朋亡，得尚於中行。 【白話】九二，腰部纏繫又空又大的葫蘆徒步渡河，不可以拋棄。錢丟掉了，在中途會得到友人的協助。 ⊕占卜到這個爻表示當您需要的時候，自然會有外來的援手來幫助您解決麻煩，渡過難關。

卦意對照

卦次	圖解	卦意

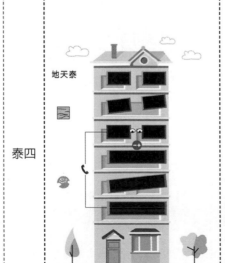

泰三

三樓（陽）的形狀和窗戶相吻合，坐得正位，又位於下卦乾卦（天）最頂端，陽氣已經到了盡頭，已經感受到四樓的陰氣，剛好可以陰陽調和。而且三樓（陽）又受到六樓（陰）的眷顧與協助，三樓（下卦最頂端）要跨越到四樓（上卦最底端）是有一點艱難，不過三樓要往外面（上卦）發展是可行的。

所以爻辭寫著：
九三：無平不陂，無往不復；艱貞無咎，勿恤其孚，於食有福。
【白話】九三，沒有平地全無起伏的，沒有前進全無返回的，占問艱困的事不會有災禍，不必擔憂，只要保持誠信，一定有飲食的福份。

⊕占卜到這個爻表示會遇到一些困難曲折，但是只要堅定信念，秉持美德，自然會有後福。

泰四

四樓（陰）形狀和窗戶相吻合，坐得正位。而四樓（陰）和一樓（陽）經常打電話溝通，加上四樓（陰）和三樓（陽）有意相合，所以四樓一直想要往下降，五樓和六樓也自願想要和四樓一起南下。但是因為整體的情勢往下，使得四樓（陰）顯得太放心了，沒有戒心地一意往下走，這麼輕信別人是有潛在的危險。

所以爻辭寫著：
六四：翩翩不富，以其鄰，不戒以孚。
【白話】六四，輕飄樂觀往來不停歇，只因為對鄰族不具戒心，以致遭受鄰族侵擾成俘虜。

⊕占卜到這個爻表示目前已經從逆境開始轉化，但是如果不加以警覺，很容易招致損失。

卦意對照

卦次	圖解	卦意
泰五	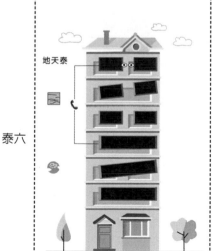	五樓（陰）形狀和窗戶不相符，坐不得位，但是五樓（陰）位於上卦坤卦（地）的中央，拿到一顆星星，同時又獲得二樓（陽）的支持與協助。五樓和二樓相應溝通，而五樓（陰，女子，王位）和二樓（陽，男性，臣屬）相合，正如商代帝王乙的女兒嫁予當時的商朝的附庸周文王，終有福氣，大吉利。 所以爻辭寫著： 六五：帝乙歸妹，以祉元吉。 【白話】六五，商代帝王乙嫁出自己的女兒，求得福祉，起頭吉祥。 ⊕占卜到這個爻表示事情順利，有人幫助。
泰六		六樓（陰）形狀和窗戶相吻合，坐得正位，六樓（陰）和三樓（陽）也經常打電話溝通。但是六樓（陰）已經位居高位，再無前進之路，加上以整個城牆而言，六樓（陰）看起來就是城牆傾覆於外溝（陰），在這個情況之下，最好不要妄想往前進，否則會有困難。 所以爻辭寫著： 上六：城復於隍，勿用師。自邑告命，貞吝。 【白話】上六，城牆倒塌在護城壕溝裡；這時決不可進行戰爭，都城中傳來命令，占問前途艱難。 ⊕占卜到這個爻表示要有面對重大的困難和逆境的心裡準備。

第十二卦

否卦

　　 ⊠ ，上面的「一」代表天，下面的「｜」代表地，中間打「Ⅹ」，就是天地不通。

　　天之陽氣上升，地之陰氣下降（上卦乾卦是天，下卦坤卦是地），兩相背馳而行，磁場能量難以通暢融合，互不流通。

❖【乾上坤下】　天地否

　　上下不通，仁義閉塞，小人當道，君子隱遁；居於上卦為大是陽往上升，位於下卦為小是陰降下來。

　　所以爻辭寫著：

　　否之匪人，不利君子貞；大往小來。

　　【白話】《否卦》壞人胡作非為，不利於君子占問。位在上卦為大是天往上升，居於下卦為小是地降下來，互不相通。

卦意對照

卦次	圖解	卦意
否一	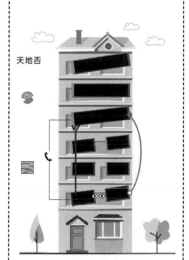	一樓（陰）形狀和窗戶不相符，坐不得位，但是四樓（陽）卻經常和一樓（陰）溝通協助，第一、二、三樓（都是陰），一樓就像一棵樹的根，才要開始發芽生長，而底下這三樓都是陰，就像同樣是根莖茅，都綁在一起。既然一樓支持四樓，也受到四樓的協助，陰陽相通，只要自己（陰）守靜不亂，自然吉祥。 所以爻辭寫著： 初六：拔茅茹，以其彙，貞吉亨。 【白話】初六，拔起茂盛的茅草，將它們的根相繫在一起，占問是吉祥亨通的。 **⊕占卜到這個爻表示惡象尚未顯現，而且有人幫助，目前還是處於順遂之時。**
否二	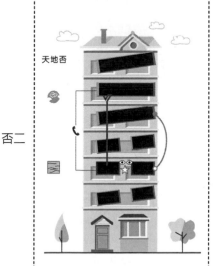	二樓（陰）形狀和窗戶相吻合，坐得正位，又位於下卦坤卦（地）的中央，得了一顆星星（臣子），而且獲得五樓（陽，君王）的信任與協助。可是整個天地不通的否卦之下，二樓（臣子）小人因為諂媚五樓（君王）而得寵，而且多位小人（一、二、三樓）都圍繞著君王，可謂小人當道而亨通，而君子無著力之處，正處困頓之時。但是因為二樓（陰）得位，所以整體而言是順利的。 所以爻辭寫著： 六二：包承，小人吉；大人否，亨。 【白話】六二，小人圍繞奉承君王，小人得吉，君子不吉，最終將會順利亨通。 **⊕占卜到這個爻表示只要安居樂業，將會順利。**

卦意對照

卦次	圖解	卦意
否三	天地否	三樓（陰）形狀和窗戶不相符，坐不正位，但是三樓（陰）卻經常與六樓（陽）打電話溝通，而三樓又位於下卦坤卦（地）的最頂端，是所有陰的最盛極之位，代表小人無恥而得道（三樓坐不得位），君子只能遠離小人，隱遁起來。 所以爻辭寫著： 六三：包羞。 【白話】六三，羞恥求進，不中不正。 ⊕占卜到這個爻表示行事不正當，應該謹慎行事，自省改正，才會順利。
否四	天地否	四樓（陽）形狀與窗戶不相符，坐不得位，但四樓（陽）卻經常和一樓（陰）溝通相應，四樓（陽）在五樓（君王）之下，四樓又統御了底下的一至三樓（陰），所以四樓承接了王命（五樓）就可以召集有志之士去執行任務，一起同行的同儕都可得福。 所以爻辭寫著： 九四：有命無咎，疇離祉。 【白話】九四，王室頒下命令，平安無事。諸侯同輩和夫婦都獲得福祉。 ⊕占卜到這個爻表示如果做事是正大光明的，是可以行得通的。

卦意對照

卦次	圖解	卦意
否五	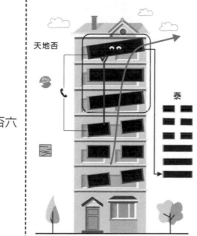	五樓（陽）形狀與窗戶相吻合，坐得正位，而且五樓位於上卦乾卦（天）的中央，得了一顆星星（君王），又受到二樓（陰，臣子）的支持；五樓（君王）可以命令四樓（陽）率領志同道合的人振興，這個天地不通的否運應該是中止了，所以君子終於獲得正道，但是這個以前小人盤據的情況就像桑樹上枝條盤錯一般，不易拔起，要隨時警惕自己居安思危，必須撥亂反正，終止小人橫行。 所以爻辭寫著： 九五：休否，大人吉；其亡其亡，系于苞桑。 【白話】九五，時世閉塞不通的否運要結束了，王室諸侯可以獲得吉祥；居安思危，要常想「快滅亡了，快滅亡了」，拔除繫於桑樹上的枝條。 **⊕占卜到這個爻表示厄運雖然已經終止，但還是要隨時警惕，革除惡習，行事才可以順利。**
否六		六樓（陽）形狀與窗戶不相符，坐不得位，但卻經常與三樓（陰）打電話溝通，六樓（陽）位在最高樓，上卦共有三個陽（四、五、六樓）強力地把小人當道、天地不通的否運傾倒出去，把壞運除盡，就順利了，就是所謂的「否極泰來」，好運到。 所以爻辭寫著： 上九：傾否，先否後喜。 【白話】上九，時勢閉塞不通的否運徹底消除了，否極泰來，有好事。 **⊕占卜到這個爻表示剛開始情況不妙，後來喜獲成功。**

第十三卦

同人卦

☰ = 🃏（一群人在同一地點有多柄椿子）＋🃏（口，吹哨子），表示一起吹哨子齊力工作。

上為天而下有火（上卦乾卦是天，下卦離卦是火），火勢盛大一致向上燃升，天火合明，日升光明而萬物得育，有志同道合之意。

❖ 【乾上離下】　天火同人

整棟樓只有二樓（陰），其他樓層都是陽，二樓得正位是一位賢人，得到眾人的信服與追隨，但是二樓（陰）不在廟堂之上（不是五樓）而是在眾人之野，所以聚集眾人在野，是順利的。即使偌大的河川擋在前方，也能夠涉水無阻，到達彼岸，而且有利於君子占問。

所以爻辭寫著：

同人于野，亨。利涉大川，利君子貞。

【白話】《同人卦》象徵與人和睦相處：聚集族人在田野，利於冒險渡大河，利於君子占問。

卦意對照

卦次	圖解	卦意
同人一		一樓（陽）形狀與窗戶相吻合，坐得正位，但得不到四樓（陽）的溝通，一樓剛正（得正位）不奉承四樓（不得位），而一樓（陽）的鄰居二樓（陰）兩者得位也陰陽相合，因此聚集眾人在剛開始要出門的門口（一樓）是無礙的。 所以爻辭寫著： 初九：同人於門，無咎。 【白話】初九，聚集族人在門口，不會有什麼災禍。 ⊕占卜到這個爻表示和人和睦相處，一切順利。
同人二		二樓（陰）形狀與窗戶相吻合，坐得正位，而且二樓位於下卦離卦（火）的中央，得到一顆星星（臣子），又獲得五樓（陽，君王）的相應協助，二樓（陰）和五樓（陽）相從甚密。但是因為一、三、四、六樓都是陽，都想要和二樓（陰）相好，但是卻無法分開二樓和五樓的親密。但是反過來說，二樓（陰）只和五樓（陽）相合，沒有廣交朋友，顯得過於狹隘，小器，難成大用。但這只是二樓自己的小過失，不會影響同人卦整個大局的。 所以爻辭寫著： 六二：同人於宗，吝。 【白話】六二，只和本宗本派的人和睦相處，前途有些艱難。 ⊕占卜到這個爻表示不要自己搞一個小派系，格局要放大，才可以成事。

卦意對照

卦次	圖解	卦意
同人三	天火同人	三樓（陽）形狀和窗戶相吻合，坐得正位，但是無法和六樓（陽）溝通，三樓位於下卦離卦（火，數字代號3）之頂端，猶如站在高陵之上，面對著不相應的六樓（陽），堅強的對手（四、五、六樓三個陽），而且三樓的團體內有一個並不是朋友的二樓（二樓只和五樓親密），內部有二樓（陰），所以只能暫居高處，保持警戒狀態，三年不興師動武，以逸待勞，避免災禍。 所以爻辭寫著： 九三：伏戎於莽，升其高陵，三歲不興。 【白話】九三，在叢林中埋伏軍隊，登上那高丘，數年不能興兵。 **⊕占卜到這個爻表示儘管已經知道對手與問題所在，還是要按部就班去解決，不要急就章行事。**
同人四	天火同人	四樓（陽）形狀和窗戶不相符，坐不正位，也無法和一樓（陽）溝通相應，四樓（陽）又面對兩個陽（三、五樓）的夾逼而孤立無援，四樓（陽）想要和二樓（陰）相合，但是三樓（陽）就像一堵牆擋住，四樓倒底要怎麼做最好？ 四樓陽剛居於陰位，自己不得位又無援助，加上同人卦與人和同為貴，所以不採取攻勢最為適當。 所以爻辭寫著： 九四：乘其墉，弗克攻，吉。 【白話】九四，登上那城牆，不發動進攻，是吉祥的。 **⊕占卜到這個爻表示要自省再三，隨時警覺有過失即改，才是久安之策。**

卦意對照

卦次	圖解	卦意
同人五	天火同人	五樓（陽）形狀和窗戶相吻合，坐得正位，五樓（君王）位於上卦乾卦（天）的中央，得了一顆星星（君王），而且又獲得二樓（陰，臣子）的支持協助，五樓（陽）和二樓（陰）都是正位一起領導眾民。 可是五樓要往下和二樓相合的途中，受到三、四樓（陽）的阻擾，要經過一番險阻才能得願，各方賢士皆來相遇，互道恭喜。 所以爻辭寫著： 九五：同人，先號咷而後笑，大師克相遇。 【白話】九五，將士們開始大聲痛哭，後來破涕為笑，兩人軍隊作戰告捷，執掌軍團的兩大首領相會在一起。 ⊕占卜到這個爻表示將會反敗為勝，轉禍為福，先悲後喜。
同人六	天火同人	六樓（陽）形狀與窗戶相吻合，坐不得位，而且無法得到三樓（陽）的相應支持，六樓又位於最高樓和郊外一樣，六樓（陽）自己無法是君王（五樓），但是六樓（陽）位於上卦乾卦之最頂端，地位尊貴但是沒有君王的實權，所以聚集眾人在郊外，沒有大礙。 所以爻辭寫著： 上九：同人於郊，無悔。 【白話】上九，在荒郊聚集眾人，沒有悔恨煩惱。 ⊕占卜到這個爻表示自己雖然不得志，但是仍然樂在其中，不會有災禍的。

第十四卦

大有卦

〉像手張開，有所抓持，是「有」的本字。

太陽在天之上（上卦離卦是火，下卦乾卦是天），大地萬物都受陽光而生長育成，有物產大豐收之象。

❖【離上乾下】 火天大有

上卦外卦是離卦（火）光明普照，是文明；下卦內卦是乾卦（天）剛健應時而行，外文明內剛健，一定是無處不通，無往不順。

所以爻辭寫著：

大有，元亨。

【白話】《大有卦》大有收穫：順利亨通。

卦意對照

卦次	圖解	卦意
大有一	火天大有	一樓（陽）形狀和窗戶相吻合，坐得正位，但是無法獲得四樓（陽）的溝通相應，二樓（陽）不和一樓（陽）交往，一樓雖然面對二樓（強敵）且無法相應於四樓，但是一樓（陽）自己坐得正位，自己不會有任何傷害，雖然可能遭遇些困難，但是不會有事。 所以爻辭寫著： 初九：無交害，匪咎；艱則無咎。 【白話】初九，不會互相危害，不會成禍害，就是遭遇艱難也沒有災禍。 ⊕占卜到這個爻表示可能會遭遇困難，要堅拒一切誘惑，最終能夠安度難關的。
大有二	火天大有	二樓（陽）形狀和窗戶不相符，坐不得位，位於下卦乾卦（天）的中央（臣子），又受到五樓（陰，君王）的相應協助；二樓（陽）位於陰位（中間很虛），猶如大車裡面承載陽實之物，往上走去面見有相應的五樓（陰，君王），是可以安心前往。 所以爻辭寫著： 九二：大車以載，有攸往，無咎。 【白話】九二，用大車裝載著收割的莊稼，送到前方目的地，沒有什麼禍患。 ⊕占卜到這個爻表示做事將可順利滿載。

卦意對照

卦次	圖解	卦意
大有三	火天大有	三樓（陽）形狀和窗戶相吻合，坐得正位，卻無法獲得六樓（陽）的溝通協助，但是三樓（陽）位於下卦乾卦（天）的最頂端，受到底下一、二樓（陽）的支持，三樓（陽）儼然成為公侯，和五樓（陰，君王）相應；而三樓也位於兌卦（三、四、五樓組成兌卦），兌有口的意思，也有三樓（公侯）受到五樓（君王）宴饗的含意。然而四樓（陽）坐不得位是個小人，將會從中阻擾，而且本身是小人（不像三樓是公侯），就是獲得權勢也都自己享用，不施於民，最終自己也會受害。 所以爻辭寫著： 九三：公用亨於天子，小人弗克。 【白話】九三，公侯向天子朝貢並致以敬意，平民沒有這樣的資格。 ⊕占卜到這個爻表示要思考對本身有益的大方向大策略，但是可能會遭遇一些困難，要小心謹慎為之。
大有四	火天大有	四樓（陽）形狀與窗戶不相符，坐不得位，和一樓（陽）也無法打電話溝通，但是四樓（陽）位於上卦離卦（火）之內，有離火文明斐然美盛之象，四樓又鄰近五樓（君王），獲得眾多財物，但四樓（陽）居陰位，像是一個有魄力（陽）而心思精細（陰位）的人，所以不會因為富有而驕縱，剛柔並濟，能屈能伸，所以不會有事。 所以爻辭寫著： 九四：匪其彭，無咎。 【白話】九四，文采斐然，聲容美盛，沒有災禍。 ⊕占卜到這個爻表示擁有很多資源，但是不要過份自信，仍要謹慎行事為宜。

卦意對照

卦次	圖解	卦意
大有五	火天大有 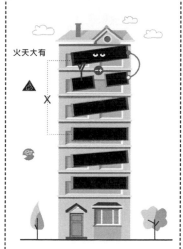	五樓（陰）形狀和窗戶不相符，坐不得位，因為自己位於上卦離卦（火）的中央，獲得一顆星星（君王），只有五樓一個陰，其他樓層都是陽，所有陽的樓層都歸合於五樓（陰），五樓（陰，君王）和二樓（陽，臣子）也相應溝通無礙，因此五樓受到眾人愛戴，也有威嚴，上下交融和樂，吉祥。 所以爻辭寫著： 六五：厥孚交如，威如，吉。 【白話】六五，信譽昭著，真誠相互對待，又有威儀，是吉祥的。 ⊕占卜到這個爻表示有貴人相助，行事順利。
大有六	火天大有	六樓（陽）形狀和窗戶不相符，坐不得位，而且無法與三樓（陽）打電話溝通，但是六樓（陽）已經位居本卦的最上端，而且和五樓（陰，君王）陰陽相合，得到五樓（君王）的支持，加上六樓本來就處於向上天祭祀得宗廟位置，自然會受到上天得庇佑，上下保佑與支持，無所不利。 所以爻辭寫著： 上九：自天佑之，吉無不利。 【白話】上九，上天保佑豐收，吉祥，無往不利。 ⊕占卜到這個爻表示只要謙虛謹慎行事，不驕縱，自然行事順遂。

第十五卦

謙卦

謙 ＝ 言（說）＋ 兼（內疚），表示表達愧疚。

高山應該在地上，但是現在是地在山上（上卦坤卦是地，下卦艮卦是山），山雖高大卻屈居於地之下，是為謙尊。

❖ 【坤上艮下】　地山謙

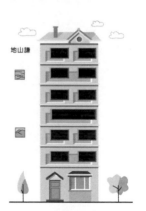

整棟樓只有一個陽在三樓，居於下卦艮卦（山）之最頂端，不僅守住流失的氣，雖顯尊貴也懂得謙虛卑下；而上卦坤卦（地）地位雖高但是不驕傲，也不踰矩，所以這樣行事會有好結果的。

所以爻辭寫著：

謙，亨，君子有終。

【白話】《謙卦》君子謙虛自守，事事亨通，最終會有好結果。

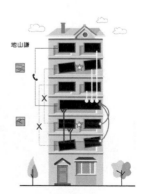

卦意對照

卦次	圖解	卦意
謙一	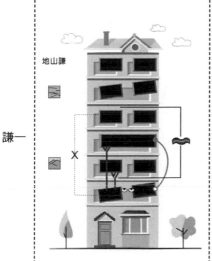	一樓（陰）形狀和窗戶不相符，坐不得位，且無法和四樓（陰）相應溝通，本來一樓就很低下，本身是陰處於陽位更要謙卑，面對前面的大河川（二、三、四樓組成了坎卦，代表大水），只要秉持著謙虛的態度，就可以安然渡河。 所以爻辭寫著： 初六：謙謙君子，用涉大川，吉。 【白話】初六，謙虛再謙虛的君子，以謙遜之心涉過大河，最終必然安全吉祥。 ⊕占卜到這個爻表示始終能夠虛懷若谷，行為謙遜，則將行事順利。
謙二	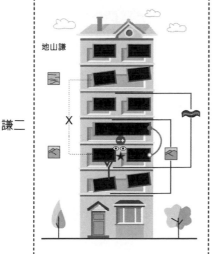	二樓（陰）形狀和窗戶相吻合，坐得正位，位於下卦艮卦（山）的中央，獲得一顆星星（臣子），德柔而位正，也處於坎卦（水）之內（二、三、四樓組成坎卦），山內有水流聲，加上二樓（陰）和三樓（陽）相合，共鳴有聲，二樓不僅有聲望而且謙虛，這是很吉利的。 所以爻辭寫著： 六二：鳴謙，貞吉。 【白話】六二，有聲望而謙虛，占問，吉祥。 ⊕占卜到這個爻表示做事出於真誠而謙卑，沒有偽裝，則自然順利。

卦意對照

卦次	圖解	卦意
謙三	地山謙	三樓（陽）形狀和窗戶相吻合，坐得正位，而且和六樓（陰）的感情甚好，而且三樓是整棟樓唯一的陽，受到各層樓陰的擁戴；而三樓也位於坎卦之中（二、三、四樓組成坎卦），坎水流動象徵勞動，所以三樓勞動而且謙遜，又得正位（陽居陽位），最終是有好結果得。 所以爻辭寫著： 九三：勞謙君子，有終吉。 【白話】九三，勤勞而謙虛的君子，最終一定是吉祥的。 ⊕占卜到這個爻表示只要事情是正確而不違法，堅持自己的信念，最終是順利的。
謙四	地山謙	四樓（陰）形狀和窗戶相吻合，坐得正位，卻和一樓（陰）無法溝通相應，但是四樓卻站在高山之上（站高於下卦艮卦山），有居高指揮之象，四樓本身陰柔（得了正位）侍奉五樓（君王），謙遜不驕縱，行為合乎謙德，所以無往不利。 所以爻辭寫著： 六四：無不利，撝謙。 【白話】六四，無往而不利，只要奮勇前進並且謙虛謹慎。 ⊕占卜到這個爻表示只要不違法且不違背為人處世之道，盡量發揮謙遜美德，做事將會順利。

卦意對照

卦次	圖解	卦意
謙五	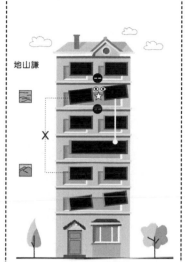	五樓（陰）形狀和窗戶不相符，坐不得位，位於上卦坤卦（地）的中央，得到一顆星星（君王），卻無法獲得二樓（陰，臣子）的支持協助，而且五樓的鄰居（四、六樓）也不會相助，所以五樓並不是非常富有，但是位居王位受到尊敬。 以五樓的情況最好是守住中道不要擅自出兵討伐為宜，以和為貴，但是如果迫不得已而出兵，也是正義之師，是無往不利的。 所以爻辭寫著： 六五：不富，以其鄰，利用侵伐，無不利。 【白話】六五，不富有，因為遭到鄰族的掠奪，向鄰族進行討伐，沒有什麼不利的。 ⊕占卜到這個爻表示只要心存誠信，應對眼前的艱難，是可以迎刃而解的。
謙六	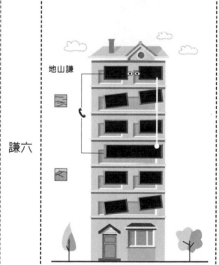	六樓（陰）形狀和窗戶相吻合，坐得正位，和三樓（陽）經常打電話溝通，和三樓（陽）共鳴，處於最頂極位的六樓（陰得陰位），有聲望也謙遜，就是出兵攻伐不義的城邑邦國，也是可行的。 所以爻辭寫著： 上六：鳴謙，利用行師，征邑國。 【白話】上六，有聲望而謙虛，有利於征伐鄰近邑國。 ⊕占卜到這個爻表示做事不能違背謙遜的原則，就是面對違法的事情也要予以糾正，才能夠行事順遂。

第十六卦

豫卦

豫＝𝄞（表示進入，通過）＋象（大象），表示大象緩步通過。

雷在地上（上卦震卦是雷，下卦坤卦是地），震雷驚鳴大地之上，春雷初現於大地，草木萬物受到大地陽氣之滋養，上下和樂融融，互動關係良好。

❖【震上坤下】　雷地豫

整棟樓只有四樓是陽，其他樓層都是陰，而四樓（陽）站在下卦坤卦（地）之上，不僅引領一至三樓眾陰，而且輔助五樓（陰，君王），四樓儼然像是一位有為的政務官，領導四方順從君王，是一個大有可為的態勢。

所以爻辭寫著：

豫，利建侯行師。

【白話】《豫卦》預先做準備，有利於建立諸侯的偉大功業，以及出師征戰。

卦意對照

卦次	圖解	卦意
豫一	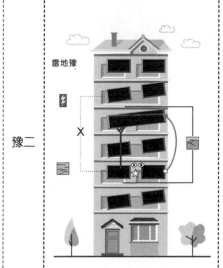	一樓（陰）形狀和窗戶不相符，坐不得位，卻與四樓（陽）經常打電話溝通相應，一樓（陰）覺得有四樓（陽）照應，覺得可以安逸耽樂，殊不知一樓自己前有強敵（二樓，陰），而且一樓力量尚且薄弱，加上自己又不得位（陰坐在陽位），自己是不中不正的小人，還自鳴得意，恐會遭致災禍。 所以爻辭寫著： 初六：鳴豫，凶。 【白話】初六，自鳴得意，準備大事宣揚，必遭兇險。 ⊕占卜到這個爻表示做事情不要志得意滿，否則容易掛一漏萬而壞事。
豫二	雷地豫	二樓（陰）形狀和窗戶相吻合，坐得正位，位於下卦坤卦（地）的中央，得了一顆星星（臣子），雖然無法和五樓（陰，君王）溝通求取支持，但是二樓自己穩穩地坐在下卦坤卦（地）的中位，一如像山一樣的穩固（二、三、四樓組成艮卦，山），二樓靜心守之，思緒明晰，能夠當機立斷，所以凡事吉祥。 所以爻辭寫著： 六二：介於石，不終日，貞吉。 【白話】六二，堅守志節如磐石，不需要終日等待，占問，吉祥。 ⊕占卜到這個爻表示做事心思要慎密，只要堅守正道，不需多久時間，事情就順利了。

卦意對照

卦次	圖解	卦意
豫三	雷地豫	三樓（陰）形狀和窗戶不相符，坐不得位，和六樓（陰）也無法相應溝通，三樓位於下卦坤卦（地）的最頂端，卻不去理會坤卦內的陰（一、二樓），三樓一直巴望著四樓（陽），自己以為攀上四樓就可以順利相合而自鳴得意，而歌詠作樂，但是忘了三樓自己不中不正（不位於下卦中央，不中；陰處於陽位，不正），過於逸樂，會生悔恨的。 所以爻辭寫著： 六三：盱豫，悔；遲有悔。 【白話】六三，自滿逸樂，會有悔恨，之後還會再悔恨。 ⊕占卜到這個爻表示現在馬上要自省檢討，立即改正，否則會後悔莫及。
豫四	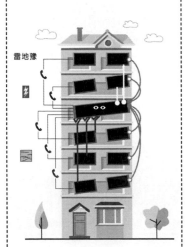雷地豫	四樓（陽）形狀和窗戶不相符，坐不得位，不僅和一樓（陰）相應，由於整棟樓只有四樓一個陽，其他層樓（陰）都歸附順之，與四樓相合。四樓位於五樓（陰，君王）之下，幫助柔弱（陰）的君王去統領眾人，這四樓儼然已經擁有大部份的天下了，所以只要待人以誠，則有賢之士將會合聚而來，可去做大事。 所以爻辭寫著： 九四：由豫，大有得；勿疑，朋盍簪。 【白話】九四，自信安樂，大有所獲；不必疑慮，朋友會聚一起。 ⊕占卜到這個爻表示遇到事情可以當機立斷，會有朋友相助，應該會順利的。

卦意對照

卦次	圖解	卦意
豫五	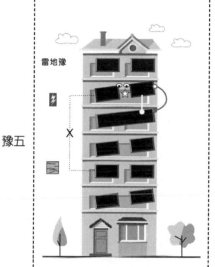	五樓（陰）形狀和窗戶不相符，坐不得位，和二樓（陰）不相應溝通，五樓（陰）雖然是君王但是柔弱，而四樓（陽）這個陽剛而統御眾人的大臣而言，五樓（君王）當然危懼不安，內心當然是有疾苦的；但是五樓終究是君王（居於上卦震卦之中位），只要能夠及時警惕，終究不會失去君王的位子。 所以爻辭寫著： 六五：貞疾，恒不死。 【白話】六五，占問有疾病，但長久而言不致滅亡。 ⊕占卜到這個爻表示事情有遭遇些困難，要謹慎行事，最終是不會有致命的災禍。
豫六	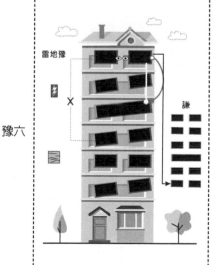	六樓（陰）形狀和窗戶相吻合，坐得正位，但是和三樓（陰）不相應，六樓自己單獨處於最高樓，歡樂自滿而致蒙昧無知，但是六樓已經到了整棟樓的頂端已經是要有轉變的時機，所以即使歡樂過度，也會有自省謙遜的時候（豫卦第六爻反轉為謙卦第一爻），只要能夠知過改過就不會有事了。 所以爻辭寫著： 上六，冥豫，成有渝，無咎。 【白話】上六，自滿而蒙昧無知，即使事情有成，也會有變故。但只要及時覺悟，知過改過，則平安無事。 ⊕占卜到這個爻表示目前暫時沒有災禍，但是切不可鬆懈，如果不知過改過，則有可能死於安樂。

第十七卦

隨卦

隨 = 辶（行進）＋隋（墜毀），追尋墜亡者。

上卦為澤為兌為悅（少女），下卦為雷為震為動（長男），陰柔的少女在陽剛的長男之上，有如柔隨剛，弱隨強，陰從陽，上下相從，追隨他人之意。

❖ 【兌上震下】　澤雷隨

整棟樓的下卦是長男，上卦是少女，男女相從，動靜相和，剛柔並濟，生生不已，自然一切順暢無礙。

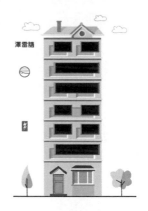

所以爻辭寫著：

隨，元，亨，利，貞，無咎。

【白話】《隨卦》開頭亨通，固守正道，平安無事。

卦意對照

卦次	圖解	卦意
隨一	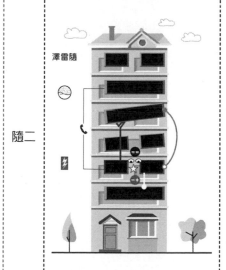澤雷隨	一樓（陽）形狀和窗戶相吻合，坐得正位，但不和四樓（陽）溝通相應，一樓（陽）居於正位，能夠自己堅守正道，而二、三樓（陰）有利於一樓前進（陰陽相合），可見一樓只要觀情勢權宜而變，出門結交朋友做事，是會有收穫的。 所以爻辭寫著： 初九：官有渝，貞吉。出門交，有功。 【白話】初九，得正道可權變，出門交朋友，可獲成功。 ⊕占卜到這個爻表示要懂得隨機應變，**繼續執行任務，將可順利完成。**
隨二	澤雷隨	二樓（陰）形狀和窗戶相吻合，坐得正位，和五樓（陽）相應溝通，但是二樓前去三樓（陰）被擋，加上二樓（陰）和一樓（陽）陰陽相合，二樓想要和一樓（小）親近，卻忽略了五樓（大），就是所謂的因小失大。 所以爻辭寫著： 六二：係小子，失丈夫。 【白話】六二，與年輕小子交往，則會失去了經驗豐富的老前輩。 ⊕占卜到這個爻表示有兩件事情相隨發生，都有一定的關連性，切勿因小失大，要謹慎判斷。

卦意對照

卦次	圖解	卦意
隨三		三樓（陰）形狀和窗戶不相符，坐不得位，也和六樓（陰）無法打電話溝通，而一、二樓已經陰陽相合在一起，不理會三樓，三樓（陰）和四樓（陽）有意相合，所以三樓會選擇四樓（大），而放棄二樓（小），正所謂得大失小，三樓往前進，正合乎人往高處爬的道理，但是三樓不得位（陰處於陽位），必須時時戒慎恐懼，往上求進才有所得。 所以爻辭寫著： 六三：係丈夫，失小子。隨有求得，利居貞。 【白話】六三，與經驗豐富的老前輩交往，則必然失去年輕小子。追隨前輩往前上進，有求必有收穫，利於安守正道。 ⊕占卜到這個爻表示要有大策略大方向的規劃，隨時謹慎小心，隨時順應時勢而變，積極求進，應有所得。
隨四		四樓（陽）形狀和窗戶不相符，坐不得位，又不和一樓（陽）相應溝通，但是四樓（陽）和五樓（陽，君王）同樣具有陽德，加上四樓（陽）底下是兩個陰（二、三樓）陰陽相合收穫頗多，但是四樓獲得越多，難免受到五樓（君王）的猜疑，所謂功高震主，五樓（君王）懼怕四樓會圖謀叛變，這對於四樓是一個災禍的警訊；如果四樓（陽）內心秉持誠信，公忠體民，縱然一時受到五樓（君王）的猜疑，最終還是會獲得信任而沒事的。 所以爻辭寫著： 九四：隨有獲，貞凶；有孚，在道以明，何咎。 【白話】九四，追而有收穫，有可能發生凶險。如果出於明智決定，心存誠信，堅守正道，那還有什麼禍患呢？ ⊕占卜到這個爻表示不要想著不勞而獲，凡事光明坦白，行為都合乎正道，則事情將會順利。

卦意對照

卦次	圖解	卦意
隨五		五樓（陽）形狀和窗戶相吻合，坐得正位，又與二樓（陰）相應溝通，又得到陽剛的四樓（大臣）的支持，誠信公正，與美善之人相依隨，當然吉祥。 所以爻辭寫著： 九五：孚於嘉，吉。 【白話】九五，親和並合於好人、美事，吉利。 ⊕占卜到這個爻表示廣結好友，**事情將順利完成。**
隨六		六樓（陰）形狀和窗戶相吻合，坐得正位，但和三樓（陰）沒有相應溝通，六樓已經位於整棟樓的最上層，已經沒有前進的路，應該要知止而止，同時也要聽五樓（陽，君王）的提醒約束，只有五樓和六樓陰陽相合，相互扶持，才可以維持應有的尊榮。君王到西山祭祀，以敘其功勞，嘉其勤奮，極盡安慰，已是功成名就了。 所以爻辭寫著： 上六：拘係之，乃從維之。王用亨於西山。 【白話】上六，拘繫戰勝獲得的俘虜，綁在一起於宗廟之前，君王於西山進行祭典。 ⊕占卜到這個爻表示要懂得順時而止，**已有的成就要謹慎守之。**

第十八卦

蠱卦

＝（蠱，大量蟲蛇或微小的爬行動物）＋（皿，食物盛器），表示被養在器皿中的蟲蛇。

山在上方（上卦艮卦是山），風在下（下卦巽卦是風），山底下的風受阻於山而不流通，萬物無法順利生長發育，就會腐爛生蟲。

❖【艮上巽下】　山風蠱

整棟樓上下兩顆星星剛柔相應，底下星星陽居陰位，上面星星陰居陽位，上下同心，如果要渡過大河川，應該能渡過險難。要做成事，必須配合天時、地利、人合才能竟其功。

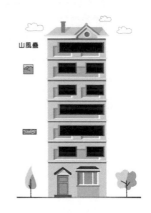

所以爻辭寫著：

蠱，元亨，利涉在川；先甲三日，後甲三日。

【白話】《蠱卦》亨通順利，有利於涉越大河。先甲三日是辛日（辛壬癸←甲），後甲三日是丁日（甲→乙丙丁），都是行事的吉日。

卦意對照

卦次	圖解	卦意

蠱一

山風蠱

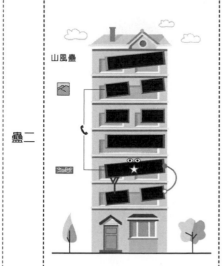

一樓（陰）形狀和窗戶不相符，坐不得位，和四樓（陰）不相應溝通，一樓本來就是要由陽（父親）居位，現在是由陰（兒子）處事，由兒子匡正父親的錯誤，由於上面有二、三樓（陽）相助，兒子（陰）當可奮發圖強，排除艱難，沒有禍患。縱使有危險，最終仍就無事。

所以爻辭寫著：
初六：幹父之蠱，有子，考無咎，厲終吉。
【白話】初六，匡正父輩的錯誤，是子孫孝順的表現，必無危害，即使遇到艱難險阻，只要努力奮鬥，最終必獲吉祥。

⊕占卜到這個爻表示做事過程艱難曲折，不會一帆風順，但是要奮發努力，最終才會順利成功。

蠱二

山風蠱

二樓（陽）形狀和窗戶不相符，坐不得位，和五樓（陰）經常打電話溝通，二樓（陽，兒子）想要匡正五樓（陰，母親）的錯誤，但是身為兒子（二樓）不可過於急切剛強，必須婉言相諫，才能夠導正，所以不要操之過急。

所以爻辭寫著：
九二：幹母之蠱，不可貞。
【白話】九二，匡正母輩所造成的弊病，不可強行貞問。

⊕占卜到這個爻表示做事情不要操之過急，要循序漸進，未來還是有發展的。

卦意對照

卦次	圖解	卦意
蠱三	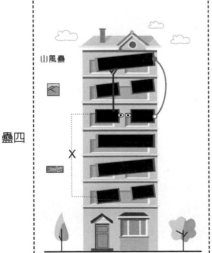	三樓（陽）形狀和窗戶相吻合，坐得正位，和六樓（陽）不相應溝通，所以難免會有一些小過失；三樓（陽）位於下卦巽卦（風）的最頂端，有巽卦謙遜之德，應該要以謙虛的態度做事，由於四、五樓（陰）會幫助三樓（陽），所以不會有大的禍害。 所以爻辭寫著： 九三：幹父之蠱，小有悔，無大咎。 【白話】九三，匡正父輩的錯誤，小有悔恨，不會有大的危害。 ⊕占卜到這個爻表示做事情應該要謹慎小心，可能會有一些小困難，但是只要堅守正道，深自檢討自省，事情還是會順利的。
蠱四		四樓（陰）形狀和窗戶相吻合，坐得正位，和一樓（陰）不相應溝通，四樓（陰）位於上卦艮卦（山）之內，陰柔又止於不前，四樓顯得過於柔弱，並沒有能力擔負大任，只能夠順其自然而守住現有狀態，切不可冒進，否則將會遭遇艱難險境。 所以爻辭寫著： 六四：裕父之蠱，往見吝。 【白話】六四，容納父輩已犯的錯誤，前途有些艱難。 ⊕占卜到這個爻表示只能守成，維持現有的情況，暫緩進一步的行動，不宜大肆拓展。

卦意對照

卦次	圖解	卦意

蠱五

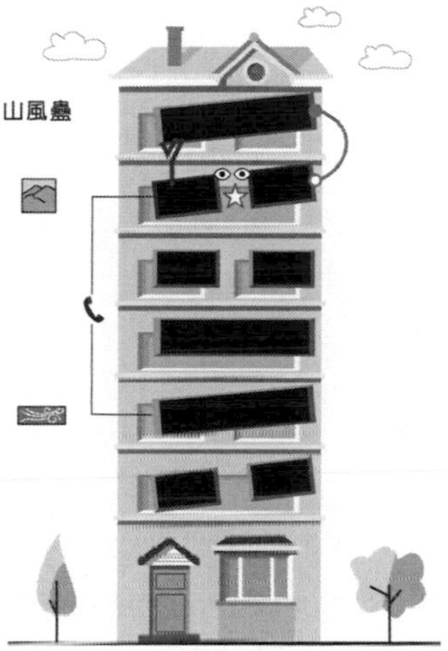

五樓（陰）形狀和窗戶不相符，坐不得位，和二樓（陽，臣子）相應支持，五樓（君王）以陰柔居陽位，象徵有能力繼承父業，而且重用臣子（二樓）輔弼國是，因而得到讚譽。

所以爻辭寫著：
六五：幹父之蠱，用譽。
【白話】六五，整治父輩的事業，博得讚譽。

⊕占卜到這個爻表示行事有成，並得到認同與讚美。

蠱六

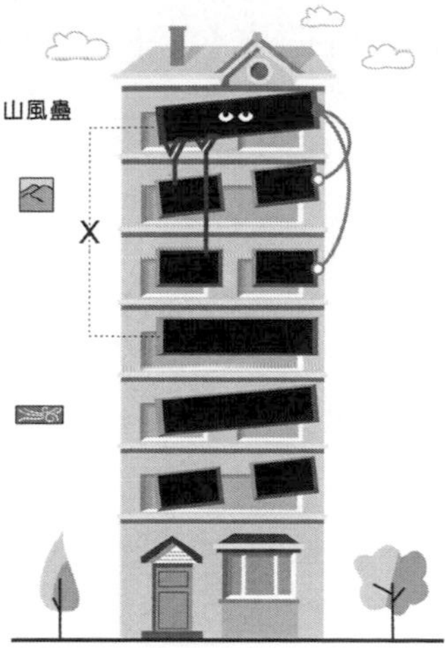

六樓（陽）形狀和窗戶不相符，坐不得位，和三樓（陽）不相應溝通，六樓（陽）已經位居最高樓，功勞也已經到頂，也不需要事奉君王（五樓），六樓應該要功成身退，潔身自愛，休隱是高尚之事，宜不管政事，專注於其他高尚事業。

所以爻辭寫著：
上九：不事王侯，高尚其事。
【白話】上九，不侍奉王侯，保持自己的高尚志行。

⊕占卜到這個爻表示應該要大智若愚，不要違背良心而趨附權貴，堅守正道，守成而不搶功。

第十九卦

臨卦

關 = 臣（像一個人在俯視）+ ₽₽₽（表示雨水自上而下降落），比喻目光自上而下打量。

地在上（上卦坤卦是地），澤在下（下卦兌卦是澤），澤上有地，大地匯聚澤水，地高澤卑，居高臨下，有監督管理、由上視下、以尊臨卑之意。

❖【坤上兌下】　地澤臨

整棟樓的一、二樓（陽）漸漸走上去，往上四層樓（陰）氣勢很強，由於臨卦是十二月的卦氣，臨卦顛倒為觀卦（上卦為巽卦為風，下卦為坤卦為地），觀卦是八月的卦氣（臨卦的消卦），陽氣已衰減過半，陰氣漸長，不利於臨卦，有凶險。

所以爻辭寫著：

臨，元，亨，利，貞。至於八月有凶。

【白話】《臨卦》亨通無阻，祥和有益，堅守正道。到了八月，有凶險。

卦意對照

卦次	圖解	卦意
臨一	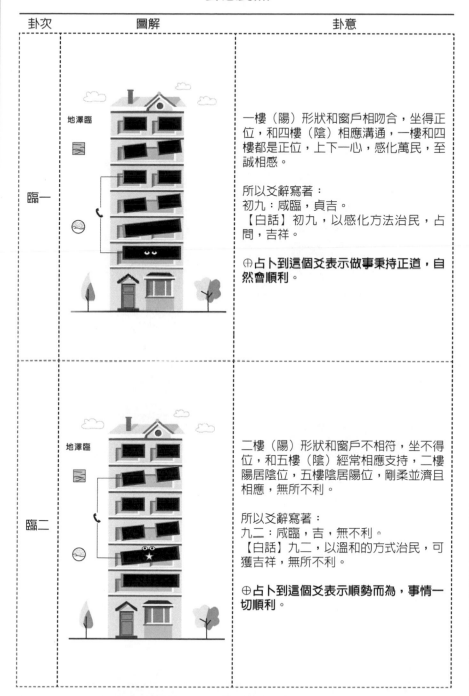	一樓（陽）形狀和窗戶相吻合，坐得正位，和四樓（陰）相應溝通，一樓和四樓都是正位，上下一心，感化萬民，至誠相感。 所以爻辭寫著： 初九：咸臨，貞吉。 【白話】初九，以感化方法治民，占問，吉祥。 ⊕占卜到這個爻表示做事秉持正道，自然會順利。
臨二		二樓（陽）形狀和窗戶不相符，坐不得位，和五樓（陰）經常相應支持，二樓陽居陰位，五樓陰居陽位，剛柔並濟且相應，無所不利。 所以爻辭寫著： 九二：咸臨，吉，無不利。 【白話】九二，以溫和的方式治民，可獲吉祥，無所不利。 ⊕占卜到這個爻表示順勢而為，事情一切順利。

卦意對照

卦次	圖解	卦意
臨三	地澤臨	三樓（陰）形狀和窗戶不相符，坐不得位，和六樓（陰）不相應溝通，位於下卦兌卦（澤）之最頂端，喜悅至極，又不得位（陰居陽位）有失德之象，上看四樓（陰）之強敵並且無法得到六樓（陰）相應協助，所以不會得到任何利益。 三樓（陰）自知處於危險之位，受到二樓（陽）的影響而有警惕之心，能夠知過改過，不再以甘甜之言媚人，所以不會造成任何禍害。 所以爻辭寫著： 六三：甘臨，無攸利；既憂之，無咎。 【白話】六三，以甜言蜜語去督導，必無獲得任何利益；但是如有覺悟，能憂懼改過，災禍可消除。 **⊕占卜到這個爻表示如果能夠及時覺悟自省，改正錯誤，則事情將會進行順利。**
臨四	地澤臨	四樓（陰）形狀和窗戶相吻合，坐得正位，和一樓（陽）經常打電話溝通，四樓（已位於上卦坤卦）下臨一樓（位於下卦兌卦），又以柔順之德（正位）順從五樓（君王），用人恰到好處即可成功。 所以爻辭寫著： 六四：至臨，無咎。 【白話】六四，親自督導治理民眾，沒有禍害。 **⊕占卜到這個爻表示只要心存至誠，守正做事，自然行事順利。**

卦意對照

卦次	圖解	卦意

臨五

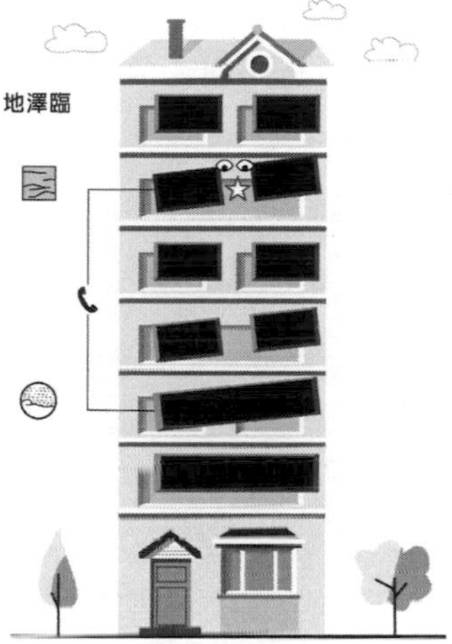

地澤臨

五樓（陰）形狀和窗戶不相符，坐不得位，和二樓（陽）相應支持，五樓（君王）以陰居陽位，重用二樓（臣子）以陽居陰位，知人善用，五樓以明智之道治理人民，真是一位明君。

所以爻辭寫著：
六五：知臨，大君之宜，吉。
【白話】六五，以明智之道治民，是國君應做之事，吉祥。

⊕占卜到這個爻表示要注意領導統御，知人善任，以身作則，則做事將無往不利。

臨六

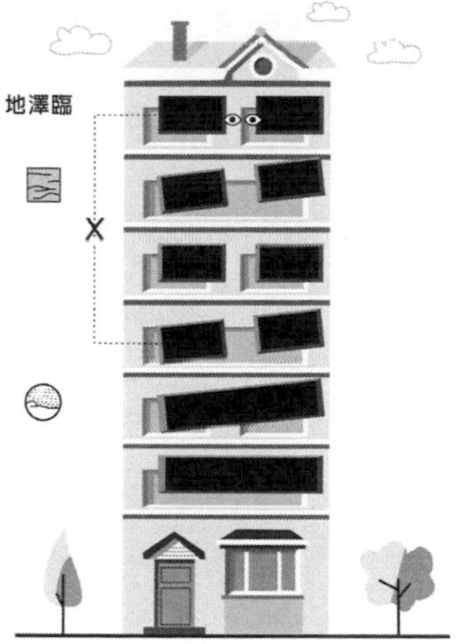

地澤臨

六樓（陰）形狀和窗戶相吻合，坐得正位，和三樓（陰）不相應溝通，六樓已經位於最高樓，又位於上卦坤卦之極，已享坤土之地德，六樓以敦厚之道治民，則吉祥得力。

所以爻辭寫著：
上六：敦臨，吉，無咎。
【白話】上六，敦厚之道治民，吉祥，沒有禍患。

⊕占卜到這個爻表示要心存誠信，守正行事，則一切順利。

第二十卦

觀卦

　　𦏀 畫的是一隻大鳥 𦏀，ᨆ 表示誇張醒目的「眉毛」∧∧ 下面睜著兩隻大眼睛 ▢▢，整個字形像類似貓頭鷹的大眼睛猛禽。

　　風行於地上（上卦巽卦是風，下卦坤卦是地），自由自在的風，在空中鳥瞰大地，萬物皆望風披靡，有聖人省風觀民，設教化使天下信服之意。

❖【巽上坤下】　風地觀

　　整棟樓的兩個陽在上，四個陰在下，就好像陽俯瞰於下，而眾陰仰觀於上；五樓（君王）仰觀於天，俯瞰於眾民，無論是君王或眾民面對上天，都是一心至誠，必須淨身潔手，但是只要以酒灌地迎神，而不獻出祭品。只要專心至誠，君王崇敬上天，眾民信服君王。

　　所以爻辭寫著：

觀，盥而不薦，有孚顒若。

　　【白話】《觀卦》利用盛酒器灌地迎神，而不奉獻祭品，心懷誠敬，神情肅穆。

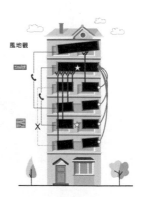

卦意對照

卦次	圖解	卦意
觀一	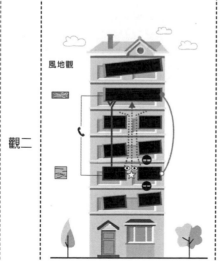	一樓（陰）形狀和窗戶不相符，坐不得位，和四樓（陰）不相應溝通，一樓距離五樓（君王）太遠，其間又有三層樓都是陰，一樓（陰）就像一位見識淺短的小兒，不懂君子之道是很自然的事情，但是如果是君子的視解也如此淺薄，那就很不利了。 所以爻辭寫著： 初六：童觀，小人無咎，君子吝。 【白話】初六，和童子一樣的孤陋寡聞，見識淺薄，如果是一般小民百姓尚且無妨，如果是君子就顯得不利了。 **⊕占卜到這個爻表示目前尚在蒙昧啓蒙階段，凡事都要虛心請益，不能妄作主張，急切行事。**
觀二		二樓（陰）形狀和窗戶相吻合，坐得正位，和五樓（陽）經常相應溝通，二樓（陰）面對不和善的一、三樓（陰），只支持五樓（陽）且關係密切，二樓（女子）位於下卦坤卦之中央，遠遠地眺望心儀的五樓（男，君王正位），而且是透過三、四樓之間細細的縫觀看，視野一定狹隘，就好像以孔窺天，所以占問在家女子的事是可以的，並不適合平時在外見識廣博的男子。 所以爻辭寫著： 六二：闚觀，利女貞。 【白話】六二，從門縫向外觀看，女子占問是可以的。 **⊕占卜到這個爻表示做事情必須先內省，檢視自己的策略是否合乎實際大方向，是否有過於偏頗，以及過於一廂情願的想法。**

卦意對照

卦次	圖解	卦意
觀三	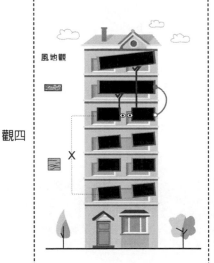	三樓（陰）形狀和窗戶不相符，坐不得位，和六樓經常打電話溝通，又和五樓（陽）支持且關係密切，三樓（陰）居於下卦坤卦（地）的最頂端，往上看上卦巽卦（風）而想要從其風德，但三樓又處於艮卦山之內（三、四、五樓組成艮卦），前行而又後退而止，這一前一進都是在反省內省，檢視自己的行為，是否進退得已。 所以爻辭寫著： 六三：觀我生，進退。 【白話】觀察我的子民百姓狀況，決定進退行止。 ⊕占卜到這個爻表示要有自知之明，自我省察，知道進退得宜。
觀四		四樓（陰）形狀和窗戶相吻合，坐得正位，和一樓（陰）無法溝通相應，四樓（陰）已經位於上卦巽卦（風）的位置，以風的姿態俯瞰底下大地（下卦坤卦），四樓（陰，正位）又鄰近五樓（陽，正位，君王），剛柔相合，四樓又可統御底下三層樓（陰），四樓堪稱是一位賢明有力的大臣，五樓（陽）懂得運用四樓（陰）這位大臣，自然是有利於國家。 所以爻辭寫著： 六四：觀國之光，利用賓於王。 【白話】六四，觀覽國家的榮光，有利於做君王的賓客。 ⊕占卜到這個爻表示要全面觀察檢視整體的情況，才能夠做完整的規劃與建議。

卦意對照

卦次	圖解	卦意

| 觀五 | 風地觀 | 五樓（陽）形狀和窗戶相吻合，坐得正位，和二樓（陰）相應支持，五樓（君王）又受到一至四樓（陰）的支持，也一直照顧一至四樓（陰），真正是一位統御天下的君王。

所以爻辭寫著：
九五：觀我生，君子無咎。
【白話】九五，觀察了解我的臣民，君子不會有禍患。

⊕占卜到這個爻表示全盤審視整體情況，事情進行將會順利。 |
| 觀六 | 風地觀 | 六樓（陽）形狀和窗戶不相符，坐不得位，和三樓（陰）經常相應溝通，六樓（陰）已經是整棟樓的最高層，不是君王（五樓），更像是君王的太傅，地位高貴而不施政，已然功成而可身退，自然不會再有過失了。

所以爻辭寫著：
上九，觀其生，君子無咎。
【白話】上九，觀察明瞭全國百姓的生活情況，君子不會有禍患。

⊕占卜到這個爻表示要全盤了解敵我情勢，知彼知己，則事情將會順利。 |

第二十一卦

噬嗑卦

噬，⊔ 是形旁，與嘴巴有關，就是一點一點地咬。噬=⊔（口，齒）＋盍（盍，相扣），上下門齒相扣，咬破有殼的或硬的東西。

上面為火而下方是雷（上卦離卦是火，下卦震卦是雷），上卦是離為電動則明，下卦是震是雷動而威，有雷電交加、刑罰恩威並用之意。

從這六層樓結構上，一樓和六樓看似上下兩唇，第二、三、五樓看似牙齒，第四樓橫貫上下齒間，如有物橫梗其間，必須咬斷才能合口。

❖【離上震下】 火雷噬嗑

整棟樓的上卦是離卦是火是電，下卦是震卦是雷，電閃而雷鳴，就好像是司法審判公正，執法嚴明。

所以爻辭寫著：

噬嗑，亨，利用獄。

【白話】《噬嗑卦》亨通無阻，有利於刑獄訴訟等事。

卦意對照

卦次	圖解	卦意
噬嗑一	火雷噬嗑	一樓（陽）形狀和窗戶相吻合，坐得正位，和四樓（陽）無法相應溝通，一樓（陽）在最底下好像是一個人的腳趾，雖然可以往前一步（二樓是陰可以相合），但是沒有四樓（陽）的相應幫忙，要走也走不遠，就好像是腳上有穿戴著枷鎖一樣，遮沒了雙腳；還好，一樓（陽）坐得正位（陽位），而且只是剛開始而已，就是有過失也是小錯而已，不會有什麼問題的。 所以爻辭寫著： 初九：屨校滅趾，無咎。 【白話】初九，足戴腳鐐，蓋住了腳趾頭，不會有禍患。 ⊕占卜到這個爻表示目前如果只是小過失，不可妄進，必須深自檢討改正。
噬嗑二	火雷噬嗑	二樓（陰）形狀和窗戶相吻合，坐得正位，和五樓（陰）無法溝通，二樓（陰）有一樓（陽）做靠山，就大膽地往前進或是大膽地執法，就好像是吃東西吃得狼吞虎嚥，吃得連鼻子都看不到了；然而，二樓（陰）得正位，做事情不會有問題的。 所以爻辭寫著： 六二：噬膚滅鼻，無咎。 【白話】六二，吞食獸皮，糊住了口鼻，不會有禍患。 ⊕占卜到這個爻表示做事情不要用力過猛，急功近利，必須深自檢討，才能順利無事。

卦意對照

卦次	圖解	卦意
噬嗑三	火雷噬嗑	三樓（陰）形狀和窗戶不相符，坐不得位，和六樓（陽）相應溝通，但是三樓（陰）不中不正（不中，不位於下卦的中央；不正，陰居陽位不得位），所以會有小災禍，就好像吃肉也會吃到發霉有毒的肉一樣，但是這只是小災小禍，因為有六樓（陽）的幫助支持，整體而言不會有事。 所以爻辭寫著： 六三：噬臘肉，遇毒；小吝，無咎。 【白話】六三，吃了臘肉，中毒，小災小禍，平安無事。 **⊕占卜到這個爻表示凡是不該做的事，不該得的財物，都不要拿，要心存誠信，堅守正道，才可以無事而順利。**
噬嗑四	火雷噬嗑	四樓（陽）形狀和窗戶不相符，坐不得位，和一樓（陽）無法相應溝通；從整棟樓來看，四樓一根陽剛好是整個嘴巴咬著一根長長的硬物，就好像是在吃帶骨的肉，當中咬到一根箭頭，四樓（陽）想要往前進，卻沒有受到一樓（陽）的支持相應，又身處於坎卦水險的中央（三至五樓組成坎卦為水），所以做事會有艱難，然而四樓（陽）鄰近五樓（君王，陰），陰陽相合而得吉祥。 所以爻辭寫著： 九四：噬乾肺，得金矢；利艱貞，吉。 【白話】九四，啃咬帶骨頭的乾肉，咬到肉中的箭頭。有利於在艱難中堅守正道，其結果是吉祥的。 **⊕占卜到這個爻表示目前遇到困難，有如喉中有刺般的難受，要堅持信念，解析問題所在，事情將可順利。**

卦意對照

卦次	圖解	卦意
噬嗑五		五樓（陰）形狀和窗戶不相符，坐不得位，和二樓（陰）無法打電話溝通，五樓（陰，君王）吃的肉自然是好的，而且富有得黃金財物，但是五樓仍然位於坎卦水險之內（三至五樓組成坎卦為水），又沒有得到二樓（陰）的相應支持，處境是有些艱難，還好五樓陰柔居於王位，最終會沒事的。 所以爻辭寫著： 六五：噬乾肉，得黃金；貞厲，無咎。 【白話】六五，咀嚼乾肉脯，嗑了箭頭的銅鏃。占問危險與艱難，平安無事。 ⊕占卜到這個爻表示目前已經有一些成就，但是仍然有一些問題待解決，必須檢討改進，才可順利進行。
噬嗑六	 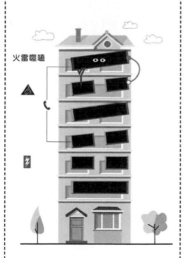	六樓（陽）形狀和窗戶不相符，坐不得位，和三樓（陰）經常相應支持，但是六樓（陽）位於最高樓，已經到頂無可進，加上位於上卦離卦火燒得旺，六樓過於剛強因而侵慾心更強，仗著自己位居最高樓而氣勢焰盛傲慢，這使得犯罪又加重犯罪，終使得加諸枷鎖木械重到蓋住耳朵，自恃聰明卻面臨到凶險。 所以爻辭寫著： 上九：何校滅耳，凶。 【白話】上九，重枷加身，遮住了耳朵，有凶險。 ⊕占卜到這個爻表示如果不聽從忠言勸誡，知過改過，則將會有災禍。

第二十二卦

賁卦

賁代表珍貴的苗木，表示文飾，裝飾得很好。另一個說法是是甲骨文的，其下方原本是一面鼓，上為大鼓的裝飾物，以強調這是大鼓。

上面是山（上卦艮卦是山），下方是火（下卦離卦是火），火在山下，代表太陽西沉，日落在西方的山下，夕陽具有最燦爛的光彩，但是只有短暫的時光就殞落了，代表裝飾、美化之意。

❖【艮上離下】 山火賁

整棟樓的下卦離卦是火，卻在上卦艮卦是山的底下，可見底下這個火不能照亮天下，而且不能持久，只可以小用而已。

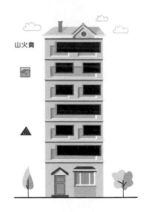

所以爻辭寫著：

賁，亨小，利有攸往。

【白話】《賁卦》亨通，文采之事只有小用。

卦意對照

卦次	圖解	卦意

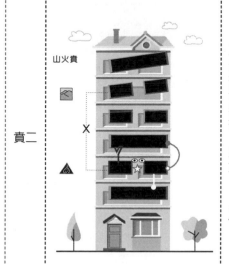

賁一

山火賁

一樓（陽）形狀和窗戶相吻合，坐得正位，和四樓（陰）經常打電話溝通，按照陰陽相合的原理，一樓（陽，正位）都可以和二樓（陰，正位）、四樓（陰，正位）相合，但是因為一樓和四樓經常相應溝通且關係密切，所以一樓不和二樓相合，寧願走遠一點到四樓，所以捨棄放在眼前的車子，徒步走遠路。

所以爻辭寫著：
初九：賁其趾，舍車而徒。
【白話】初九，彩飾他的腳，捨棄乘坐車馬而徒步行走。

⊕占卜到這個爻表示要制定周全正確的策略，不要貪戀眼前的小利，要放大格局看事情。

賁二

山火賁

二樓（陰）形狀和窗戶相吻合，坐得正位，和五樓（陰）無法打電話溝通，二樓（陰柔得正位）和三樓（陽剛得正位）相合，一個人的鬍鬚是男子陽剛的表徵（三樓），受到柔順的撫摸（二樓），陰陽和諧，是為吉祥之兆。

所以爻辭寫著：
六二：賁其須。
【白話】六二，文飾他的鬍鬚。

⊕占卜到這個爻表示事情內外和諧，上下彼此照應，事情順利進行。

卦意對照

卦次	圖解	卦意
賁三	山火賁	三樓（陽）形狀和窗戶相吻合，坐得正位，和六樓（陽）無法打電話溝通，三樓位於下卦離卦（火）的最頂端，是最為光明的時刻，由於沒有和六樓相呼應，所以三樓還是安心待著比較穩妥。 所以爻辭寫著： 九三：賁如濡如，永貞吉。 【白話】九三，彩飾鮮明而潤澤，要永遠堅守正道，占問可獲得吉祥。 ⊕占卜到這個爻表示要堅守自己的誠信，不要受到身旁花言巧語或誇大不實的說詞所迷惑，要抓穩自己既定的策略與方向繼續執行。
賁四	山火賁	四樓（陰）形狀和窗戶相吻合，坐得正位，和一樓（陽）經常打電話溝通，四樓（陰）向上遇到五樓（陰）不得進，四樓（陰）和三樓（陽）可以陰陽相合，因為四樓仍然處於坎卦水險之內（二至四樓組成坎卦為水），起初仍有危險的疑心，但因為一樓（陽）經常支持相應於四樓（陰），促成四樓（正位）和三樓（正位）的陰陽相合之喜，動機純正，正如白馬一般純白。 所以爻辭寫著： 六四：賁如皤如，白馬翰如；匪寇婚媾。 【白話】彩飾鮮明而多樣，白馬跑得快，原以為是寇盜，結果是來迎親的。 ⊕占卜到這個爻表示要深切審視眼前的紛亂事務，解析釐清與排除錯誤的策略，才會有好的結果。

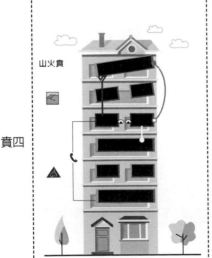

卦意對照

卦次	圖解	卦意
賁五	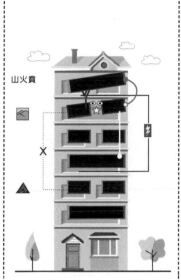 山火賁	五樓（陰）形狀和窗戶不相符，坐不得位，和二樓（陰）無法相應溝通，五樓位於震卦（雷）為木之內（三至五樓組成震卦屬木），五樓又位於上卦艮卦（山）的中央之位，正處於丘陵山園之地；五樓（陰）雖位居君王之位，但是本身是陰（不得位）較為柔弱，往上求教於六樓（陽），但是六樓已經位於最高樓有如退隱之賢者，只能以幾束錦帛贈之；五樓（陰）沒有得到二樓（陰）的相應支持，所以五樓做事情會遇到一些困難，但是以五樓（君王）的地位，最終還是會吉祥的。 所以爻辭寫著： 六五：賁於丘園，束帛戔戔；吝，終吉。 【白話】六五，彩飾丘陵山園，僅有幾疋絲帛的禮物，有困厄，最終吉祥。 ⊕占卜到這個爻表示做事情不可以過度鋪張，行事要善於控制成本，以渡過眼前的難關，謹慎小心，最終會有好結果的。
賁六	 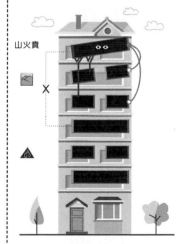 山火賁	六樓（陽）形狀和窗戶不相符，坐不得位，和三樓（陽）無法相應溝通，六樓（陽）已經位於最高樓了，原本華麗文飾則歸於樸素純真，六樓已經功成卻保有本質之美，所以不會有任何禍患。 所以爻辭寫著： 上九：白賁，無咎。 【白話】上九，裝飾素白樸實，不喜好華麗，沒有禍害。 ⊕占卜到這個爻表示檢視事物的本質，對應於現在的實際情況，是否有偏離原本的設定，改正錯誤，則事情將會順利。

第二十三卦

剝卦

剝 = 𣦵（頭朝下的人，表示被捆綁倒吊）＋ 刂（刀，拿刀子剔割），表示極度殘忍的酷刑，將活人倒吊，將人皮活活揭下。

上卦艮卦是高山擋在上面，但是只有六樓一陽擋住，底下五樓都是陰，陰盛陽衰，有剝落之勢，好像是土石從高山逐漸剝落下來之意。

❖【艮上坤下】 山地剝

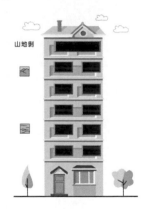

整棟樓只有最高樓六樓一個陽（君子），底下有五個陰（小人），上面那一個陽有被底下五個陰逼落的危險，所以現在不應該冒然前進，因為陽的力量過於薄弱，以免招致禍患。

所以爻辭寫著：

剝，不利有攸往。

【白話】《剝卦》不利於前去行事。

卦意對照

卦次	圖解	卦意

剝一

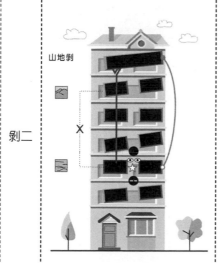

山地剝

一樓（陰）形狀和窗戶不相符，坐不得位，和四樓（陰）無法打電話溝通，整棟樓看起來像是一張床，而一樓就像是床腳，一樓不中不正（不中，不在下卦的中央；不正，陰居陽位不得正位），又沒有四樓（陰）的相應支持，一樓的頹勢就像是毀壞了一張床的床腳，會有凶險。

所以爻辭寫著：
初六：剝床以足，蔑貞凶。
【白話】初六，牆角或床腳剝落了，占問凶險。

⊕占卜到這個爻表示要注意細節過失或基層可能腐化的問題，以免疏忽而壞了大事。

剝二

山地剝

二樓（陰）形狀和窗戶相吻合，坐得正位，和五樓（陰）無法相應溝通，二樓位於下卦中央可分上下之辨，猶如床沿分為床身和床足，二樓（陰）不能和一、三樓（陰）相合，也受不到五樓（陰）的支持，二樓的處境凶險。

所以爻辭寫著：
六二：剝床以辨，蔑貞凶。
【白話】六二，牆面或床板毀壞，占問凶險。

⊕占卜到這個爻表示容易喪失分辨能力，容易迷失方向，必須自省解析是否有任何過失，知過改過並修正，否則容易壞事。

卦意對照

卦次	圖解	卦意
剝三	山地剝	三樓（陰）形狀和窗戶不相符，坐不得位，和六樓（陽）經常打電話溝通，三樓（陰）受到二、四樓（陰）的阻擾，而且三樓自己就不得位，本來處境就有危險，所幸三樓（陰）有六樓（陽）的相應支持，則平安無事。 所以爻辭寫著： 六三：剝之，無咎。 【白話】六三，雖被剝落，平安無事。 ⊕占卜到這個爻表示要心存鎮靜，雖然處於混亂的環境，也要想辦法撥開小人迷惑或是任何迷障之事，同時也要借助貴人支援相助，才能夠讓事情順利進行。
剝四	山地剝	四樓（陰）形狀和窗戶相吻合，坐得正位，和一樓（陰）無法相應支持，四樓（陰）無法和三、五樓（陰）相合，四樓的處境極其危險，就好像是床毀壞了，也快要傷及皮膚了，如果再毀壞下去則將身亡，所以災禍已近了。 所以爻辭寫著： 六四：剝床以膚，凶。 【白話】六四，整個牆面或床都剝落，已傷及皮膚，凶險。 ⊕占卜到這個爻表示危險已至，受害已經不可免，要戒慎之。

卦意對照

卦次	圖解	卦意
剝五	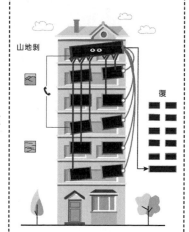 山地剝	五樓（陰）形狀和窗戶不相符，坐不得位，和二樓（陰）無法相應溝通，五樓（陰）居於君王位置，可謂一位皇后，統領著底下四層樓（陰）眾嬪妃，就像將魚連成一串，而且是按順序排列有條不紊，五樓（陰）皇后上承六樓（陽）最高層的君王，陰陽相合，順從不會作亂，做事情無往不利。 所以爻辭寫著： 六五：貫魚，以宮人寵，無不利。 【白話】六五，將魚按順序連成一串，寵幸宮人，無往不利。 ⊕占卜到這個爻表示**事情要按部就班，依進度依次進行，則事情將會順利完成。**
剝六	山地剝 復	六樓（陽）形狀和窗戶不相符，坐不得位，和三樓（陰）經常打電話溝通，整棟樓只有剩下最高樓六樓一個陽，就好像一棵樹只剩下一顆碩大的果實，而物極必反，剝卦的最上層樓就會成為復卦的第一層樓，所以不要吃這顆果實，要讓它的果仁落地再生，延續生機。 如果是君子得利，可造福百姓，就好像是車子可載人一般地方便。如果是小人得利，則會毀壞最高層樓（陽）而拆毀房舍。所以千萬不能重用小人。 所以爻辭寫著： 上九：碩果不食，君子得輿，小人剝廬。 【白話】上九，碩大的果實不食用，君子可得到華麗的車輿，小人則剝奪可遮蔽風雨的草棚。 ⊕占卜到這個爻表示**要珍惜保持現有的成就，謹慎檢討目前是否仍有缺失，積極知過改過，切莫沾沾自喜而疏於管理，人事管理方面也要多加留意。**

第二十四卦

復卦

復 = 𤰲（像城邑兩頭各有出口）+ 辵（表示行走），往返城門的意思。

地在上（上卦坤卦是地），雷在下（下卦震卦是雷），雷在地下孕育，好像是在一個完全被陰氣覆蓋的地下，有一股陽氣（一樓）震動日上之勢，陽氣找到出口得以抒發，萬物有回春生機，有去而復返、恢復之意。

❖ 【坤上震下】　地雷復

整棟樓只有一樓一個陽，往上各層樓都遇到陰，陰陽相合一路順暢往上，都和各層樓交朋友而不樹敵，六層樓走完返回復卦第一層樓，七日來回一次，前進是有利的。

所以爻辭寫著：

復，亨。出入無疾，朋來無咎。反復其道，七日來復。利有攸往。

【白話】《復卦》亨通順利，外出和回家都不會生病，朋友前來也沒有災難危害。返回復歸有一定的規律，七天就會回來，利於有所作為。

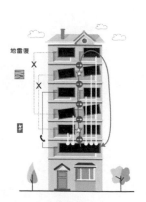

卦意對照

卦次	圖解	卦意
復一	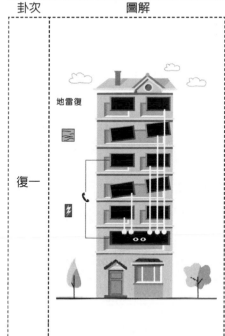	一樓（陽）形狀和窗戶相吻合，坐得正位，和四樓（陰）經常打電話溝通，一樓（陽）剛要開始啓動，面對未來的新生，一樓（陽）受到四樓（陰）的相應，返身內省為君子的修身之道。 所以爻辭寫著： 初九：不遠復，無祇悔，元吉。 【白話】初九，剛剛開始行動，就能知過必改，復歸正道，沒有多大悔恨，開頭吉祥。 **⊕占卜到這個爻表示事業剛開始是很順利，但是要時時刻刻內省檢討，隨時知過改過。**
復二	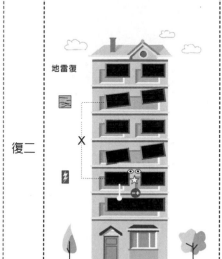	二樓（陰）形狀和窗戶相吻合，坐得正位，和五樓（陰）無法相應溝通，二樓（陰）喜歡和一樓（陽）交往，陰陽相合，二樓往下一樓求取青竿才俊，是很吉祥的。 所以爻辭寫著： 六二：休復，吉。 【白話】六二，高興地回來，吉祥。 **⊕占卜到這個爻表示要虛心求教，廣納建言，事情才能進行順利。**

卦意對照

卦次	圖解	卦意
復三	地雷復	三樓（陰）形狀和窗戶不相符，坐不得位，和六樓（陰）無法打電話溝通，三樓（陰）又不能往上至四樓（陰），往上有險而折回，而且三樓本身不中不正（不中，不在下卦中央；不正，陰居陽位不正位），知難知危且知道返回，最終不會有事。 所以爻辭寫著： 六三：頻復，厲無咎。 【白話】六三，皺著眉頭憂愁地回來，雖有艱難，但最終不會遇到災禍。 ⊕占卜到這個爻表示遇到困難和問題，必須深自檢討，解析問題所在，知過改過，最後事情才會順利。
復四	地雷復	四樓（陰）形狀和窗戶相吻合，坐得正位，和一樓（陽）相應溝通，四樓自己和其他樓層（陰）不同，四樓自己可以行中道，不會迷失方向。 所以爻辭寫著： 六四：中行獨復。 【白話】六四，中途獨自回來。 ⊕占卜到這個爻表示要留意自以為是、獨善其身的情況，凡事要隨時檢討自省，務求事情一切順利。

卦意對照

卦次	圖解	卦意
復五	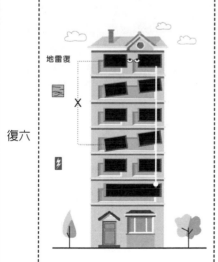	五樓（陰）形狀和窗戶不相符，坐不得位，和二樓（陰）無法相應支持，五樓（陰）又相斥於四、六樓（陰），去哪裡都還是走回來，還好五樓（陰）位於君王位置，高貴至尊，因而不會有事。 所以爻辭寫著： 六五：敦復，無悔。 【白話】六五，敦厚廣育萬民而回，沒有悔恨煩惱。 **⊕占卜到這個爻表示自己要深自檢討，遇到問題要仔細解析，解決困難，事情自然順利。**
復六		六樓（陰）形狀和窗戶相吻合，坐得正位，利二樓（陰）無法相應支持，六樓（陰）位於最高樓，已經沒有前進的路，就是往前走也會迷路；六樓（陰）自覺位於最高層，看不起五樓（陰，君王），也不太聽五樓君王的話，但是六樓（陰）自己的力量薄弱，真的要出行或出兵應該會大敗，六樓的妄為也連累到五樓君王，君王也會遭致災禍的。將有多達十年之久（坤地之數為10）都不能出征去雪恥了。 所以爻辭寫著： 上六：迷復，凶，有災眚。用行師，終有大敗；以其國君，凶。至於十年，不克征。 【白話】上六，迷途而返回，有凶險。用兵作戰，終將大敗。國君治國違反正道，有凶險。這樣的狀況會一直持續下去，長達十年之久，國家無力出征取勝。 **⊕占卜到這個爻表示正當事事如意，順心亨通的時候，更要自我警惕，不能目空一切，盲目行動而陷入困境，同時也要返回事物的本質與當初的志願，以適時修正自己的錯誤，否則事情將一敗塗地而無法回復生機。**

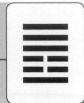

第二十五卦

無妄卦

 ＝ 匕（無，無知）＋ 中（女，婦人），表示婦人之見無理無據。

天在上（上卦乾卦是天），雷在下（下卦震卦是雷），天之下打雷，是自然的陽氣抒發現象，天地萬物的運作出於自然，其用相得益彰，相輔相成，無妄，不亂也。

❖ 【乾上震下】　天雷無妄

整棟樓上卦是天是健，下卦是雷是動，動而能健，剛中而應，行事順利；天下打雷，天威下行，如果有不正或妄行者將有災禍，不利於有所作為。

所以爻辭寫著：

無妄，元亨利貞。其匪正有眚，不利有攸往。

【白話】《無妄卦》亨通順利，利於堅守正道。然而，行事不走正道，則有災禍，不利於有所作為。

卦意對照

卦次	圖解	卦意
無妄一	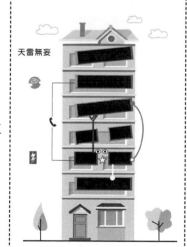	一樓（陽）形狀和窗戶相吻合，坐得正位，和四樓（陽）無法相應溝通，一樓（陽）做事公正，陽剛自持，又與二、三樓（陰）陰陽相合，利於往前進。 所以爻辭寫著： 初九：無妄，往吉。 【白話】初九，沒有做壞事，有所作為，往前走獲得吉祥。 ⊕占卜到這個爻表示要心存誠正，不要有違法投機之心，繼續往前事情可以順利。
無妄二		二樓（陰）形狀和窗戶相吻合，坐得正位，和五樓（陽）經常打電話溝通，二樓（陰）有五樓（陽）的支持，加上二樓身處下卦震卦（雷）的中央（獲得一顆星星）累積許多財富，所以二樓（陰）雖然不耕而有獲，也不需要急於要有收穫，只要順應自然，則有利前去行事。 所以爻辭寫著： 六二：不耕獲，不菑畬，則利有攸往。 【白話】六二，不耕田而有收穫，不開荒而有良田，有利於前去行事，有所作為。 ⊕占卜到這個爻表示凡事順其自然，不要妄求，則事情將會順利。

卦意對照

卦次	圖解	卦意
無妄三	天雷無妄	三樓（陰）形狀和窗戶不相符，坐不得位，和六樓（陽）相應溝通，但是三樓不中不正（不中，不位於下卦震卦中央；不正，陰居陽位不正位），而且同時位於震卦之上（下卦震卦）雷起，巽卦之下（三至五樓組成巽卦為風）風動，有不安定的樣子，容易有意外災禍，而且底下二樓（陰）相拒，不是很吉利。 所以爻辭寫著： 六三：無妄之災，或係之牛，行人之得，邑人之災。 【白話】六三，無端受到災禍，好比有人把一頭牛拴在村邊樹旁，路過的人順手把牛牽走，村邑的人卻倒楣。 ⊕占卜到這個爻表示可能有意外的災禍到來，要有風險觀念，全盤檢視查看各環節是否有漏失。
無妄四	天雷無妄	四樓（陽）形狀和窗戶不相符，坐不得位，和一樓（陽）無法打電話溝通，四樓位於艮卦山之上（二至四樓組成艮卦為山），代表行止則安，因為四樓（陽）被五樓（陽）阻擋，還好可以控制底下的二、三樓（陰）而吉祥，所以四樓只要自己安守位置即可。 所以爻辭寫著： 九四：可貞，無咎。 【白話】九四，堅守正道，占問沒有災禍。 ⊕占卜到這個爻表示只要維持目前的情況，檢討自省，則無事平安。

卦意對照

卦次	圖解	卦意
無妄五	天雷無妄	五樓（陽）形狀和窗戶相吻合，坐得正位，和二樓（陰）經常相應支持，五樓（陽）遇到四、六樓（陽）的相拒，所以會有一些小干擾，但是五樓（陽）得中位正位又有二樓（陰，正位）相應，已是正派之極，所以即使有病，不必吃藥也會痊癒。 所以爻辭寫著： 九五：無妄之疾，勿藥有喜。 【白話】九五，無端身染疾病，不必用藥，就可以痊癒。 ⊕占卜到這個爻表示遇到問題或是外來的詆毀，必須要冷靜處理，不可以躁動，這樣就可以解決問題，事情順利進行。
無妄六	天雷無妄	六樓（陽）形狀和窗戶不相符，坐不得位，和三樓（陰）經常相應溝通，六樓已位於最高樓，已經前無進路，而且六樓過於陽剛自恃位居高位之尊，剛愎自用，冒然行事恐會有災難，有害而無利。 所以爻辭寫著： 上九：無妄行，有眚，無攸利。 【白話】上九，不要妄行妄動妄求，妄行有災禍，沒有什麼好處。 ⊕占卜到這個爻表示目前正處於進退兩難之際，必須要權衡利弊，深自檢討，暫且堅忍以待為宜。

第二十六卦

大畜卦

畜 = 玄（系、綁）＋ ⊕（田間 ⊕ 的穀物 ⦙⦙），表示圈繫動物，以穀物飼養。

山在上（上卦艮卦是山），天在下（下卦乾卦是天），山有蓄積萬物之功，而天被包含在山中，為大的蓄聚，所以有蓄聚、蓄養之意。

❖ 【艮上乾下】　山天大畜

整棟樓的上卦艮卦是山，主要是藏蓄萬物，而下卦乾卦是天，主要是一切生化，所以山和天合而為用，表示萬物得以生成、聚藏，可以得到大大的蓄藏。這說明可以有所大作為，拯救天下，所以不能獨善其身，要開始大行於天下了。

所以爻辭寫著：

大畜，利貞；不家食，吉，利涉大川。

【白話】《大畜卦》利於堅守正道；不在家吃飯，吉祥。利於涉過大河。

卦意對照

卦次	圖解	卦意
大畜一	山天大畜	一樓（陽）形狀和窗戶相吻合，坐得正位，和四樓（陰）經常打電話溝通，一樓（陽）往上前進二樓（陽）被拒，但一樓（陽）得正位又受到四樓（陰，正位）相應，可為是一位有為的青年，但是不能過於冒進，要反省檢討，戒慎恐懼，知危而止，就可得吉祥。 所以爻辭寫著： 初九：有厲，利己。 【白話】初九，有危險，要即時停止，惕勵自己。 ⊕占卜到這個爻表示切勿冒進躁進，最好是及時停止，深自檢討過失，以保無事。
大畜二	山天大畜	二樓（陽）形狀和窗戶不相符，坐不得位，和五樓（陰）相應溝通，但是二樓（陽）受到一、三樓（陽）的阻擋與干擾，就好像車子的輪子脫落而不能前進。 所以爻辭寫著： 九二：輿說輹。 【白話】九二，車子脫去輪輹，車輪掉了。 ⊕占卜到這個爻表示要馬上反省自己是否準備充足，必要時要知難而退，知止則當止。

卦意對照

卦次	圖解	卦意
大畜三	山天大畜	三樓（陽）形狀和窗戶相吻合，坐得正位，和六樓（陽）無法打電話溝通，三樓（陽）位於震卦之初有震動前進之象（三至五樓組成震卦），但是上面遇到一座山被迫停止（上卦艮卦是山），所以雖然三樓（陽，正位）是一匹良馬，本來可以奔馳競逐，但是最好是停止前進，勤於操練戰術為宜，待有所準備後，再予前進。 所以爻辭寫著： 九三：良馬逐，利艱貞。曰閑輿衛，利有攸往。 【白話】九三，駿馬奔馳競逐，在艱難中利於堅守正道，每天練習駕車技術，以防衛鄰族侵犯，利於前去行事，有所作為。 ⊕**占卜到這個爻表示目前有些成就，但是還是要隨時檢討既有的成果和缺失，並且演練操練必備的技能，如果能夠準備萬全，就可以繼續行事。**
大畜四	山天大畜	四樓（陰）形狀和窗戶相吻合，坐得正位，和一樓（陽）經常打電話溝通，四樓（陰）已經前進到上卦已經長成一頭小牛，由於還在上卦最底端就好像一隻小牛剛剛長出牛角一樣，小牛好動將牠用牿圈起來，一來避免走失，二則可以養育加速壯健，是合乎大為蓄養的卦意。 所以爻辭寫著： 六四：童牛之牿，元吉。 【白話】六四，給頭上剛長出角的小牛套上一塊木牿，圈起來豢養，起頭吉祥。 ⊕**占卜到這個爻表示目前有些成就，多加訓練培養以利未來做事順利，是可喜之事。**

卦意對照

卦次	圖解	卦意
大畜五		五樓（陰）形狀和窗戶不相符，坐不得位，和二樓（陽）經常打電話溝通，五樓（陰）坐於君王尊位，就本卦蓄養的觀點來看，小公豬已經長出牙了，說明畜養有成。 所以爻辭寫著： 六五：豶豕之牙，吉。 【白話】六五，小公豬長出牙，吉祥。 ⊕占卜到這個爻表示事業有了成就，是可喜可賀。
大畜六		六樓（陽）形狀和窗戶不相符，坐不得位，和三樓（陽）無法相應支持，六樓（陽）已佔最高樓，累積大量財物，而且是轉變到無妄卦的第一層樓吉祥，所以已經是順承天道，亨通無礙。 所以爻辭寫著： 上九：何天之衢，亨。 【白話】上九，上天保佑，六畜興旺，亨通順利。 ⊕占卜到這個爻表示做事有了成就，是好運的時候。

第二十七卦

頤卦

　　㴪，文字的造型像是誇大了頭部的人形，表示頤的部位在頭部，本意是臉頰、腮。

　　山在上方（上卦艮卦是山），雷動於下（下卦震卦是雷），山下有雷，下動上止；從卦象上，上卦代表上顎，下卦代表下顎，整體的型態就是上下交互口嚼食物，與飲食、頤養、涵養品德有關。

❖【艮上震下】　山雷頤

　　整棟樓下卦是震是動，往上就停止（下卦是艮是止），從各樓層的形狀看來，就好像是一張大口，上顎（上卦）和下顎（下卦）組成一張嘴，所以要能夠飲食節制和言語謹慎，可以養生養德，才是保養之道。

　　所以爻辭寫著：

頤，貞吉。觀頤，自求口實。

【白話】《頤卦》自己養活自己，占問吉祥。觀人享用美食，還是要自食其力，豐衣足食。

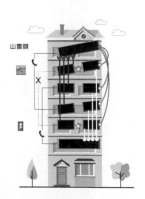

卦意對照

卦次	圖解	卦意
頤一	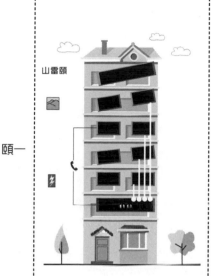	一樓（陽）形狀和窗戶相吻合，坐得正位，和四樓（陰）經常打電話溝通，一樓（陽）位於下卦震卦之初有震動之象（上有四樓相偕），就好像是下顎在動想要吃東西滿足口腹之慾，但是一樓宜靜不宜動，心靜則人神相通，但是如果只是追求物質享受，看到別人的美食就羨慕，這種捨本逐末的行為，是很危險的。 所以爻辭寫著： 初九：舍爾靈龜，觀我朵頤，凶。 【白話】初九，捨棄你的靈龜寶物或聰明智慧，卻反而羨慕我口中的美食，凶險。 ⊕占卜到這個爻表示雖然目前的實力很不錯，但是經驗還是不太豐富，如果自恃有才而貪取或越矩或妄想他物，是必須謹戒的。
頤二	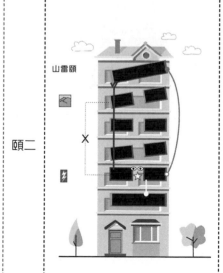	二樓（陰）形狀和窗戶相吻合，坐得正位，和五樓（陰）無法打電話溝通，二樓（陰）想要往上進卻遇到不相合的三樓（陰）而受拒，二樓（陰）轉而往下頤養一樓（陽），這是顛倒養育的行為，志向很小，無法養天下，不正常也無功勞。二樓（陰）得不到五樓（陰）的相助，一直想要再往上和六樓（陽）接觸，可是往上進又受到二、四、五樓（陰）的阻擾，會有凶險。 所以爻辭寫著： 六二：顛頤，拂經，於丘，頤征，凶。 【白話】六二，向下頤養，不正常，轉而向上求養，出行，有凶險。 ⊕占卜到這個爻表示自己有能力再做大事，但是目前卻只想做些瑣事，已經離群而失去同類的幫助，要好好地認清自己，也要了解自己的處境，適時發揮所長。

卦意對照

卦次	圖解	卦意

頤三

山雷頤

10

三樓（陰）形狀和窗戶不相符，坐不得位，和六樓（陽）相應溝通，三樓（陰）位於下卦震卦最上方一直躁動不聽話，不往上和六樓（陽）相合，卻往下頤養一樓（陽），已經是違背常理了；這樣三樓（陰，不正位）也位於坤卦的中央（二至四樓組成坤卦為地），地的數字是10，這樣進退失據，無功無作為的情況會持續好幾年。

所以爻辭寫著：
六三：拂頤，貞凶，十年勿用，無攸利。
【白話】六三，違背頤養的正道，違反謀生之道，占問凶險。在十年的漫長歲月裡都不能有所作為，沒有一點好處。

⊕占卜到這個爻表示要警惕自己不要過於固執己見，當心違背道義或違反正常的作業規範，因而傷了自己且無所成。

頤四

山雷頤

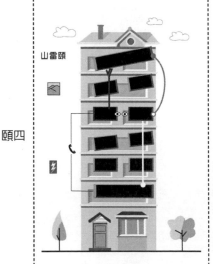

四樓（陰）形狀和窗戶相吻合，坐得正位，和一樓（陽）經常打電話溝通，四樓（陰）位於上卦艮卦（山）之下，已經可以頤養下卦了，而且四樓和一樓都是正位，所以四樓養一樓是正當的，四樓養一樓也是很眷顧而關懷的。

所以爻辭寫著：
六四：顛頤，吉；虎視眈眈，其欲逐逐，無咎。
【白話】六四，頤養之道顛倒過來，本來是以下養上，現在是以上養下，吉祥。像老虎一樣緊緊地盯著，其慾望是強烈的，沒有什麼災禍。

⊕占卜到這個爻表示向下管理得當，事情應該是順利的。

卦意對照

卦次	圖解	卦意
頤五	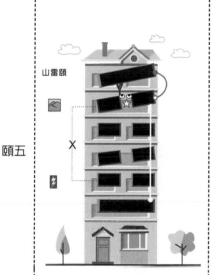	五樓（陰）形狀和窗戶不相符，坐不得位，和二樓（陰）無法相應溝通，五樓（君王）和二樓（臣子）都是陰力量太小，無法照顧百姓，而且二樓（陰）向下求養於一樓（陽），而五樓（陰）卻要依賴六樓（陽），這都是違背常理的事情。還好五樓（陰）位於上卦艮卦（山）的中央，獲得了一顆星星，身處尊位，自己居中正之位而得吉祥，但是五樓（陰）自己不正位，自己安居即可，還是不要冒然渡過大河為宜。 所以爻辭寫著： 六五：拂經，居貞吉，不可涉大川。 【白話】六五，求於上爻頤養，不正常，在家安守止道，占問吉祥。不可以冒險去涉大河。 ⊕占卜到這個爻表示安份守己，以保有成果為首要，這時不要出遠門，也不要想要做大事。
頤六	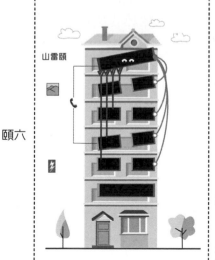	六樓（陽）形狀和窗戶不相符，坐不得位，和三樓（陰）經常打電話溝通，六樓（陽）雖然位居於最高樓，本來是有危險之虞，但是六樓（陽）受到二至五樓（陰）的支持，六樓（陽）也很照顧底下各層樓（陰），而六樓（陽）自己知道責任重大，本身也以義為重，所以還是會吉祥，如果要渡過大河，是可以的。 所以爻辭寫著： 上九：由頤；厲吉，利涉大川。 【白話】上九，遵循頤養之道，雖有些艱難，最終吉祥。可以順利涉過大河。 ⊕占卜到這個爻表示先整頓好自己的事業，周全準備，出遠門可以，也可以進取去做一番事業。

第二十八卦

大過卦

𦼮 = 𣥂（行進）＋骨（殘骨，死亡），表示生命在歲月的行
進中化成枯骨，在時光流逝中走向死亡，身化枯骨，生命不再。

上卦兌卦是是澤，下卦巽卦是風是木，上面的水量過大，淹
沒了下方的風勢或花草樹木，水不但沒有滋潤，反而使樹木長期
浸泡而腐爛，象徵事情做得過頭了，太過份了。

❖【兌上巽下】　澤風大過

　　整棟樓的最底層和最高樓是陰，而且最底層
的一樓還歪斜（不正位），而中間四層樓（二至
五樓）都是堅實的陽，是無法支撐整棟樓，房子
可能有倒塌的危險，要趕快離開險境前往他方，
這也是一個契機，只要掌握時機及時處理，則將
會順利。

　　所以爻辭寫著：

大過，棟橈；利有攸往，亨。

【白話】《大過卦》房屋的棟樑受重壓而彎
曲，危局之時需要有才智過人之士力挽，利於前
去行事，有所作為，亨通順利。

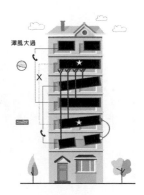

卦意對照

卦次	圖解	卦意
大過一	澤風大過	一樓（陰）形狀和窗戶不相符，坐不得位，和四樓（陽）經常打電話溝通，一樓（陰）位於下卦巽卦（風）最底下，風吹柔順，一樓更為謹慎小心，更為謙順禮讓。 下卦巽卦是風是木是草是茅，而有兩個乾卦（二至四樓，三至五樓，組成兩個都是乾卦），乾卦屬金是白色，所以用白茅表示。謙遜的態度就好像將柔軟的白茅鋪作襯墊，溫順地擺放至下方承受祭品或禮品。 所以爻辭寫著： 初六：藉用白茅，無咎。 【白話】初六，就像祭祀時使用白色的茅草襯墊一樣，處事恭敬戒慎，不會發生災禍。 ①占卜到這個爻表示只要行事謙順禮讓，虛心受教，知過改過，則會順利沒事。
大過二	澤風大過	二樓（陽）形狀和窗戶不相符，坐不得位，和五樓（陽）無法相應溝通，二樓（陽）位於四層樓（陽）之下猶如一顆老樹，靠近一樓（陰）就好像獲得了新葉；二樓（陽）也像是老夫，往下與一樓（陰）相合好像是老夫和少妻，雖然有些過份，但因為陰陽得合，本來是快要枯萎的二樓（陽）獲得了一樓（陰）的滋潤，使二樓（陽）獲得生機，所以無礙。 所以爻辭寫著： 九二：枯楊生稊，老夫得其女妻，無不利。 【白話】九二，已經枯萎的楊樹重新又長出新的枝芽，老年男子娶了年輕的妻子，沒有什麼不利的。 ⊕占卜到這個爻表示看事情的角度要用新的角度，甚至以違反常理的觀點來看，或可綻出一線生機，獲得好的結果。

卦意對照

卦次	圖解	卦意
大過三	澤風大過	三樓（陽）形狀和窗戶相吻合，坐得正位，和六樓（陰）經常相應溝通，但是三樓（陽）位於下卦巽卦最上端，行事極端過於剛硬，在這整棟樓上下都很弱快要傾倒之危，加上二、四樓（陽）相斥，三樓這根大樑恐有折彎的情況，這是很危險的。 所以爻辭寫著： 九三：棟橈，凶。 【白話】九三，房屋的棟樑受重壓而彎曲，凶險。 ⊕占卜到這個爻表示要警惕自己不要剛愎自用，一意孤行，必須廣納建言謹慎思量，否則很容易壞事。
大過四	澤風大過	四樓（陽）形狀和窗戶不相符，坐不得位，和一樓（陰）相應溝通，四樓（陽）居陰位而剛柔並濟，這一根大樑不至於過於陽剛而彎折，反而是有彈性而直立，加上底下有兩層樓（陽，二、三樓）支撐著，同時接近五樓（陽，君王），四樓這根樑有隆起的現象。但是四樓（陽）受到三、五樓（陽）的同性相斥，做事將有些艱難。 所以爻辭寫著： 九四：棟隆，吉；有它，吝。 【白話】九四，房屋的棟樑向上隆起，能負重荷，吉祥；可能會有意外變故，前途艱難。 ⊕占卜到這個爻表示目前事情還進行得蠻順利，也有一些成果，但是要全盤謹慎檢討，也要有風險管理，以防範可能來的意外事故而有所損傷。

卦意對照

卦次	圖解	卦意
大過五	澤風大過	五樓（陽）形狀和窗戶相吻合，坐得正位，無法和二樓（陽）相應支持，五樓（陽）和二樓一樣已經像是一顆枯萎的樹，一顆樹往上獲得了幾片新葉（六樓，陰）。而四層樓（二至五樓）的陽已經走到盡頭，五樓猶如一位氣力將盡的男人，五樓（陽）上面和六樓（陰）可以相合，而六樓位於最高樓為陰就像是一位老婦人，這兩層樓陰陽相合就像是老婦人配得一位男人，也是一個可以接受的組合，但是六樓衰弱的陰無法滋潤五樓快要耗盡的陽，加上老婦年輕男人的相合也不是什麼體面的事，只是有違常理而已。 所以爻辭寫著： 九五：枯楊生華，老婦得其士夫，無咎無譽。 【白話】九五，已經枯萎的楊樹重新又盛開鮮豔的花朵，已經衰老的婦人嫁給了年輕男人，不會遇到什麼禍害，但也沒有值得稱道的。 ⊕占卜到這個爻表示事情的作業有些不合規矩，也有些老化或過時的現象，需要一些新的創意或新作風以解救可能頹敗的團隊，盡量讓事情做得平順些。
大過六	澤風大過	六樓（陰）形狀和窗戶相吻合，坐得正位，和三樓（陽）經常相應支持，六樓已經位於最高樓，已經沒有前進的路了，本身又位於上卦兌卦（澤）最上方，如果硬要渡河恐有滅頂的危險；幸好六樓（陰）有三樓（陽）的溝通提醒，六樓自知自己過錯，即使知過，則平安無事。 所以爻辭寫著： 上六：過涉滅頂，凶，無咎。 【白話】上六，涉過深之水以至於淹沒了頭頂，凶險，但仍可匡正，最終平安無事。 ⊕占卜到這個爻表示事情不要操之過急，冒險突進，容易壞事；最好能夠檢視各個環節，知過改過，以求順利進行。

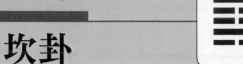

第二十九卦

坎卦

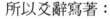 ＝ ⛰(山，山野) ＋ ⛰(陷，陷落)，表示山野的陷坑。

坎卦一個陽在兩個陰當中，看起來像陷下去，上卦下卦都是坎水，好像人掉落水底深處，可能遭到滅頂一樣；整棟樓重複地水上加水，陷而再陷；象徵內憂外患，險難不絕。

❖【坎上坎下】 坎為水

整棟樓上下重複坎卦，一個陽被上下陰包覆著，有坎坷水險的難處；還好二樓、五樓這兩棵星星都是陽，分別是上卦和下卦的中位，表示心志要純一專注，心智通亨，就能夠善用水之利，而有所作為的。

所以爻辭寫著：

習坎，有孚，維心亨，行有尚。

【白話】《坎卦》在重重的險境中，像水奔流一樣，只要胸懷堅定的信念，執著專一，自然亨通，如果有所作為，也會獲得人們讚賞。

卦意對照

卦次	圖解	卦意

坎一

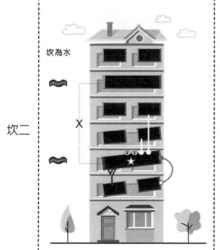

坎為水

一樓（陰）形狀和窗戶不相符，坐不得位，和四樓（陰）無法打電話溝通，一樓（陰）又陷入下卦坎卦最底下，簡直沒有出路，就是好不容易往上遇到二樓（陽），可是再過去又落陷於三樓（陰），四樓（陰）也不支援一樓，所以被重重陷沒，難以出險。

所以爻辭寫著：
初六：習坎，入於坎窞，凶。
【白話】初六，置身於重重的艱險困難之中，陷入坎中之坎，凶險。

⊕占卜到這個爻表示目前正陷入困境，不要再被外頭的誘惑而再入歧途而不能自拔，必須要知道守誠與遵循道德禮規，否則將壞事連連。

坎二

坎為水

二樓（陽）形狀和窗戶不相符，坐不得位，和五樓（陽）無法相應溝通，二樓（陽）位於下卦坎卦中央剛好就陷入坎險當中，還好二樓（陽）的上下樓（一、三樓）都是陰相合，可以獲得一些小成就。

所以爻辭寫著：
九二：坎有險，求小得。
【白話】九二，仍然處在陷坑之中，道路艱險，只能求小有所得。

⊕占卜到這個爻表示目前仍然身處困境之中，可能有些小成果，要懂得自保之道。

卦意對照

卦次	圖解	卦意
坎三	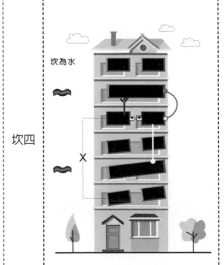坎為水	三樓（陰）形狀和窗戶不相符，坐不得位，和六樓（陰）無法相應溝通，三樓（陰）又位於下卦坎卦最上方陷入險中，往上看又遇到上卦坎卦水險，真是險上加險，動彈不得，無可作為。 所以爻辭寫著： 六三：來之坎坎，險且枕，入於坎窞，勿用。 【白話】六三，來到重重陷坑之前，面臨陷坎危險又深，落入陷坑的最底下，不可輕舉妄動。 **⊕占卜到這個爻表示可能有身陷囹圄之凶兆，必須宜靜不宜動，動便會陷入更險之厄。**
坎四	坎為水	四樓（陰）形狀和窗戶相吻合，坐得正位，和一樓（陰）無法打電話溝通，四樓位於上卦坎卦陷險之下，又上承五樓（陽，君王），所以四樓（陰）就好像是處於亂世之中的宰相，這時候只求平安就很好了，為了在亂世中侍奉君王，將酒菜裝於瓦盆從窗戶送入而不走正門，迫於形勢就先不循禮數了；然而四樓陰居陰位得位，以自身柔的正位順從五樓陽的正位，最終還是沒事的。 所以爻辭寫著： 六四：樽酒簋貳，用缶，納約自牖，終無咎。 【白話】六四，一樽酒，一碗飯，用瓦缶盛著，從窗口送入，禮數雖然簡約，然而正大光明地表示誠信，最終不會發生災禍。 **⊕占卜到這個爻表示雖然身陷險境，必須謙遜再三，才能夠平順地渡過險境。**

卦意對照

卦次	圖解	卦意
坎五	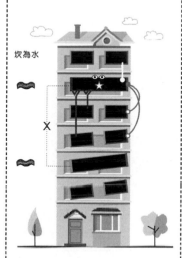	五樓（陽）形狀和窗戶相吻合，坐得正位，和二樓（陽）無法相應溝通，但是五樓（陽）本身剛正得正位，雖然位於上卦坎卦水險中央，對於積滿水的陷坑，拿小丘的土去填滿坑，所以陷坑填滿，小丘也平了，在坎卦水險當中，不會有什麼大災禍，至少平安無事。 所以爻辭寫著： 九五：坎不盈，祇既平，無咎。 【白話】九五，拿土丘的土填平小坑，土丘變平了，不會發生災害。 ⊕占卜到這個爻表示一些問題已經大致上處理完畢，但是不要掉以輕心，還是有一些問題還沒有被發現，要檢查再三，徹底解決。
坎六	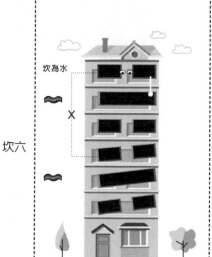	六樓（陰）形狀和窗戶相吻合，坐得正位，和三樓（陰）無法打電話溝通，六樓（陰）位於上卦坎卦水險的最上方，也是整棟樓的最高樓，已經被逼到前無進路的地步，由無法得到三樓（陰）的相助，已經孤立無援，等於被囚禁在六樓的囹圄，長達三年將不會獲釋，會有凶險。 所以爻辭寫著： 上六：係用徽纆，寘於叢棘，三歲不得，凶。 【白話】上六，被人用繩索重重地捆綁住，囚放在荊棘叢生的牢獄中，長達三年不得自由，凶險。 ⊕占卜到這個爻表示目前陷入困境之中，也有危險，必須要心誠守正，才有可能渡過難關。

第三十卦

離卦

$\text{罗} = \text{字}$（鳥）$+ \text{罗}$（捕鳥用的網），表示捕鳥，鳥兒被網罩住。

上卦和下卦都是離卦為火，有光明氣場的局勢，但是光必須在物體上才可以顯明，因此上有日月麗天，下有百穀草木麗土之象。

❖【離上離下】　離為火

整棟樓上卦下卦都是離卦為火，光耀不繼，普照四方，而二樓和五樓都是陰，都位居上卦和下卦的中央（一顆星星），陰柔居於中位，就好像馴養母牛一樣，以母牛之柔順擔負國家的大任。

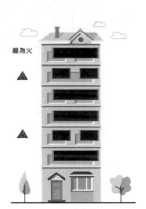

所以爻辭寫著：

離，利貞，亨；畜牝牛，吉。

【白話】《離卦》利於堅守正道，亨通；畜養柔順的母牛，吉祥。

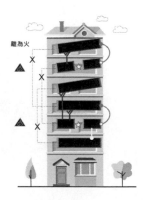

卦意對照

卦次	圖解	卦意

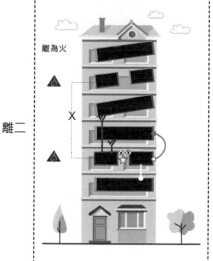

離一

一樓（陽）形狀和窗戶相吻合，坐得正位，和四樓（陽）無法打電話溝通，一樓陽剛居正位就好像正值一位年輕有為的青年，急著往上二樓（陰）以圖有所作為，但是畢竟一樓是整棟樓的最底層，如果沒有準備周全就躁進，很容易會錯亂，所以要心存誠敬，謹慎行事，就能順利沒事。

所以爻辭寫著：
初九：履錯然，敬之無咎。
【白話】初九，步履交錯未穩，敬慎小心，沒有發生什麼災禍。

⊕占卜到這個爻表示有真才實學，但是還要多加歷練，而且要謙遜廣納建言，才能夠將事情做得更為順利。

離二

二樓（陰）形狀和窗戶相吻合，坐得正位，和五樓（陰）無法打電話溝通，二樓（陰）位於下卦中央獲得一顆星星，光明閃耀但不會過於耀眼奪目，加上一、三樓（陽）都在旁邊幫著，光明而吉祥。

所以爻辭寫著：
六二：黃離，元吉。
【白話】六二，黃色附麗其上而光明普照，開頭吉祥。

⊕占卜到這個爻表示目前做事情順利，雖然少有人幫助，但是一切尚稱平穩。

卦意對照

卦次	圖解	卦意

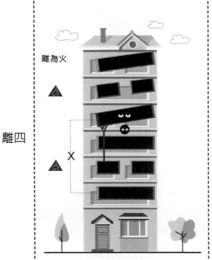

離三

離為火

三樓（陽）形狀和窗戶相吻合，坐得正位，和六樓（陽）無法打電話溝通，三樓（陽）位於下卦離卦（火）最上爻，已經是下卦的盡頭就好像是太陽走到西邊盡頭，也象徵人已經老了。

正值年老之時，要自安其樂，如果不能及時擊瓦歌唱，而長吁短歎，則將有損健康，有凶險。

所以爻辭寫著：
九三：日昃之離，不鼓缶而歌，則大耋之嗟，凶。
【白話】九三，已到了黃昏太陽走到西邊，如果不敲擊瓦器唱歌，那麼老人便要嘆息傷心，凶險。

⊕占卜到這個爻表示事情將有毀滅性的變故，必須要自己振奮起來，否則將會老大徒傷悲了。

離四

離為火

四樓（陽）形狀和窗戶不相符，坐不正位，和一樓（陽）無法相應支持，四樓（陽）又被三樓（陽）相斥，受到下卦離卦（火）之上，又處於上卦離卦最底端，火上之火，多重不安與危險於一身，是凶險之象。

所以爻辭寫著：
九四：突如其來如，焚如，死如，棄如。
【白話】九四，敵人突然衝過來，焚燒房屋，見人就殺，焚燒為灰燼而棄之。

⊕占卜到這個爻表示事情危險至極，會有突如其來的變故，這是缺乏忍耐包容的氣度所招致的，一定要多加小心。

卦意對照

卦次	圖解	卦意
離五	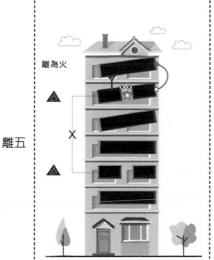	五樓（陰）形狀和窗戶不相符，坐不得位，和二樓（陰）無法相應溝通，五樓位於上卦離卦的中央，獲得了一顆星星（君王），上卦離卦是中女（排行第二的女兒），坐在君王的位置，又夾在兩位大臣的中間（四、六樓陽剛之臣），就好像是小國女王受到強鄰的包夾，有憂傷之態，還好五樓柔居君王位，最終還是吉祥的。 所以爻辭寫著： 六五：出涕沱若，戚嗟若，吉。 【白話】六五，眼淚像泉水一樣不停地湧出，悲傷嘆息，但是只要接受教訓，還是會獲得吉祥。 ⊕占卜到這個爻表示沒有多少人幫助，也有強大對手的威脅，必須要明察時勢，慎懼戒守，才能夠順利無事。
離六	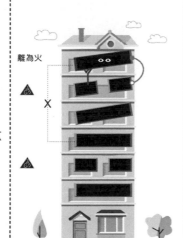	六樓（陽）形狀和窗戶不相符，坐不得位，和三樓（陽）無法打電話溝通，六樓（陽）位於最高樓，獲得五樓（陰，君王）相合支持，六樓（陽）銜王命出征而獲勝，也獲嘉賞，這是正義之師，不會有任何禍患。 所以爻辭寫著： 上九：王用出征，用嘉折首，獲匪其醜，無咎。 【白話】上九，君主動用軍隊出兵征伐，建功立業，斬殺敵方首領，俘獲敵人無數，平安無事。 ⊕占卜到這個爻表示做事情要留意制定規範，賞罰分明，著重管理，則事情才會順利進行。

第三十一卦

咸卦

䷞＝𢦏（大戈）＋𠙶（口，聚集成邑），全民皆兵，武裝禦敵。

山上有澤（下卦艮卦是山，上卦兌卦是澤），澤性下流，以山感澤，交互共鳴；正如上卦是兌卦代表少女，下卦艮卦表示少男，男女彼此心有靈犀，相互吸引感應。

❖【兌上艮下】　澤山咸

整棟樓看起來就很和諧，上卦和下卦的陰陽和諧，一樓（陰）對應四樓（陽），二樓（陰）對應五樓（陽），三樓（陽）對應六樓（陰），而且下卦是艮卦是少男，上卦是兌卦是少女，少男與少女相合而婚，是很吉祥的。

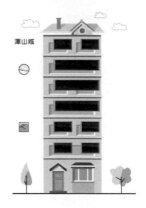

所以爻辭寫著：

咸，亨，利貞；取女吉。

【白話】《咸卦》亨通順利，有利於堅守正道；娶妻女，吉祥。

卦意對照

卦次	圖解	卦意
咸一	澤山咸	一樓（陰）形狀和窗戶不相符，坐不得位，和四樓（陽）相應溝通，一樓（陰）開始在動，但是遇到二樓（陰）相斥而無法前進，就好像只有動到腳拇指，沒有走動。 所以爻辭寫著： 初六：咸其拇。 【白話】初六，感應觸動在腳的大拇趾上。 ⊕占卜到這個爻表示目前如果打算要出門是可行的，但是要先做好準備才能成行。
咸二	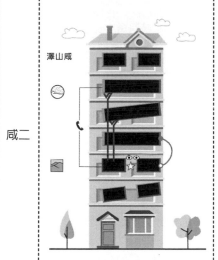 澤山咸	二樓（陰）形狀和窗戶相吻合，坐得正位，和五樓（陽）經常打電話溝通，這整棟樓用一個人身體部位來看，二樓是一個人的小腿，現在小腿在動想要出門，但是二樓（陰）正位於下卦艮卦（山）的中央，山代表靜止，所以二樓（陰）最好不要出門，安居為宜，二樓（陰）又獲得了一顆星星（下卦中位），只要安居就可以吉祥了。 所以爻辭寫著： 六二：咸其腓，凶；居吉。 【白話】六二，感應觸動在小腿肚上，凶險；安居靜處不動，吉祥。 ⊕占卜到這個爻表示目前宜靜不宜動，不宜出門，出行或許會有禍患，要經常謙遜誠心，才會順利平安。

卦意對照

卦次	圖解	卦意
咸三	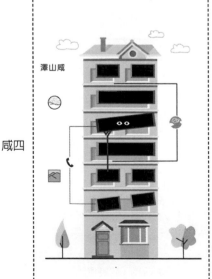 澤山咸	三樓（陽）形狀和窗戶相吻合，坐得正位，和六樓（陰）相應溝通，三樓（陽）是大腿，牽動了二樓（陰，陰陽相合）小腿，卻無法往前走動，因為遇到了四、五樓（陽）的相斥，三樓（陽）又位於下卦艮卦（山）之內，還是宜靜不宜動，真的要出行會有些艱難。 所以爻辭寫著： 九三：咸其股，執其隨，往吝。 【白話】九三，感應觸動在大腿上，小腿隨著動，再往下行事，有所不利。 **⊕占卜到這個爻表示要謹慎固守現有的成就，順勢而為，但不要冒然求進，將會有些艱難。**
咸四	澤山咸	四樓（陽）形狀和窗戶不相符，坐不得位，和一樓（陰）相應支持，四樓位於乾卦（天）的中心（三至五樓組成乾卦）代表一個人心的位置，本來應該是心胸廣闊，但是四樓陽居陰位不正位，不穩定而思慮重重；加上四樓（陽）只和一樓（陰）相溝通，卻不理會二樓（陰）和六樓（陰），這樣會有偏私的情況，要及時警惕。 所以爻辭寫著： 九四：貞吉，悔亡；憧憧往來，朋從爾思。 【白話】九四，占問吉祥，沒有晦氣。心猿意馬，想來想去，朋友會順從你的心願。 **⊕占卜到這個爻表示要多著重在思慮的工夫，因為情感會影響往後的利益，如果心思不正則有害，而且加上妄想反復，一直受到自己私慾的影響，則不能有大作為，要深切檢討避免這個情況發生。**

卦意對照

卦次	圖解	卦意
咸五	澤山咸	五樓（陽）形狀和窗戶相吻合，坐得正位，和二樓（陰）經常打電話支持，五樓又位於上卦兌卦（澤）的中央，獲得了一顆星星（君王）且正位，可以感通各爻眾民，沒有任何禍患。 所以爻辭寫著： 九五：咸其脢，無悔。 【白話】九五，感應觸動在背肉，沒有悔氣。 ⊕占卜到這個爻表示做事要心存誠正不違法，就會比較順利。
咸六	澤山咸	六樓（陰）形狀和窗戶相吻合，坐得正位，和三樓（陽）相應支持，六樓已是最高樓，位於上卦兌卦（澤）的最上方，兌也代表喜悅和口，就一個人的身體部位而言，六樓也位於口部的位置，表示善於言詞表達，情感利用到極點了，如果心不純正，則只會用言語煽惑於人而已。 所以爻辭寫著： 上六：咸其輔、頰、舌。 【白話】上六，感應觸動在臉頰，親其舌。 ⊕占卜到這個爻表示要謹慎言語表達，切記不要信口開河而獲得不利益的事，要真誠感人，言而有實。

第三十二卦

恒卦

〖 = 二（二，代表天地兩端）+ 〗（月，借代天體星辰），
表示天地宇宙，日月星辰，千古如斯，永續恒久。

雷在上（上卦是震卦是雷），風在下（下卦是巽卦是風），
雷動風隨，二者相依相助，天候善變有變才能恒常不變；正如上
卦震卦代表長男，下卦巽卦表示長女，兩者輩份相同匹配，震動
而巽順之（長男動，長女順），所以可以永久伴隨。

❖【震上巽下】　雷風恒

整棟樓上半部代表長男，下半部代表長
女，而且都互相溝順暢（一四樓，二五樓，三六
樓），顯示整棟樓合乎倫常且通行無礙。

所以爻辭寫著：

恒：亨，無咎，利貞，利有攸往。

【白話】《恒卦》亨通順利，沒有災禍，利
於堅守正道，利於有所作為。

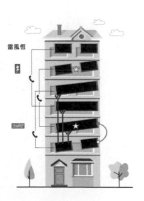

卦意對照

卦次	圖解	卦意

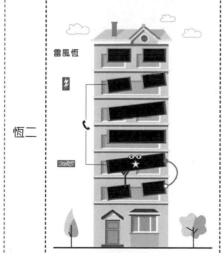

恆一

雷風恆

一樓（陰）形狀和窗戶不相符，坐不得位，一樓（陰）獲得四樓（陽）的相應支持，但是一樓（陰）位於下卦巽卦（風）的最底層，本身是陰是風本來就是往下深求，以正常的情況來說，一樓位於最低位經驗不足應該安分守己，但是一樓因為和四樓相應，有急切往上走的傾向，可是往上有兩個陽強力擋住（二、三樓），這使得一樓和四樓的溝通產生異常現象，就好像自己好高騖遠，但是經驗不足以應付眼前的狀況，所以會有問題的。

所以爻辭寫著：
初六：浚恒，貞凶，無攸利。
【白話】初六，刨根挖底，疏河挖掘不止，占問兇險，沒有什麼好處。

⊕占卜到這個爻表示要多增加自己的本職學能，不要好高騖遠，不要急切求進，現在才剛開始，要慎始，準備周全再啟動。

恆二

雷風恆

二樓（陽）形狀和窗戶不相符，坐不得位，但位於下卦巽卦（風）的中央，獲得了一顆星星，和五樓（陰）相應溝通；雖然二樓坐不得位（和窗戶不相符），但是陽居陰位又和一樓（陰）剛柔並濟，各方面看起來，沒有什麼大問題。

所以爻辭寫著：
九二：悔亡。
【白話】九二，晦氣自行消除。

⊕占卜到這個爻表示有人會幫助，事情也會順利。

卦意對照

卦次	圖解	卦意
恆三	雷風恆	三樓（陽）形狀和窗戶相吻合，坐得正位，和六樓（陰）經常打電話溝通，但是三樓位於下卦巽卦（風）最上端（偏位）有躁動的跡象，而往上走又遇到四樓（陽）相斥，往上又被斥回。三樓（陽）又被上下樓的二、四樓（陽）相斥，上下不得，失去自己的立足點。 所以爻辭寫著： 九三：不恆其德，或承之羞，貞吝。 【白話】九三，不能長久地保持美好的品德，有時蒙受他人的美食珍饈，占問不利。 ⊕占卜到這個爻表示留意不要過於堅持己見，更不要三心兩意舉措不定，否則會遭遇到困難。
恆四	雷風恆	四樓（陽）形狀和窗戶不相符，坐不得位，四樓（陽）和一樓（陰）經常相應溝通，但是四樓和一樓都不正位，又遇到四樓（上卦震卦第一爻在動）和一樓（下卦巽卦第一爻在動）都在動，沒有停下來，所以即使去打獵也無法獵到動物。 所以爻辭寫著： 九四：田無禽。 【白話】九四，田間狩獵，沒有捕獲到任何禽獸。 ⊕占卜到這個爻表示很可能勞而無獲，徒勞無功，應該要及早因應。

卦意對照

卦次	圖解	卦意
恆五	雷風恆	五樓（陰）形狀和窗戶不相符，坐不得位，五樓（陰）和二樓（陽）經常相應溝通，五樓（陰）位於上卦震卦（雷）的中央，獲得了一顆星星（君王），所以五樓（陰）居君位尊位，五樓往下遇到陽通達順暢；但是和五樓（陰）相應的二樓（陽），二樓要往上卻遇到陽同性阻擾而不順。 所以爻辭寫著： 六五：恒其德，貞；婦人吉，夫子凶。 【白話】六五，長久保持柔順服從的美好品德，占問婦女的事，吉利，占問男子的事，有凶險。 ⊕占卜到這個爻表示要權宜有彈性，不能固執己見，否則會有災禍。
恆六	雷風恆	六樓（陰）形狀和窗戶相吻合，坐得正位，和三樓（陽）經常打電話溝通，但是六樓（陰）位於上卦震卦（雷）最上端，最高樓的陰力量很弱，而且又在震卦最上方一直震動著，本來陰爻應該要靜止不動，但是卻一直震動，在最高層可能有傾覆的危險，所以有凶險。 所以爻辭寫著： 上六：振恒，凶。 【白話】上六，搖擺不定，長期躁動，凶險。 ⊕占卜到這個爻表示一直三心兩意，反覆無常，會遭致災禍，要切記安定心靜，抓穩方向才能成事。

第三十三卦

遯卦

遯＝辶（行進）＋盾（護甲），用盾掩護著逃跑。

天下有山（上卦乾卦為天，下卦艮卦為山），天之氣上升，脫離山岳的形象，有退避之意；看似底下兩個陰不斷地往上伸張，而在上的四個陽有退讓的趨勢，有小人逐步得勢之意。

❖【乾上艮下】 天山遯

整棟樓的五樓（陽，君王）和二樓（陰，臣子）都是正位且相應，做事情應該會成功的，但是上卦是天往上走，底下的兩個陰漸長，獲利只有一些而已。

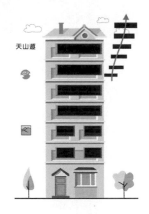

所以爻辭寫著：

遯，亨小，利貞。

【白話】象徵退避：亨通，小事能夠成功。

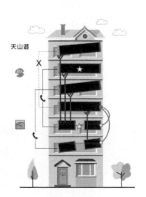

卦意對照

卦次	圖解	卦意
遯一	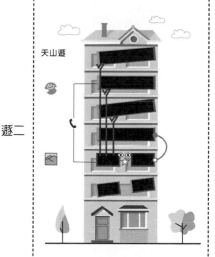 天山遯	一樓（陰）形狀和窗戶不相符，坐不得位，和四樓（陽）經常打電話溝通，但是往上二樓（陰）遭到相斥，一樓（陰）本身就優柔寡斷（陰居陽位），不宜冒進，不前進則無災。 所以爻辭寫著： 初六：遯尾；厲。勿用有攸往。 【白話】初六，隱退避讓錯過時機落到了末尾，有艱難的情況。應該靜觀待變而不要有所行動。 **⊕占卜到這個爻表示太晚離開是非之地會有危險，要權衡利害，不要冒然行事，應該不動為宜。**
遯二	天山遯	二樓（陰）形狀和窗戶相吻合，坐得正位，和五樓（陽）相應溝通，二樓位於下卦艮卦（山）的中央，獲得一顆星星（臣子），二樓和五樓都是正位緊緊相繫，正如用黃牛皮繩綑綁一樣，就是遇到困難也要像身處中位一樣的心志堅定。 所以爻辭寫著： 六二：執之用黃牛之革，莫之勝說。 【白話】六二，像是用黃牛皮繩捆綁起來一樣，不會脫而離去。 **⊕占卜到這個爻表示要順勢而為，雖然想進想退都有難處，但是要認清時局全貌，務求安全為要。**

卦意對照

卦次	圖解	卦意

遯三

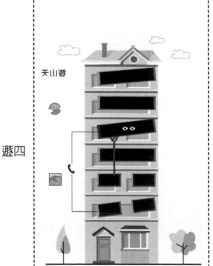

三樓（陽）形狀和窗戶相吻合，坐得正位，無法和六樓（陽）溝通支持，三樓（陽）位於下卦艮卦（山）的最上端卻受阻於四樓（陽）而無法順利到上卦乾卦去，所以三樓（陽）就和底下的二樓（陰）相合，就像培養底下的新人（二樓）一樣，無法往上求賢（四樓），所以做一些小事是可以的。

所以爻辭寫著：
九三：係遯，有疾厲，畜臣妾，吉。
【白話】九三，被牽拖累而難以遠去退隱，有病也有艱難。畜養僕人和侍妾，吉利。

⊕占卜到這個爻表示不要再慰留去意已堅的賢能之士，而應該加強培養新人和訓練助手，是可以展現新氣象的。

遯四

四樓（陽）形狀和窗戶不相符，坐不正位，和一樓（陰）經常打電話支持，四樓（陽）位於上卦乾卦最底端就像潛龍一樣，自己是陽而居於陰位（窗戶形狀）所以可以剛柔並濟，知所進退。四樓知道自己無法前進而不自進，該進則進，該退則退，所以自己能夠吉祥如意；但是如果見利忘義的小人只知道一昧地進取，不顧一切而去做，就會自食惡果。

所以爻辭寫著：
九四：好遯，君子吉，小人否。
【白話】九四，喜好從容隱退避讓，君子將因此而獲得吉祥，小人卻不會有利。

⊕占卜到這個爻表示不要戀棧不應該有的利益，要懂得適時的退讓，要用理智取代情感，不要被外來之物慾所誘惑。

卦意對照

卦次	圖解	卦意

遯五

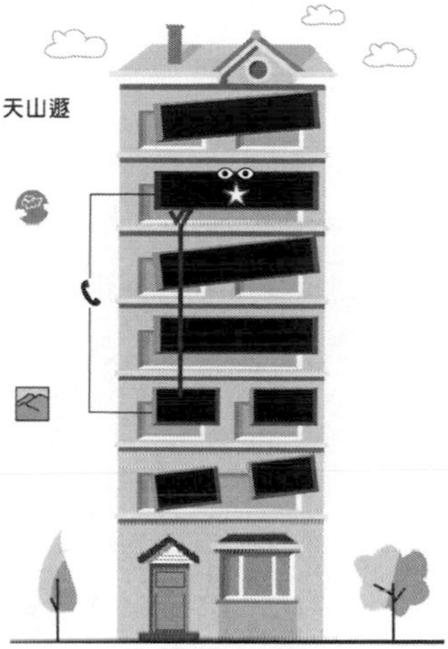

天山遯

五樓（陽）形狀和窗戶相吻合，坐得正位，和二樓（陰）經常相應支持，五樓（陽）和二樓（陰）都得正位，五樓統御守中，二樓情義相挺，是最完善的相應搭配。

所以爻辭寫著：
九五：嘉遯，貞吉。
【白話】九五，進退自如且功成遯退，值得嘉許，占問吉祥。

⊕占卜到這個爻表示往大局著想，只要心志守正，不私不貪，則事情就能順利。

遯六

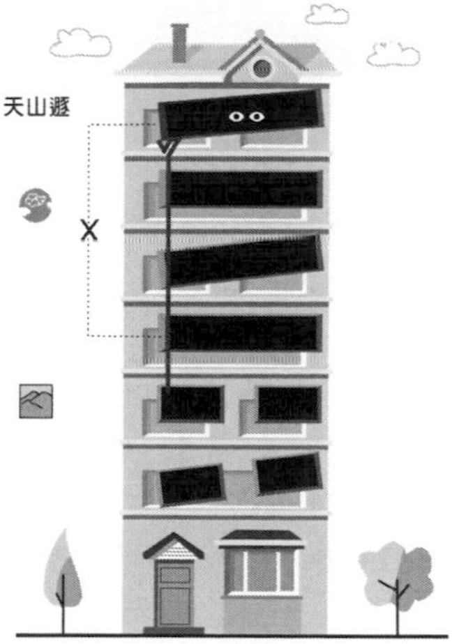

天山遯

六樓（陽）形狀和窗戶不相符，坐不得位，和三樓（陽）無法相應支持，六樓位於上卦乾卦（天）的最頂端，也是本棟樓的最高樓，沒有和三樓相應，六樓自己淡泊名利而無憂無慮，沒有拘束，行止自然而超然物外，自然是無往不利。

所以爻辭寫著：
上九：肥遯，無不利。
【白話】上九，高飛遠引無罣礙而隱退避讓，無所不利。

⊕占卜到這個爻表示目前沒有什麼滯難之處，只要自己能夠心誠守正，順勢利導，應該能夠迎刃而解。

第三十四卦

大壯卦

壯 ＝ 爿（床）＋ 土（武器），**古代男子睡覺時將武器放在床邊，使自己膽大放心。**

雷在上天在下（上卦震卦是雷，下卦乾卦是天），雷之威在天之上，驚雷響徹天際，陽氣大動，壯之極，但衰老繼之，有壯大強盛、聲勢浩大之意。

❖【震上乾下】　雷天大壯

整棟樓的底下四層樓（陽）連貫一氣，陽氣盛長壯大，陽多陰少，陽盛陰衰，合乎自然循環之道，也是修身誠信之理。

整棟樓的形狀就像一隻羊，五、六樓陰的形狀就像是兩個角，所以本卦的爻辭即以羊為例。

所以爻辭寫著：

大壯，利貞

【白話】《大壯卦》象徵十分強盛：利於堅守正道。

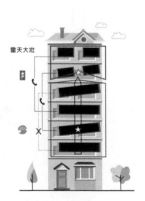

卦意對照

卦次	圖解	卦意
大壯一		一樓（陽）形狀和窗戶相吻合，坐得正位，和四樓（陽）無法打電話溝通，一樓（陽）往上受到二、三樓（陽）的相斥阻擾，如果執意往上走必然遭受到災禍；然而一樓（陽）身處正位（陽居陽位），雖然身處整棟樓最底層，只要自己隱忍待機不躁進，前景還是有利的。 所以爻辭寫著： 初九：壯於趾，征凶；有孚。 【白話】初九，山羊觸藩的力量用力於雙足蹄，如果像山羊一樣恃強而出征，有凶險；要踐約守信，要返回。 **⊕占卜到這個爻表示不要固執往前，不要冒然急進，要心存誠信等待時機，等到條件充足才能行事。**
大壯二	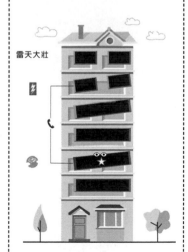	二樓（陽）形狀和窗戶不相符，坐不得位，和五樓（陰）經常打電話溝通，二樓位於下卦乾卦（天）的中央，獲得一顆星星（臣子），而且二樓和五樓都是剛柔得中（二樓陽居陰位，五樓陰居陽位），有守有為。 所以爻辭寫著： 九二：貞吉。 【白話】九二，堅守正道，有力量而不恃強，占問吉祥。 **⊕占卜到這個爻表示只要心存誠正，就會有貴人和長輩的相助，做事情將會順利。**

卦意對照

卦次	圖解	卦意
大壯三	雷天大壯	三樓（陽）形狀和窗戶相吻合，坐得正位，和六樓（陰）相應溝通，三樓（陽）位於下卦乾卦（天）的最上端，自己陽居陽位又位於下卦的最極端，有陽過於剛強的情況，但是三樓（陽）往上遇到四樓（陽）阻擾而難和諧，往下又遇到二樓（陽）相斥。如果是小人就會仗勢陽剛之力濫用，可能會有災禍；如果是君子就會知道進退，明知自己有陽剛能量卻知道藏拙。這就好像是一隻肥壯的羊，性子很急，看到前面有藩籬就不加思索地往前衝，結果是藩籬被挫穿了，但是羊角也被卡住而無法自拔（二、四樓都是陽而相斥）。 所以爻辭寫著： 九三：小人用壯，君子用罔；貞厲，羝羊觸藩，羸其角。 【白話】九三，小人憑體力恃強，君子卻將之藏拙。占問有艱難危險，山羊正在頂撞圍籬，牠的角被絆住而進退兩難。 ⊕占卜到這個爻表示要隨時警惕不要過於逞強，做出超乎自己能力的事情，即使有條件去做，也要警惕自己要審時度勢，知所行止。
大壯四	雷天大壯	四樓（陽）形狀和窗戶不相符，坐不得位，和一樓（陽）無法溝通相應，四樓本身陽剛而處於陰位，陽剛而能兼柔，而且四樓（陽）位於四層樓（陽，一至四樓）的最上層，擁有一至三樓（陽）的強力支持，四樓（陽）正以無比陽剛的氣勢往上衝，所以會有大成就。四樓往上衝，五樓（陰）自然門戶大開，就好像一隻羊根本不需要用角撞開，羊的角也不會被藩籬所羈絆；更好像是一部大車長驅直入，勢如破竹地往前衝而無阻礙。 所以爻辭寫著： 九四：貞吉，悔亡；藩決不羸，壯於大輿之輹。 【白話】九四，堅守正道，占問吉祥，沒有晦氣；圍籬被頂壞了，沒有把山羊的雙角綑綁，因為牠的四條腿比車輪的力量還要壯大。 ⊕占卜到這個爻表示目前的氣勢正旺，做什麼事看起來都很順利，但是其中仍有隱憂，要適時行止，否則會有損傷。

卦意對照

卦次	圖解	卦意
大壯五	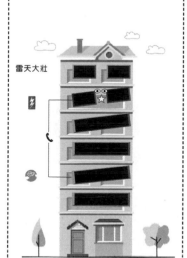	五樓（陰）形狀和窗戶不相符，坐不得位，和二樓（陽）相應支持，五樓（陰）位於上卦震卦（雷）中央，雖然獲得了一顆星星（君王），五樓（陰）本身柔弱，面對底下四層樓都是陽剛，就好像一位形同虛位的君王面對剛強的屬下，如果放一頭羊在廣場上，走失了是一件很正常的事情。但是五樓位於中位尊位，只要吸取教訓而改之，又有二樓（陽，臣子）的相應支持，最終不會產生任何災禍的。 所以爻辭寫著： 六五：喪羊于易，無悔。 【白話】六五，圍籬被頂壞，山羊跑了，因為疏忽大意，只要吸取教訓，就沒有晦氣。 ⊕占卜到這個爻表示要改變自己與人相處的態度，雖然自己身處貴位，也要不恥下問，廣納建言，要和顏悅色才能順利成事。
大壯六	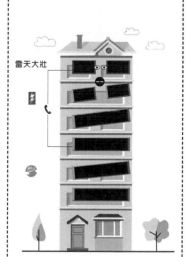	六樓（陰）形狀和窗戶相吻合，坐得正位，和三樓（陽）經常打電話支持，然而六樓已經位於最高樓，往上沒有進路，往下也沒有退路（受到五樓陰的同性相斥）；六樓（陰）本身陰柔而才能不足，處事猶豫不決，連有利的條件都無法達到，但六樓（陰）終究已經走到最高樓，對於事情過往都了然於心，所以六樓不會過於躁進，即使在柔弱艱困中懂得明哲保身，不露鋒頭，自然可以避凶趨吉。 所以爻辭寫著： 上六：羝羊觸藩，不能退，不能遂，無攸利；艱則吉。 【白話】上六，山羊頂撞圍籬，一旦角卡住圍籬上，就會陷入進退不得的情況，這樣沒有什麼好處，艱苦自守，可獲吉祥。 ⊕占卜到這個爻表示凡事要詳審慎思，要以堅忍的耐力克服艱難的情況，不要過於急躁，仔細分析應可尋得一條生路。

第三十五卦

晉卦

晉 = 臸（眾人俯首跪拜）+ 曰（說，讚頌），表示眾臣跪拜稱頌。

太陽在大地之上（上卦離卦是太陽，下卦坤卦是大地），大地受到陽光普照，大放光明，有日出天明，旭日東升之勢。

❖【離上坤下】　火地晉

整棟樓顯示太陽從地面上升，光耀普照大地，就好像君王恩賜眾臣，或是有治國安民的王侯獲得君王的寵愛。

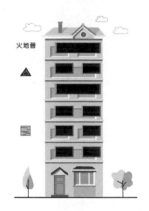

所以爻辭寫著：

晉，康侯用錫馬蕃庶，晝日三接。

【白話】《晉卦》象徵長進：康侯用君王恩賜良馬繁殖許多馬匹，一天有三次交配。

卦意對照

卦次	圖解	卦意
晉一	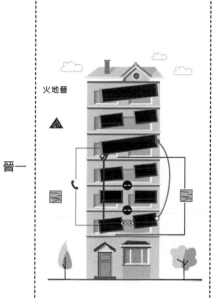	一樓（陰）形狀和窗戶不相符，坐不正位，和四樓（陽）經常打電話溝通，但是一樓（陰）想要往上走，卻遇到二、三樓（陰）同性相斥而被擋住；一樓（陰）位於下卦坤卦（地）的最底層，坤卦本來就是守靜，所以一樓只要能夠靜守本份就很安全。但是因為一樓（陰）有四樓（陽）相應支持，所以一樓只要安然而寬裕的待在自己應該身處的位置，就會平安無事。 所以爻辭寫著： 初六：晉如，摧如，貞吉；罔孚，裕無咎。 【白話】初六，進進退退的情況，占問吉祥，一時之間無法獲得信仟或威信，只要放寬胸懷，不必擔心會有什麼過失。 ⊕占卜到這個爻表示要提升自己的本職學能及應對才能，才能在諸多艱難的情況之下進退自如，而且自己要心誠守正，心胸也要寬廣，這樣才不會有事。
晉二	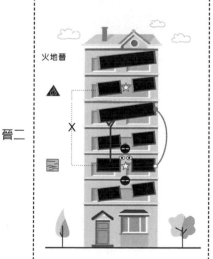	二樓（陰）形狀和窗戶相吻合，坐得正位，無法和五樓（陰）溝通相應，而且二樓都受到上面三樓（陰）和下面一樓（陰）的同性阻擾，加上二樓位於下卦坤卦的中央柔居陰位，只能憂愁而無法行動，但是二樓和五樓都居於中位，都獲得了一顆星星，二樓尚稱順利吉祥，而五樓（陰，君王）就好像是一位慈祥的老母親，關愛著二樓。 所以爻辭寫著： 六二：晉如，愁如，貞吉；受茲介福，于其王母。 【白話】六二，在前進時，憂愁思慮，占問吉祥。蒙王母褒獎，受此極大的恩惠和福澤。 ⊕占卜到這個爻表示目前會有一時的艱難憂慮，所以心要守正誠信，會有貴人相助而順利行事。

卦意對照

卦次	圖解	卦意
晉三	火地晉	三樓（陰）形狀和窗戶不相符，坐不得位，經常和六樓（陽）打電話溝通，又居於一、二樓（陰）之上，統領了眾人（陰），往上向五樓（君王）輸誠，所以不會有任何悔恨。 所以爻辭寫著： 六三：眾允，悔亡。 【白話】六三，得到了眾人的認可和贊同，晦氣消亡。 ⊕占卜到這個爻表示目前獲得朋友的信任，可以統御領導帶領大家繼續往前。
晉四	火地晉	四樓（陽）形狀和窗戶不相符，坐不得位，和一樓（陰）經常打電話溝通，但是四樓位於上卦離卦（火）的最下端，不位於中位，又鄰近五樓（君王）心存憂懼，四樓底下又有三層樓的陰（一至三樓），下怕底下的百官，這就好像是一隻鼫鼠，畏首畏尾瞻前顧後，怕人瞧見。 所以爻辭寫著： 九四：晉如鼫鼠，貞厲。 【白話】九四，前進時膽小如鼠，猶豫不決，占問艱難危險。 ⊕占卜到這個爻表示要隨時警惕自己堅守誠信不貪心，不能有超乎自己能力的野心，否則最終將一無所獲，要及時改善自己的缺點，才有可能轉危為安。

卦意對照

卦次	圖解	卦意
晉五	火地晉	五樓（陰）形狀和窗戶不相符，坐不得位，無法和二樓（陰）經常打電話支持，五樓（陰）位於上卦離卦（火）的中央，五樓（陰）居陽位使得陽光柔和不致於過於強烈，獲得一顆星星（君王）；五樓（陰）本身是君王，號令底下眾臣各司其職，事情辦得順利，就不會為眼前的得失而煩心，只要以君王至尊而無私開闊的心胸行事，自然無往而不利。 所以爻辭寫著： 六五：悔亡，失得勿恤；往吉，無不利。 【白話】六五，沒有晦氣，不要考慮得失、患得患失的問題。只要勇往直前，一切都會吉祥順利。 ⊕占卜到這個爻表示不要計較於眼前繁瑣小事，要放大格局與眼光，朝向正確的大策略方向前進，將會達成目的。
晉六	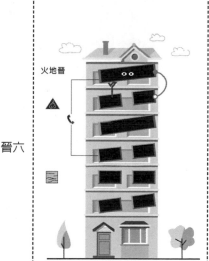 火地晉	六樓（陽）形狀和窗戶不相符，坐不得位，和三樓（陰）相應溝通，由於六樓已經位於最高樓，而且是陽剛居於陰位，就好像長了一隻角過於強盛，但是前面已經沒有進路，躁進就會有風險。而六樓（陽）有三樓（陰）相應支持，但是六樓已經處於最上端偏位，雖然有一些艱難小事，但是應變圖濟，所以不會有大災禍。 所以爻辭寫著： 上九：晉，其角，維，用伐邑，厲，吉無咎，貞，吝。 【白話】上九，就像到達獸角尖上一樣，派出先遣部隊，準備攻打鄰邑。有艱難危險，不過可平安無事，占問艱難，畢竟征伐不是光彩的事。 ⊕占卜到這個爻表示要審時度勢，量力而為，不可以冒然躁進，否則將自陷困境。

第三十六卦

明夷卦

◎𝄐 ＝ ◎（太陽）＋ 𝄐（月亮），表示白天與黑夜發光的兩個天體（古人以為月亮在夜裡發光），日光或月光將空間照亮。

夷，甲骨文 𝄐 假借以「屍」代替「夷」，用「屍」表示被消滅的敵人。

上為地下為火（上卦坤卦為地，下卦離卦為火），光明的火被埋沒在地下，太陽落入黑暗之中，光明消失在地下，是一個昏天暗地之局，所以有傷害、誅滅之意。

❖ 【坤上離下】 地火明夷

下卦離卦是光明，上卦坤卦是柔順，太陽落入地中，是昏昧昏君之象，所以為人臣子正值此時，不應該隨波逐流，更應該堅守正道，維持應有的德性，等待時來運轉。

所以爻辭寫著：

明夷，利艱貞。

【白話】《明夷卦》象徵光明受阻：在艱難困苦中利於堅守正道。

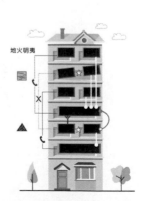

卦意對照

卦次	圖解	卦意
明夷一	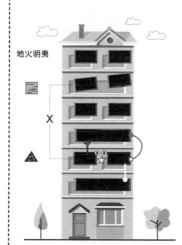 地火明夷	一樓（陽）形狀和窗戶相吻合，坐得正位，和四樓（陰）經常打電話溝通，但是一樓（陽）正處於整棟樓昏暗的環境下，雖然往上二樓（陰）可以前進，但是三樓（陽）卻強力阻擋，使得一樓就好像是一隻鳥受傷，或是低垂其翼以求安全降落。正值如此黑暗的環境，一位正直的君子也要趕快離開，可以往上走，就是有三天（離卦數字為三）無法進食也要隱遁而行，但是再往上走會受阻（三樓陽剛相斥），想要住宿的屋主不會接待，或是會有怨言。 所以爻辭寫著： 初九：明夷於飛，垂其翼；君子於行，三日不食。有攸往，主人有言。 【白話】初九，在光明被阻的時候，要像鳥一樣迅速飛走，而且要低垂翅膀以免被人察覺。君子出行，三天沒有用食，朝前方繼續前往，還要受到當政者的責備。 **⊕占卜到這個爻表示雖然可以達到目的，但是在執行的過程中阻滯很多，不僅不太愉快，即使達成任務也會受人責備或有怨言。**
明夷二	地火明夷 X	二樓（陰）形狀和窗戶相吻合，坐得正位，二樓（陰）位於下卦離卦（火）的中央，獲得了一顆星星（臣子），可以堅守崗位而克盡臣道，但是無法和五樓（陰）相應溝通，昏庸的五樓（君王）必然會傷害二樓（臣子），但是二樓（陰）終究是位於下卦中位，懂得用智慧防身，懂得權變，所以採用良馬來代步，最後還是順利吉祥的。 所以爻辭寫著： 六二：明夷，夷於左股，用拯馬壯，吉。 【白話】六二，傷了左大腿或左側，借用好馬，壯大自己的力量，將會是吉祥的。 **⊕占卜到這個爻表示剛開始會受到傷害，但是要心誠守正，懂得權宜之計，最終才會順利。**

卦意對照

卦次	圖解	卦意
明夷三	地火明夷	三樓（陽）形狀和窗戶相吻合，坐得正位，和六樓（陰）經常相應支持，三樓（陽）位於下卦離卦（火）最上端，太陽在最上方就是南方（中國八卦河圖洛書的上方表示南方），所以去南方狩獵可以獲得大鳥或是大獸（六樓相應），但是三樓要往上走遇到上卦坤卦（地）守靜，三樓（陽）可以順利往上走而陽陰相合（四至六樓都是陰），但是要徐徐前進，不可操之過急而躁進。 所以爻辭寫著： 九三：明夷於南狩，得其大首；不可疾，貞。 【白話】九三，君主在光明受阻的情況下，到南方去巡狩，將可以消滅敵人的首領。但是應該注意不要操之過急，要堅守正道。 ⊕占卜到這個爻表示目前的情況不是很順利，但是要有耐心地一步一步踏實地做，循序漸進，才能夠慢慢地渡過難關，達到最終的成功大業；千萬不要想要一步登天，冒然躁進，否則更容易再陷入困境。
明夷四	地火明夷	四樓（陰）形狀和窗戶相吻合，坐得正位，經常和一樓（陽）打電話溝通，四樓（陰）在整棟樓的中央正如一個人的腹部，四樓面對鄰近昏昧的五樓君王（陰居陽位不正位），四樓也位於上卦（朝廷）之內也知道整棟樓的大致全貌，因為四樓自己坐得正位，唯一的方法就是遠走離開，有一樓（陽）的相應，意志更為堅定。 所以爻辭寫著： 六四：入於左腹，獲明夷之心，於出門庭。 【白話】六四，進入腹部左方，能夠深入瞭解光明被阻的內中情況，於是堅定地跨出門庭，揚長離去。 ⊕占卜到這個爻表示要適時地脫離目前的情境，或是跳離既有的觀念桎梏，用另一個立場或新觀念來處理，事情才會更加順利；或是要跳離是非之地，明哲保身。

卦意對照

卦次	圖解	卦意
明夷五	地火明夷	五樓（陰）形狀和窗戶不相符，坐不得位，無法和二樓（陰）相應支持，五樓（陰）又上下遇到同性的陰而相斥（四、六樓），五樓面對這多方面的困境，只能韜光養晦，以求保存自己的光明；就好像商朝賢臣箕子，是紂王的叔父，曾經力諫帝乙立微子繼其統而未蒙採納，昏暗的朝廷讓紂王即位，箕子仍然忠貞不二，因為屢次諫紂王而被貶為奴，於是披髮佯狂而躲過被殺害的劫數。 所以爻辭寫著： 六五：箕子之明夷，利貞。 【白話】，六五，箕子受到傷害，身處逆境自晦其明，有利於堅守正道。 ⊕占卜到這個爻表示目前的情況有多方的艱難，要懂得低調求生，不宜過於躁進張揚，要心存誠正才能渡過難關。
明夷六	地火明夷	六樓（陰）形狀和窗戶相吻合，坐得正位，經常和三樓（陽）相應支持，但是六樓已經位於最高樓，而且位於上卦坤卦（地）之最頂端，六樓距離下卦離卦（火）是最遠的，已經是極其陰晦，又受到五樓（陰，君王）同性相斥，六樓的處境就像太陽落入西邊山裡一樣，走向暗黑的未來。因為六樓（陰）和三樓（陽，離卦火最上端）相應光明，自己卻是一片黑暗，正如太陽先升起後落下，盛極而衰的現象。 所以爻辭寫著： 上六：不明晦；初登於天，後入於地。 【白話】上六，天空晦暗不明，剛開始時升起在天空，而後來卻墜入地下。 ⊕占卜到這個爻表示有夕陽無限的現象，現在如果事情進行得很順利，當心會有衰落的時候；所以要事先做好防範，以防止未來的失落，力求維持現在榮景為要。

第三十七卦

家人卦

家，𠖾＝∩（房屋）＋豕（豕，豬），像屋裡養著一頭大肚豬。

上面有風（上卦巽卦是風），火在底下（下卦離卦是火），有炙熱之象，起風燃火烹煮食物，風勢助長火旺，風自火出如同一家人。

而且從整棟樓的內部來看（第二至五樓），第二、三、四樓組成坎卦（中男），第三、四、五樓組成離卦（中女），象徵一男一女組成家庭，有家道和家業之意。

❖【巽上離下】　風火家人

這棟樓的陰（女人）特別守本份而規矩，二樓和四樓的形狀和窗戶吻合，都得正位，而且二樓（陰）和四樓（陰）都分別和五樓（陽）、一樓（陽）經常打電話相應，同時二樓（陰）支持三樓（陽），四樓（陰）支持五樓（陽），所以家裡面要有女主人主持家務，心誠守正。

所以爻辭寫著：

家人，利女貞。

【白話】《家人卦》象徵家庭：女人利於堅守正道。

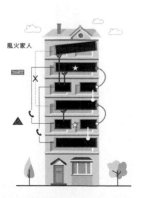

卦意對照

卦次	圖解	卦意
家人一	風火家人	一樓（陽）形狀和窗戶相吻合，坐得正位，和四樓（陰）經常打電話溝通，一樓（陽）和二樓（陰）也可以相通，所以沒有什麼災禍；一樓（陽）位於下卦離卦（火）的最底端，也是最外圍（火的外圍是陽剛），在家裡多加防範是好事。 所以爻辭寫著： 初九：閑有家，悔亡。 【白話】，初九，在家裡預設防範，晦氣消亡。 ⊕占卜到這個爻表示要慎於始，要全盤檢查審視，以防範日後出差錯。
家人二	風火家人	二樓（陰）形狀和窗戶相吻合，坐得正位，和五樓（陽）相應溝通，二樓（陰）位於下卦離卦（火）的中央，獲得了一顆星星（女主人），和五樓（陽，男主人）相應相和，猶如男主外，女主內的現象，二樓（陰）女主人能在家裡主持家務而支持男主人，是家和之道。 所以爻辭寫著： 六二：無攸遂，在中饋，貞吉。 【白話】六二，沒有錯失，在家中主持家務，占問吉祥。 ⊕占卜到這個爻表示要注意人事安排，務使各職其位，人盡其才，才能有效率行事，團結一心。

卦意對照

卦次	圖解	卦意
家人三	風火家人	三樓（陽）形狀和窗戶相吻合，坐得正位，和六樓（陽）無法相應支持，三樓（陽）位於下卦離卦（火）最上端，三樓自身陽剛又位居陽位，三樓陽剛過硬有治家過嚴的現象，家人的關係比較緊張，但是規定有禮有節，整個家是有規矩而吉祥的。但是二樓（陰）應當順從柔順，如果過於嬉笑任意行為，則終究會失去治家的節度，可能會壞了家譽名聲的事情發生。 所以爻辭寫著： 九三：家人嗃嗃，悔厲，吉；婦子嘻嘻，終吝。 【白話】九三，治家嚴厲，家人嗷嗷叫苦，有晦氣而艱難危險，但這樣有利於子女上進，最終還是吉祥。可是如果不能從嚴治家，聽憑婦人和孩子們嬉戲作樂，家道終落。 ⊕占卜到這個爻表示要嚴明紀律，善加利導，才能夠行事順利。
家人四	風火家人	四樓（陰）形狀和窗戶相吻合，坐得正位，和一樓（陽）經常打電話溝通，四樓（陰）順從五樓（陽），而且和三樓（陽）相處得也不錯，四樓（陰）安家處理事務秉持婦德，上承尊長下愛晚輩，有大得陽實之益，富家之象。 所以爻辭寫著： 六四：富家，大吉。 【白話】六四，富裕之家，吉祥如意。 ⊕占卜到這個爻表示事情將順利進行，而且可能有大收穫。

卦意對照

卦次	圖解	卦意
家人五	風火家人 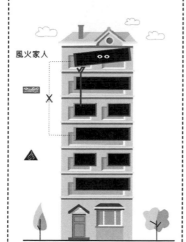	五樓（陽）形狀和窗戶相吻合，坐得正位，和二樓（陰）經常打電話支持，五樓（陽）位於上卦巽卦（風）的中央，獲得了一顆星星（君王），剛健勤於政事又得到二樓（陰，臣子，正位）的大力協助，自然能夠感化他人，大家彼此相愛和諧。 所以爻辭寫著： 九五：王假有家，勿恤，吉。 【白話】九五，一家之主以寬厚態度對待家裡的人，不需要憂愁，是會吉祥如意的。 ⊕占卜到這個爻表示應該以寬容體諒處事，則能夠和氣感化別人，事情將會更加順利進行。
家人六	風火家人	六樓（陽）形狀和窗戶不相符，坐不得位，和三樓（陽）無法打電話支持，但是六樓（陽）已經位於最高樓，是全家之最高長輩，也等於是創業者年事已高，應該把家業交給子嗣管理，所以六樓（陽）剛柔並濟（陽居陰位）而有威嚴與誠信，自己能夠莊重自持而不高傲，則能保家道長久吉祥。 所以爻辭寫著： 上九：有孚，威如，終吉。 【白話】，上九，家長的治家誠實有信，樹立起威信，最終會獲得吉祥。 ⊕占卜到這個爻表示要心存誠正，即使自己有戰功或成就也不要過於高傲囂張，應該要自持守正，才能使他人信服，讓事情做得更為順利。

第三十八卦

睽卦

睽＝目目（雙目）＋癸（癸，精確測量），表示精細打量。

火在上澤在下（上卦離卦是火，下卦兌卦是澤），火炎而上，但是潤澤於下，火與水背道而馳，互相違逆，相互乖離，就好像上卦離卦是中女，下卦兌卦是三女，兩女共居一室，年齡經驗有差距，思想作風不同，會有相違背之象。

❖【離上兌下】　火澤睽

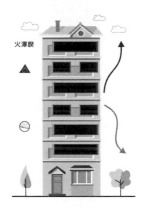

　　整棟樓的下卦是三女，上卦是次女，兩女同居難成大事，女性柔順細心做些小事是可以的。而且，上卦的中央五樓君王是陰，下卦的中央二樓臣子是陽，君王是陰而臣子是陽，陰為小而得到陽的相應，所以做小事是可以的。

　　所以爻辭寫著：

睽，小事吉。

【白話】《睽卦》象徵對立；做小事吉利。

卦意對照

卦次	圖解	卦意
睽一	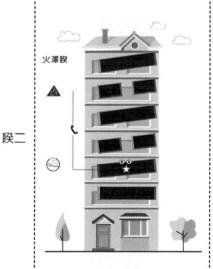 火澤睽	一樓（陽）形狀和窗戶相吻合，坐得正位，和四樓（陽）無法打電話溝通，一樓（陽）要往上就被二樓（陽）同性飭回，如果是一匹馬跑掉了自然會折返回來，不需要去追，而且一樓（陽）自己坐得很正（陽居陽位）只要自己守正就會沒事。但是四樓（陽）不和一樓（陽）溝通，四樓自己坐不正位就像是一位惡人，在這個整棟樓充滿違背的氛圍之下，儘管四樓和一樓意見不合，一樓也要去見四樓（意見不合的惡人），一樓自己坐得正，不會有什麼災禍的。 所以爻辭寫著： **初九：悔亡，喪馬，勿逐，自復；見惡人，無咎。** 【白話】初九，悔恨消失；跑掉的馬不要去追尋，牠自己就會回來。遇見自己對立敵視的人，不會有什麼禍患。 **⊕占卜到這個爻表示現在要蓄勢待時，暫時不要輕舉妄動，但是要積極處理自己的內部事務，厚實自己的實力。**
睽二	火澤睽	二樓（陽）形狀和窗戶不相符，坐不得位，和五樓（陰）經常相應溝通，但是五樓（陰，君王）自己不得位跑出去找可以輔助他的臣子，而二樓（陽，臣子）自己也不得位跑出去尋求明君，君臣兩人只能在外面的巷了相遇，即便如此，君臣兩人也能夠同舟共濟，挽救國難。 所以爻辭寫著： **九二：遇主於巷，無咎。** 【白話】九二，在小巷中碰到了居於高位者，沒有什麼危險和災難。 **⊕占卜到這個爻表示有時候要委屈婉轉，但是也要心誠守正，不能做賄賂等違法的事情，則能夠充分溝通而順利行事。**

卦意對照

卦次	圖解	卦意
睽三	火澤睽	三樓（陰）形狀和窗戶不相符，坐不得位，和六樓（陽）經常相應溝通，但是三樓（陰）面對上下兩個陽的拉扯，就像四樓（陽）人拉著三樓（陰）車，而一、二樓（陽）牛扯著，而且三樓自己坐不正位，正好像一個人不得正位而受到劓刑（割掉鼻子），剛開始是有些艱難，但三樓（陰）要往上走，受到六樓（陽）的相應支持，以及四樓（陽）的陰陽相合，最終應該可以順利往上走。 所以爻辭寫著： **六三：見輿曳，其牛掣；其人天且劓，無初有終。** 【白話】六三，看見車子被拖行，那牛起勁地拉，人被刺了頭且割了鼻子，剛開始處境不順利，但最終還是可以達到自己的目的。 **⊕占卜到這個爻表示剛開始會遭到一時之艱難，但只要心誠守正，意志堅定，最終可以完成志願達到目標。**
睽四	火澤睽	四樓（陽）形狀和窗戶不相符，坐不得位，和一樓（陽）無法相應支持，四樓（陽）就顯得很孤立，又遇到和自己同性（陽）的一樓彪形大漢，還好四樓（陽）有得到三樓（陰）和五樓（陰）的陰陽相合，最終還是可以解決問題，沒有禍患。 所以爻辭寫著： **九四：睽孤；遇元夫，交孚，厲無咎。** 【白話】九四，旅人孤獨，遇見彪形大漢，互相信任，有艱難但最終平安無事。 **⊕占卜到這個爻表示可能會有意想不到的困難發生，但是要善加溝通，爭取相互的信任，最終將會平安無事。**

卦意對照

卦次	圖解	卦意
睽五	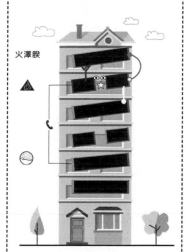	五樓（陰）形狀和窗戶不相符，坐不得位，和二樓（陽）經常打電話溝通，五樓位於上卦離卦（火）的中央，獲得了一顆星星（君王），五樓陰柔而位居陽剛之位，又得到六樓（陽）的陰陽相合，五樓可以往上去宗廟享受祭肉，五樓重用二樓（陽）大臣，則無往不利，終有大慶。 所以爻辭寫著： **六五：悔亡，厥宗噬膚，往何咎。** 【白話】六五，晦氣消亡，和族人吃肉共享美食，一起結伴前行，有何過錯？ ⊕占卜到這個爻表示自己要慎思明辨成敗之因，分析可能會犯過失的地方，而且要廣納建言，最終事情將會順利進行，達成目的。
睽六	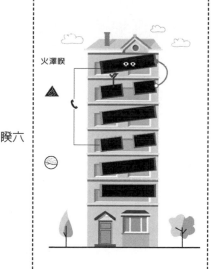	六樓（陽）形狀和窗戶不相符，坐不得位，和三樓（陰）經常打電話支持，六樓（陽）位於最高樓，上卦離卦（火）最上端，雖然和三樓（陰）相應，但是三樓（陰）受到二、四樓（陽）的陰陽相合，使得六樓猜疑而內心剛暴，就好像是載了一堆怨氣的車子一樣（天上鬼宿週邊的四星就像一部車的樣子），然而這只是個誤會，本來以為三樓（陰）是心懷不軌，最終發現三樓還是心向六樓的，就好像是在天上走一大段路，從奎宿到傳說星，再到孤星，無論如何，即使遇到雷鳴雨下，最終還是相合的。 所以爻辭寫著： **上九：睽孤，見豕負塗，載鬼一車，先張之弧，後說之弧；匪寇婚媾，往遇雨則吉。** 【白話】上九，旅人孤獨，看見滿身泥漿的豬，以及裝滿了像天上鬼宿附近星宿構成充滿怨氣的車子，先到孤星後到傳說星。他們不是前來侵犯，而是前來求婚，如果往前行，遇雨則吉。 ⊕占卜到這個爻表示目前遇到的艱難可能是誤會，或是溝通不良，只要善加解釋，則應該可以化解而使事情順利進行。

第三十九卦

蹇卦

䷦代表行走困難,跛也。

水在上面底下有山(上卦坎卦是水,下卦艮卦是山),大水淹沒了山,又像是爬山中滿是坎水險陷,行進過程辛苦坎坷,舉步維艱。

❖【坎上艮下】 水山蹇

這棟樓大水淹過山,行走困難,當然要往西南方平坦的路走,而不要走向東北方難走的高山路;而五樓(君王)和二樓(臣子)都坐得正位,身處正位而吉祥的。

所以爻辭寫著:

蹇,利西南,不利東北;利見大人,貞吉。

【白話】蹇卦,象徵陷入困境,難以前進;面對這種情況,利於向西南行動,不利於向東北行動。此時利於出現大人物,占問吉祥。

卦意對照

卦次	圖解	卦意
蹇一	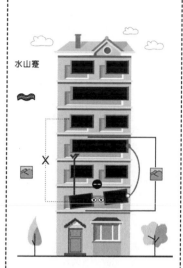	一樓（陰）形狀和窗戶不相符，坐不得位，和四樓（陰）無法相應溝通，一樓（陰）位於下卦艮卦（山）的最底端，本來就要靜止為宜，加上往上遇到二樓（陰）同性相斥，所以一樓（陰）如果往上走必然會有險難；一樓（陰）應該要自己認清身處於一樓的位置，知止不進，反身修德，懂得明哲保身，才能夠獲得讚譽。 所以爻辭寫著： 初六：往蹇，來譽。 【白話】初六，前進將會遇到艱難情況，歸來將得到美譽。 ⊕占卜到這個爻表示要回到本位努力經營，要有耐心等待時機，暫時不要躁進，這樣反而有成功的機會。
蹇二	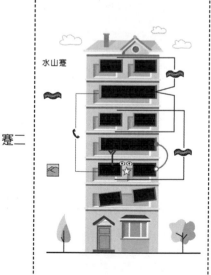	二樓（陰）形狀和窗戶相吻合，坐得正位，和五樓（陽）經常打電話溝通，二樓位於下卦艮卦（山）的中央，獲得了一顆星星（臣子），二樓是一位正直的臣子（坐得正位），看到五樓（陽，君王）身陷於坎卦的中央有水險，二樓想要往上營救五樓脫離水險，但是二樓本身也在坎卦（水）的最底端（二至四樓組成坎卦），往上又遇到上卦坎卦（水），要往上的路真是水險重重，備感辛勞，但是二樓（陰，臣子）一心為忠臣往上去救主，不是因為私利而去。 所以爻辭寫著： 六二：王臣蹇蹇，匪躬之故。 【白話】六二，王臣經歷艱難困境，並不是為了自己的私利。 ⊕占卜到這個爻表示目前遇到的困難將會接踵而來，要心誠守正意志堅定，一一分析關鍵點解決困難，終可達成目標。

卦意對照

卦次	圖解	卦意
蹇三	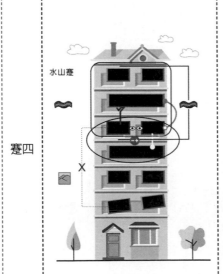 水山蹇	三樓（陽）形狀和窗戶相吻合，坐得正位，和六樓（陰）經常相應溝通，三樓（陽）想要往上走，卻遇到上卦坎卦（水）的阻攔，本來可以三樓（陽）和四樓（陰）陰陽相合，但是四樓位於上卦坎卦之內，三樓往上前途艱難；三樓（陽）只能往下和二樓（陰）、一樓（陰）陰陽相合，回歸本位以求商量救助五樓的方法。 所以爻辭寫著： 九三：往蹇，來反。 【白話】九三，前進將會遇到艱難情況，後退情況必有改變。 ⊕占卜到這個爻表示目前不要冒然躁進，否則會嚴重受傷，還是回到本位，力求內部事務處理週全為宜。
蹇四	水山蹇	四樓（陰）形狀和窗戶相吻合，坐得正位，和一樓（陰）無法相應溝通，所以四樓（陰）只能往上支持五樓（陽，君王），但是四樓自己也位於上卦坎卦（水）之內，本身往上走就是水險重重，四樓（陰）既然無法與一樓（陰）溝通，只能往下和三樓（陽）陰陽相合，藉由三樓（陽）正直臣子的力量（三樓陽居陽位得正位），共體時艱，共同謀求拯救國事之道。 所以爻辭寫著： 六四：往蹇，來連。 【白話】六四，前進將會遇到艱難情況，後退可聯合其他的力量。 ⊕占卜到這個爻表示目前不可貿然躁進，前進必遭困難，如果能夠退一步想，腳步慢一點，並且結交一些有才能有實力的人，等待時機到了再予前進，才會有好結果。

卦意對照

卦次	圖解	卦意
蹇五	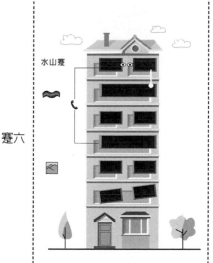 水山蹇	五樓（陽）形狀和窗戶相吻合，坐得正位，和二樓（陰）相應支持，五樓（陽）位於上卦坎卦（水）的中央，獲得了一顆星星（君王），五樓君王自己身陷於上卦（水）坎險之中，五樓所處的環境很不利，無法施展其大用之才，所幸有二樓（陰）的相應支持，特意上來幫助五樓。 所以爻辭寫著： 九五：大蹇，朋來。 【白話】九五，處境極為艱難，卻有眾多的友人來協助。 ⊕占卜到這個爻表示目前雖然遇到困難，會有貴人或朋友前來相助。
蹇六	水山蹇	六樓（陰）形狀和窗戶相吻合，坐得正位，和三樓（陽）經常打電話支持，六樓（陰）已經位於本棟樓最高樓，前面已經沒有進路，如果執意往前走，必然非常艱險。但是六樓（陰）有三樓（陽）的大力輔助，而且六樓（陰）也有五樓（陽，君王）陰陽相合的支持，所以六樓往下看，可以得到三樓（陽，艮卦山的果實）和五樓（大人物）的豐碩成果的。 所以爻辭寫著： 上六：往蹇，來碩；吉；利見大人。 【白話】上六，前進將會遇到艱難情況，後退可以大有收穫；這樣做會吉祥如意，有利於面見大人物。 ⊕占卜到這個爻表示雖然目前求發展會受到阻攔，前途也是很艱難，但是要心念一轉，專注於自身的優點與條件並加強之，同時也可以想辦法面見德高望重、有德有才的人士，應可獲得實質上的利益。

第四十卦

解卦

$\stackrel{\text{🐚}}{=}$ ＝ ﻝﻝ（雙手）＋ ﻻﻝ（角）＋ ﻻﻝ（牛），字形像屠夫雙手 ﻝﻝ 從牛 ﻻﻝ 的頭上剖取牛角 ﻻﻝ，牛角上的兩點指事符號ı ı，表示血滴。取牛角，是剖牛過程中技術最複雜、最具代表性的步驟，因此用取牛角代表剖牛。

雷在上打雷（上卦震卦是雷），下方的水在下雨（下卦坎卦是水），解決了旱情，滋潤大地，正如春天乍到，雷雨充沛，緩解冬天的冰雪，慢慢地解脫，而不是倉促地進行。

❖【震上坎下】　雷水解

整棟樓雷在上水在下，合乎自然舒解之道，往西南平坦之地前往最好，既然已經將危機解除，如果能夠安於本份最好，如果有事情做也很不錯。

所以爻辭寫著：

解，利西南，無所往，其來復吉；有攸往，夙吉。

【白話】《解卦》象徵著災禍危難的舒解：利於往西南方行事。如果沒有前往的目標，以返回原居地或大本營較為吉利。但是如果有前往的目標，就應該早一點動身，才能獲得吉祥。

卦意對照

卦次	圖解	卦意
解一	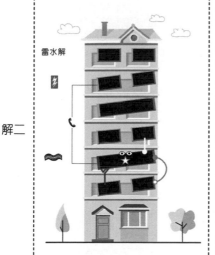 雷水解	一樓（陰）形狀和窗戶不相符，坐不得位，和四樓（陽）經常打電話溝通，一樓（陰）和二樓（陽）陰陽相合，而且一樓陰居陽位剛柔並濟，一樓安於其位平安無事。 所以爻辭寫著： 初六：無咎。 【白話】初六，平安無事。 ⊕占卜到這個爻表示只要以義持守，就不會有什麼問題。
解二	雷水解	二樓（陽）形狀和窗戶相吻合，坐不得位，和五樓（陰）經常相應溝通，二樓（陽）位於下卦坎卦（水）的中央，獲得了一顆星星（臣子），二樓陽居陰位臣子強健，而五樓陰居陽位君王柔弱，所以變成了勇於任事的二樓受到五樓君王之命而代理朝政，二樓出去打獵必大有收穫，甚至有意外之獲。 所以爻辭寫著： 九二：田獲三狐，得黃矢；貞吉。 【白話】九二，打獵時捕獲三隻狐狸，又得到了黃色箭矢，解決缺乏箭頭的困難。占問吉祥。 ⊕占卜到這個爻表示自己很有實力，但是要不嬌不私，行為處事要切合中道不逾矩，自然就會順利而有成就。

卦意對照

卦次	圖解	卦意
解三	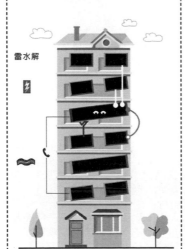 雷水解	三樓（陰）形狀和窗戶不相符，坐不得位，和六樓（陰）無法相應溝通，三樓（陰）位於下卦最上端（不是在中央）又不得正位（陰居陽位），三樓（陰）想要諂媚於四樓（陽），又凌駕於二樓（陽）之上，這就好像是一個人背負重物（四樓），且乘坐高大的馬車上（二樓），但是因為三樓太鬆懈且過於招搖，因而招來盜匪前來起意搶奪（一至三樓，三至五樓，都是坎卦水險表示盜賊），這就好像是小人篡位，不為正道，最終必有所失。 所以爻辭寫著： 六三：負且乘，致寇至；貞吝。 【白話】六三，肩扛著沉重的東西，又坐在華麗的大車上，因而招來強盜。有些困難是自己招來的，占問艱難。 ⊕占卜到這個爻表示不能過於放鬆警覺之心，不能過於驕縱恣意，要謹言慎行低調行事，以防招來災禍。
解四	雷水解	四樓（陽）形狀和窗戶不相符，坐不得位，和一樓（陰）經常相應支持，四樓（陽）位於上卦震卦（雷）之最底端，震卦表示開始動了，而震卦的最底端表示足或拇指，拇指開始動作了。而四樓（陽）又得到一樓（陰）的支援，將會有很多朋友前來，而且三、五樓（陰）都是四樓（陽）的好友（陰陽相合），可見四樓的信譽很好。 所以爻辭寫著： 九四：解而拇，朋至斯孚。 【白話】九四，放開腳步可前行，朋友自會到來應合。 ⊕占卜到這個爻表示現在可以開始行動，而且有貴人或朋友會來相助，但是自己要心誠守正，保持良好的信譽，才會得到更多的支援。

卦意對照

卦次	圖解	卦意
解五	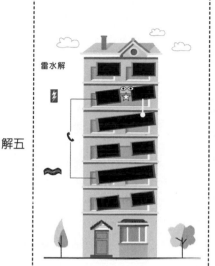	五樓（陰）形狀和窗戶不相符，坐不得位，和二樓（陽）經常打電話支持，五樓（陰）位於上卦震卦（雷）的中央，獲得了一顆星星（君王），五樓陰居陽位表示不會剛愎自用，四樓（陽）是五樓（陰）的近臣能夠協助治理國事並且排除解難，而且五樓（陰）也很信任二樓（陽）而信任屬下，獲得多方協助的君王，國家就可以大治。 所以爻辭寫著： 六五：君子維有解，吉，有孚於小人。 【白話】六五，君子身上的綑綁被解開了，吉祥；這是君子有信譽於平民的緣故。 ⊕占卜到這個爻表示只要心懷誠信守中，目前有一些束縛和艱難會獲得化解，也會獲得朋友的幫助。
解六	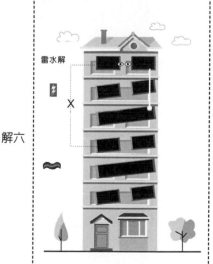	六樓（陰）形狀和窗戶相吻合，坐得正位，和三樓（陰）無法打電話支持，六樓（陰）已經位於最高樓，但是沒有三樓的相應，六樓儼然是自己站在高城上，而且六樓陰居陰位得了正位獲得極高的權力，堪稱為有能力的公侯，所以只要一射箭，必能射中強悍而凶猛的鷹隼。 所以爻辭寫著： 上六：公用射隼，于高墉之上，獲之，無不利。 【白話】上六，公侯在高牆上射鷹百發百中，無往不利。 ⊕占卜到這個爻表示要專注於精準目標，確定目的，選好有利地點，做好一切的準備工夫和操作步驟，以提升成功的機率。

第四十一卦

損卦

損 = ✋（手，搗毀）+ 鼎（鐘鼎），搗毀、破壞鐘鼎等貴重器皿。

山在上澤在下（上卦艮卦是山，下卦兌卦是澤），山高澤卑，損澤之土而增益山之高，是損下益上的卦，含有山高水深，各得其宜之意。

❖【艮上兌下】　山澤損

整棟樓就是以下面的澤土去增益上面的山，所以損下益上，就如底下是臣民而上面是君王，或是底下是萬民而上面是神祇，所以底下必須要誠心正道，上面必須要不諂媚，就能夠以下通上而蓄積力量，往前進而無不利。

所以爻辭寫著：

損，有孚，元吉，無咎，可貞，利有攸往。曷之用，二簋可用享。

【白話】《損卦》象徵減損：心懷誠信，起頭吉祥，平安無事。利於前去行事，有所作為。祭祀時，只要誠心誠意，即使減少到兩簋（古代盛食物的器具，圓口，有兩個耳子）的食物，神明也可接受。

卦意對照

卦次	圖解	卦意
損一	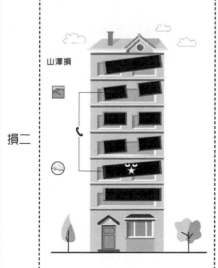 山澤損	一樓（陽）形狀和窗戶相吻合，坐得正位，和四樓（陰）相應溝通，一樓（陽）坐正位實力雄厚，而相應的四樓（陰）雖坐得正位但柔弱，一樓（陽）應該拿出自己所有往上去資助四樓（陰），但是因為一樓（陽）身處最底層實力畢竟有限，所以不宜全力獻上，應該審酌自己的能力，適切得宜即可。 所以爻辭寫著： 初九：已事遄往，無咎；酌損之。 【白話】初九，祭祀的事情趕快去做，平安無事，祭品數量可以斟酌情況減少之。 ⊕占卜到這個爻表示快要完成的事情要趕快去做，但是不要急躁而全力拼出，要量力而為，彈性靈活處理為宜。
損二	山澤損	二樓（陽）形狀和窗戶不相符，坐不得位，和五樓（陰）相應溝通，二樓自己是陽剛位於陰柔之位，應該要守靜不要妄動，而且二樓位於下卦兌卦（澤）的中央，獲得了一顆星星（臣子），其實二樓（陽）應該可以一直往上層走（三至五樓都是陰而陰陽相合），但是整棟樓的下卦是在損的情況之下，二樓還是自損為宜，不宜上進，如果不順從整體的情勢而執意往上，就會有災禍。二樓只要自持守中，不增不損即可。 所以爻辭寫著： 九二：利貞，征凶；弗損益之。 【白話】九二，利於堅守正道，如果主動征伐，會有凶險；不要減損或增益他。 ⊕占卜到這個爻表示要心存誠正，堅守正道不妄進，才可以比避免損失。

卦意對照

卦次	圖解	卦意
損三	山澤損	三樓（陰）形狀和窗戶不相符，坐不得位，和六樓（陽）經常打電話溝通，三樓（陰）如果想要往上走會遇到四樓（陰）同性相斥，三樓堅持率領下方兩層樓就會自損一人，如果三樓（陰）一人獨自往上，會受到六樓（陽）的相應支援。 所以爻辭寫著： 六三：三人行，則損一人；一人行，則得其友。 【白話】六三，三個人一同前進，必有一人離開；一個人獨自行動，則會遇到志同道合的朋友。 ⊕占卜到這個爻表示適合自己一個人獨立行事，如果多人做事恐怕無法專心均一而亂事。
損四	山澤損	四樓（陰）形狀和窗戶相吻合，坐得正位，和一樓（陽）相應溝通，四樓（陰）自身實力柔弱，必須要取得一樓（陽）堅強實力的幫助，讓四樓的身體能夠早日康復，或是解決問題，四樓自然心神愉悅。 所以爻辭寫著： 六四：損其疾，使遄有喜。無咎。 【白話】六四，減輕其病情，使之早日痊癒，準備迎接馬上到來的喜慶，平安無事。 ⊕占卜到這個爻表示目前的疾病或問題，只要心誠守正不違法，可能會有貴人或朋友來相助。

卦意對照

卦次	圖解	卦意
損五	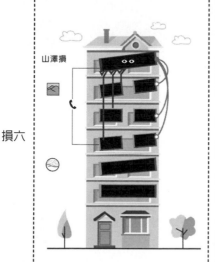	五樓（陰）形狀和窗戶不相符，坐不得位，和二樓（陽）經常打電話溝通，五樓（陰）位於上卦艮卦（山）的中央，獲得了一顆星星（君王），五樓陰居陽位而剛柔並濟，是一位自損尊嚴虛心接待群臣的好君王，而且獲得二樓（陽）的剛健助力，使五樓成為眾臣擁戴的君王，獲益甚多。 所以爻辭寫著： 六五：或益之，十朋之龜，弗克違，元吉。 【白話】六五，有人進獻價值十朋（古時候貨幣單位，雙貝為一朋）的靈龜，不可違背中道，起頭吉祥。 ⊕占卜到這個爻表示只要能夠虛心待人，廣納建言，就能夠獲得朋友的協助，收穫頗豐。

六樓（陽）形狀和窗戶不相符，坐不得位，和三樓（陰）相應溝通，六樓（陽）已經位於最高樓，整棟樓的「損」六樓已經損無再損了，而且還可以從三樓（陰）相應給予支持，六樓陽剛在上而三樓陰柔在下，陰陽相應且相輔相成，無論遠近皆萬民稱慶。

所以爻辭寫著：
上九：弗損益之；無咎，貞吉，利有攸往，得臣無家。
【白話】上九，沒有減損或增益，沒有禍患，占問吉祥，利於有所行動，有所作為，可以得到單身的奴隸。

⊕占卜到這個爻表示目前最好不要做變動或調整，例如部門擴張、合併或裁員等事；如果出行或向外發展將會有所得，或有新的機會到來。

損六

山澤損

山澤損

第四十二卦

益卦

$\equiv$ ＝ $\equiv$（盛器）＋ $\equiv$（水），像是水 $\equiv$ 從盛器 $\equiv$ 的開口處溢出。

風在上雷在下（上卦巽卦是風，下卦震卦是雷），巽風為順，而震為動，巽卦是風是草穀，震卦為草木，二者都屬木，木主生而利漁民，風雷相益，象徵彼此增益，有損上而益下之意，則統治者減損財富，使人民增益。

❖【巽上震下】 風雷益

整棟樓損上益下，五樓君王陽剛實力豐厚，挹注於二樓臣子陰柔，就好像君子抱持著損己利民，行德政，就是有大川險阻，也能夠順利通過的。

所以爻辭寫著：

益，利有攸往，利涉大川。

【白話】《益卦》象徵增益：利於前去行事，有所作為，利於渡大河。

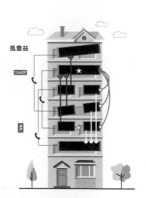

卦意對照

卦次	圖解	卦意
益一	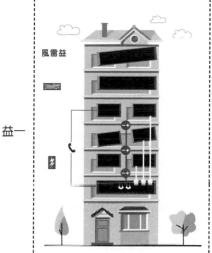	一樓（陽）形狀和窗戶相吻合，坐得正位，和四樓（陰）經常打電話溝通，整棟樓是損上益下，而一樓是受益的第一層樓，一樓（陽）往上走通行無礙（二至四樓都是陰，陰陽相合），加上四樓（陰）支援一樓（陽），所以一樓正是大有作為的時候。 所以爻辭寫著： 初九：利用為大作，元吉，無咎。 【白話】初九，利於製作犁鋤等大顯身手做一番事業，起頭吉祥，平安無事。 ⊕占卜到這個爻表示目前正是可以開始做事業的時候，準備充足條件齊備即可出行。
益二	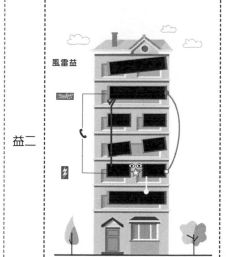	二樓（陰）形狀和窗戶相吻合，坐得正位，和五樓（陽）相應溝通，二樓位於下卦震卦（雷）的中央，獲得了一顆星星（臣子），依整棟樓損上益下的情況，五樓（君王）不僅信任二樓（臣子），也給二樓豐厚的賞賜，二樓作為臣子應當永守臣節，以報上恩。 所以爻辭寫著： 六二：或益之，十朋之龜，弗克違，永貞吉；王用享于帝，吉。 【白話】六二，有人進獻價值十朋的靈龜，不可以推卻，在任何時候占卜其結果永遠是吉祥如意的；君王如果在此使用於祭祀天神的儀式，吉祥。 ⊕占卜到這個爻表示目前事情一切順利，可能有貴人或朋友會適時地給予協助。

卦意對照

卦次	圖解	卦意
益三	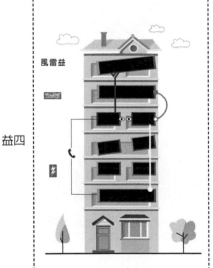風雷益	三樓（陰）形狀和窗戶不相符，坐不得位，和六樓（陽）經常打電話溝通，三樓位於下卦仍是在損上益下的受益一方，但是三樓陰居陽位不正而且位於下卦最上端（不是中位），性格偏激，有時候會為了國事就冒險去救，雖然事先沒有獲得君王的首肯，但是君王還是會原諒三樓的。三樓的忠心有六樓的相應信任，即使國難已解除，三樓即立刻回到本位，繼續做臣子的本份。 所以爻辭寫著： 六三：益之用凶事，無咎；有孚中行，告公用圭。 【白話】六三，增加祭品用於凶險之事，平安無事。要滿懷誠意地按照中庸之道行事，進見王公貴人時一定要手執圭玉以示虔誠守信。 **⊕占卜到這個爻表示只要心誠守正，恪遵禮節，即使發生一些艱難的事情，只要善加分析溝通應該可以解決，而且可能會有貴人或朋友相助。**
益四	風雷益	四樓（陰）形狀和窗戶相吻合，坐得正位，和一樓（陽）相應溝通，四樓位於上卦巽卦（風）的最下端，四樓（臣子）上奉五樓（君王）而以柔順之態和一樓（陽）相應支持，即使在國家危難時刻，四樓也是主持大事，而獲得五樓（君王）和眾民的支持。 所以爻辭寫著： 六四：中行告公，從，利用為依遷國。 【白話】六四，以溫和寬厚的中庸態度行事，求告於公侯，公侯會同意，為殷民決定遷徙國都都是有利的。 **⊕占卜到這個爻表示目前做事情左右逢源，得心應手，但是要切記要心誠守正，不能躁進不能違法行事。**

卦意對照

卦次	圖解	卦意
益五	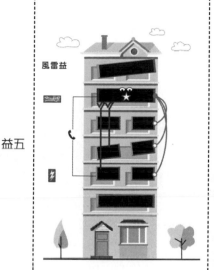	五樓（陽）形狀和窗戶相吻合，坐得正位，和二樓（陰）相應支持，五樓（陽）位於上卦巽卦（風）的中央，獲得了一顆星星（君王），在整棟樓損上益下的情況下，五樓（君王）恩澤天下，又有二樓（臣子）剛柔並濟，而天下萬民蒙受其德也感恩於心。 所以爻辭寫著： 九五：有孚惠心，勿問元吉：有孚惠我德。 【白話】九五，對歸順者施以仁德，既往不究，不用占卦問卜就知道起頭吉利，歸順者自然對我感恩戴德。 **⊕占卜到這個爻表示目前事情進行順利，有貴人或朋友相助，要珍惜目前所擁有，如果行有餘力，盡量助人，應有後助。**
益六	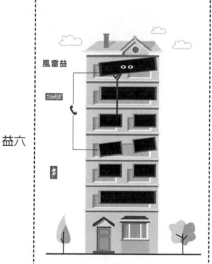	六樓（陽）形狀和窗戶不相符，坐不正位，和三樓（陰）相應支持，六樓位於上卦巽卦（風）最上端，是整棟樓最高樓，但是因為物極必反，益的最上端受益太多，六樓本身就陽居陰位不正位，所以志得意滿，自我膨脹，不但不要損己益人，反而是損人利己，也就是說六樓（陽）不幫助別人，甚至還攻擊別人，所以六樓當然會受到眾人的非議。 所以爻辭寫著： 上九：莫益之，或擊之；立心勿恒，凶。 【白話】上九，沒有人協助你，可能還有人攻擊你，如果意志不堅定，不能持之以恆，則凶險臨頭。 **⊕占卜到這個爻表示自我節制，不要一直想要增加利益，以免遭到別人的責難，這些禍患都來自於外部，所以自己心裡面要心誠守正，謹慎再謹慎。**

第四十三卦

夬卦

☱ = ✗（手）＋ ∪（很像斷掉的玉環，象徵中斷、分別）＋ ✗（手），像一手 ✗ 贈玦 ∪，一手 ✗ 受玦 ∪，表示古代王公贈玦，紀念分別。

澤在上天在下（上卦兌卦是澤，下卦乾卦是天），澤在上方水氣騰騰，欲降成雨，乾天抵之；以卦象看第一至第五樓陽氣盛長，有迫第六樓一陰之勢，象徵君子想要排除小人之象，所以有決斷，果決果斷、疏導化解之意。

❖【兌上乾下】 澤天夬

整棟樓看起來充滿緊張激烈的氣氛，因為底下有五層樓都是陽，只有最高樓是陰，正直的君子很多都要聯合在一起，合力驅逐陰險的小人，但是君子做事要光明正大，正義且公平，所以要善惡分明，以教化為先，藉以警示人心，則小人自然會離去，不必興罰，所以可以繼續前進。

所以爻辭寫著：

夬，揚于王庭，孚號，有厲；告自邑，不利即戎；利有攸往。

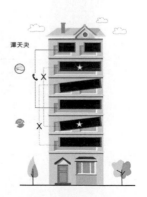

【白話】《夬卦》象徵果決：在君王的宮廷之上當面宣揚，誠心實意地大聲疾呼，有危險與艱難情況；告訴國人，不利於馬上動兵；但利於馬上前去有條有理地解決問題。

卦意對照

卦次	圖解	卦意
夬一	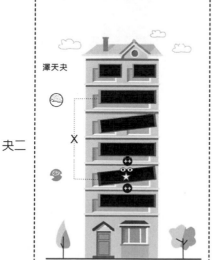澤天夬	一樓（陽）形狀和窗戶相吻合，坐得正位，和四樓（陽）不相應溝通，但是一樓（陽）受到上面二、三樓（陽）同性相斥的壓迫，就整棟樓而言一樓就好像是一個人的腳趾頭，長得粗壯但是卻受傷了，加上四樓（陽）也不願意支持一樓（陽），所以一樓面臨諸多阻礙，如果勉強前往將會有災禍。 所以爻辭寫著： 初九：壯於前趾，往不勝為咎。 【白話】初九，前趾受了傷，前去會無法勝任，有禍患。 **⊕占卜到這個爻表示目前的經驗和條件都不足，應當要謹慎自守，努力地充實自我的實力，如果現在就冒然躁進，將會咎由自取。**
夬二	澤天夬	二樓（陽）形狀和窗戶不相符，坐不正位，和五樓（陽）無法溝通相應，二樓（陽）又受到一、三樓（陽）的同性阻擾，前後受敵而不安，還好二樓（陽）位於下卦乾卦（天）的中央，獲得了一顆星星（臣子），二樓可行中道，所以只要能夠提高警覺，應該會有驚無險，不會有事。 所以爻辭寫著： 九二：惕號，莫夜有戎，勿恤。 【白話】九二，警告性的呼號，夜晚有敵人侵襲，用不著擔憂。 **⊕占卜到這個爻表示面對眾多的艱難與阻擾，只要知敵知己，警惕自己知過改過，最終會有驚無險而沒事，不必憂心。**

卦意對照

卦次	圖解	卦意
夬三	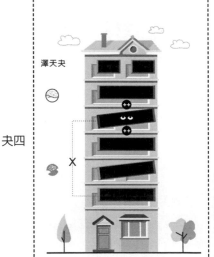	三樓（陽）形狀和窗戶相吻合，坐得正位，和六樓（陰）經常相應溝通，三樓（陽）應該要和其他樓層（陽）一起決戰六樓（陰），但是三樓（陽）和六樓（陰）相應，這使得讓人懷疑三樓（陽）堅定除陰的信念，所以三樓要堅守正道，忍辱負重，即使下了大雨淋濕了全身，心裡面不愉快，由於三樓行得正（陽居陽位），所以最終不會有事的。 所以爻辭寫著： 九三：壯於頄，有凶；君子夬夬，獨行遇雨，若濡有慍，無咎。 【白話】九三，臉頰受了傷，凶險。君子快速地獨自前行，遇到大雨全身淋濕，心裡面不很痛快，但平安無事。 **⊕占卜到這個爻表示自己要心誠守正，做事不違正道，即使受到他人的誤解或責難，最終會獲得紓解而沒事的。**
夬四	澤天夬	四樓（陽）形狀和窗戶不相符，坐不正位，和一樓（陽）不相應溝通，四樓又位於上卦最底端，不在中位也不正（陽居陰位），又受到上下樓的同性排斥，自己也受到底下三層樓（陽）的推促，四樓想停也停不了，四樓也無法往上走（五樓為陽同性阻擾），這個困境就好像是臀部沒有肉，坐也疼痛，走也難走一樣地難受，自己也很偏執，不信他人的話。 所以爻辭寫著： 九四：臀無膚，其行次且；牽羊悔亡，聞言不信。 【白話】九四，臀部只剩骨頭無完膚，走路十分艱難。有人說去牽羊謝罪，就可以免去災禍，聽到這類的建議也不信。 **⊕占卜到這個爻表示自己不要過於自信自傲，要廣納忠言，畢竟現在的情況對己不利，要虛心受教並改過；否則艱困難辦的事情會接踵而來，處理更行艱難。**

卦意對照

卦次	圖解	卦意
夬五	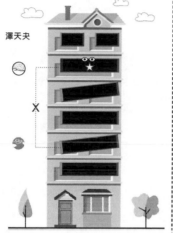	五樓（陽）形狀和窗戶相吻合，坐得正位，和二樓（陽）無法相應溝通，五樓（陽）位於上卦兌卦（澤）的中央，獲得了一顆星星（君王），本來五樓（陽）要解決六樓小人，但是因為和六樓（陰）為鄰居，面對柔弱的六樓（陰）而心生憐惜，就像一隻山羊快樂無憂的跳躍一樣，受到六樓（陰）的諂媚而不自覺。所幸五樓（陽）位居中位且守正道，知道自己的責任與任務，不受私情所迷惑，力行中正之道，使小人離去，禍患消除。 所以爻辭寫著： 九五：莧陸夬夬，中行無咎。 【白話】九五，細角的山羊在山路快速地跳躍奔跑，只要採取中道，平安無事。 ⊕占卜到這個爻表示只要心存誠正，堅守中道，不要被一時的利益所惑，要認清楚大局方針，確實力行，最終才能達到目標。
夬六	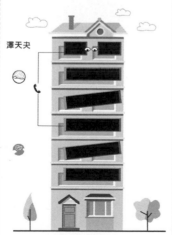	六樓（陰）形狀和窗戶相吻合，坐得正位，和三樓（陽）相應溝通，但是六樓已經位於最高樓，而且只有六樓一個陰，前無進路，就連三樓（陽）也要和其他樓層（陽）站在一起而不幫助六樓（陰），六樓更顯得孤立無援，就是發出求救信號也沒有人過來幫助，最終會有禍患。 所以爻辭寫著： 上六：無號，終有凶。 【白話】上六，沒有人會傳送示警的警報，最終必然有凶險臨頭。 ⊕占卜到這個爻表示自己要有悔悟之心，要謹言慎行且知過改過，否則必然會遭到艱難而自陷險境。

第四十四卦

姤卦

姤，在商代，「姤」是商王的配偶，某族之「子」的配偶則稱「某姤」。

天在上風在下（上卦乾卦是天，下卦巽卦是風），天之下颳風，風動而物移，與萬物不期而遇，象徵邂逅，意外相遇。

❖ 【乾上巽下】 天風姤

整棟樓的下卦巽卦是長女，而且只有一樓是陰是女，往上都是男的（二至六樓是陽是男），一樓（陰）面對上面五層（陽），陰會越來越強大，況且一女遇到五男，是一個不正常的現象，所以不能娶這樣的女子。

所以爻辭寫著：

姤，女壯，勿用取女。

【白話】《姤卦》象徵相遇：女子遇到男人過多，個性太倔強，不適合娶來作妻子。

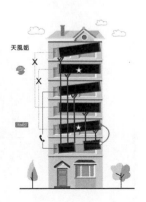

卦意對照

卦次	圖解	卦意
姤一	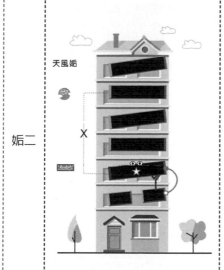	一樓（陰）形狀和窗戶不相符，坐不正位，和四樓（陽）經常打電話溝通，但是一樓（陰）不正而躁動，一直要往上竄動，就好像是一隻豬發情而亂動，就必須把牠綁住，甚至用纏繩綁在大車上，以防發情的豬跑來跑去。 所以爻辭寫著： 初六：係于金柅，貞吉；有攸往，見凶，羸豕蹢躅。 【白話】初六，將發情之豬綁上金屬剎車器上，占問吉祥，有所行動的話，則必見凶險，浮躁不安，發情之豬來回走動。 ⊕占卜到這個爻表示目前不可以冒失躁進，否則會有不利的後果，遇到事情要巽序漸進，理性分析，才能解決問題。
姤二		二樓（陽）形狀和窗戶不相符，坐不正位，和五樓（陽）無法相應溝通，二樓陽居陰位剛柔並濟，和一樓（陰）情投意合，就好像男人擁抱女人一樣，而這位一樓的女子是自動上來的，因為二樓（陽）位於下卦巽卦（風）的中央，獲得了一顆星星（臣子），二樓（陽）守中位，而一樓（陰）主動入內，就好像包住一條魚一樣，而且不會讓魚亂竄而干擾他人，讓一樓（陰）好好地和二樓（陽）相處即可，其他樓層（陽）不必過來。 所以爻辭寫著： 九二：包有魚，無咎；不利賓。 【白話】九二，廚房裡面有魚，平安無事，但不利於拿來宴請招待賓客。 ⊕占卜到這個爻表示雙方共事應該誠意相持，不要有二心，也不要有另尋他主謀事的念頭，否則談定的事情就會泡湯。

卦意對照

卦次	圖解	卦意

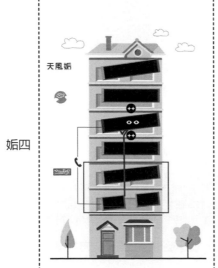

姤三

天風姤

三樓（陽）形狀和窗戶相吻合，坐得正位，和六樓（陽）無法打電話溝通，因為一樓（陰）和二樓（陽）自己陰陽配對了，三樓（陽）無法往下或往上，二樓（陽）和四樓（陽）都同性阻擾三樓（陽），三樓進退不能又無上面相應，這樣的情況就好像是自己的臀部沒有甚麼肉，獨自走路顛顛波波；還好，三樓（陽）自己還坐得正（陽居陽位），再怎麼艱苦，也不會有大災禍的。

所以爻辭寫著：
九三：臀無膚，其行次且；厲，無大咎。
【白話】九三，臀部受傷無完膚，走起路來很艱難，有危險艱難，但不會有大的災禍。

⊕占卜到這個爻表示面對眼前諸多困難，現在更應該兢兢業業，戒慎恐懼，謹慎能補千秋蟬，小心駛得萬年船。

姤四

天風姤

四樓（陽）形狀和窗戶不相符，坐不正位，和一樓（陰）經常打電話溝通，可是一樓（陰）和二樓（陽）早就陰陽配對了，四樓（陽）不僅無法和一樓（陰）相應相合，加上受到三樓（陽）同性相斥，四樓（陽）更無法包覆一樓（陰），就好像無法包覆一條魚一樣；四樓（陽）想要往上走也無法如願，因為又遇到五樓（陽）同性阻擾，如果四樓（陽）堅持要往上走，是會遇到險阻災禍的。

所以爻辭寫著：
九四：包無魚，起凶。
【白話】九四，廚房裡沒有魚，凶險由此而生。

⊕占卜到這個爻表示要爭取朋友和屬下的認同，自己要虛心受教，要順應時勢，不要堅持己見，冒然躁進，否則災禍立見。

卦意對照

卦次	圖解	卦意
姤五	天風姤　×　✕	五樓（陽）形狀和窗戶相吻合，坐得正位，和二樓（陽）無法相應支持，五樓（陽）位於上卦乾卦（天）的中央，獲得了一顆星星（君王），剛正的君王用了不相應也不正位的二樓（臣子），二樓（臣子）不得人心，五樓用人不慎，就好像是用杞樹苦葉包住甜瓜，備嚐苦甜滋味；五樓君王坐得正位，具有中正之德，雖然有時候會受到奸佞所遮蔽（二樓陽同性不正位），但是五樓仍舊剛健自持，在與臣子不合之時，仍可以見機行事，但五樓（陽）畢竟是個九五之尊上承天命，有時候甚至會有逆轉，猶如福氣從天而降似的。 所以爻辭寫著： 九五：以杞包瓜，含章，有隕自天。 【白話】九五，用杞樹枝葉包住甜瓜，含有文采，猶如隕石或稱心的機會自天而降。 ⊕占卜到這個爻表示艱難或不順心的事情較多，凶多吉少，但是自己要心誠守正，誠實以對不愧於人，可能會有一絲的機會逆轉情勢。
姤六	天風姤　×　✕	六樓（陽）形狀和窗戶不相符，坐不得位，和三樓（陽）不相應溝通，六樓（陽）已經位於最高樓，已經進無可進，沒有得到底下的支持，自己也很孤傲，但也不想要結群成黨，就好像是一隻獸角那麼堅硬，雖然是很難相處，六樓陽居因為剛柔並濟，沒有什麼好爭，最終也不會有什麼事。 所以爻辭寫著： 上九：姤其角；吝，無咎。 【白話】上九，碰觸到公羊頭上的角，處境艱難，但平安無事。 ⊕占卜到這個爻表示不要過於堅持己見，不要和別人爭強爭辯，既然前途可能會遇到艱難，倒不如轉念，無所爭，就不會有損傷，平安渡過。

第四十五卦

萃卦

萃＝屮（草）＋尖（青綠），表示草色青綠。

上面是澤下面是地（上卦兌卦是澤，下卦坤卦是地），澤在地上，有水匯集於大地成為澤地，土壤肥沃養育生物，草木因此繁殖茂盛。

❖【兌上坤下】　澤地萃

整棟樓的澤水在地上，就好像是君王召集臣民聚集在宗廟等場所，看到五樓（君王）和二樓（臣子）都坐得正位，君臣上下一心，讓君王可以聚集民力而達到長治久安，而人民也能夠見到君王，這是一個上下交親的氣象。

所以爻辭寫著：

萃，亨。王假有廟，利見大人，亨，利貞。用大牲吉，利有攸往。

【白話】《萃卦》象徵聚合：亨通，君王到宗廟裡祭祀，利於會見德高望重的大人物，亨通無阻，利於堅守正道。用牛羊等大的祭品獻祭，吉祥如意，利於有所行動，有所作為。

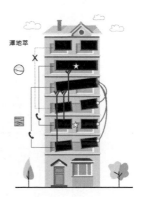

卦意對照

卦次	圖解	卦意
萃一	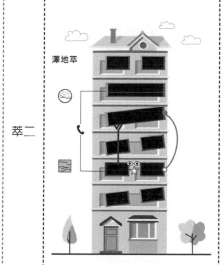	一樓（陰）形狀和窗戶不相符，坐不得位，和四樓（陽）經常相應溝通，但是一樓（陰）本身就不正，而且和二樓（陰）、三樓（陰）攪和在一起，雖然一樓（陰）可以取信於四樓（陽），但是自己就很亂，所以即使四樓有誠信的念頭，最終還是會失信的。但是一樓（陰）畢竟身處最底層，只要一樓（陰）能夠堅守正道，展現誠意，向四樓（陽）求救，四樓（陽）還是會鼎力相助，支持一樓往上走的。 所以爻辭寫著： 初六：有孚不終，乃亂乃萃；若號，一握為笑；勿恤，往無咎。 【白話】初六，心懷誠信卻有始無終，一旦失信於天下，則將引起混亂。如果你向上天呼號，就破涕為笑。用不著憂慮，前去行事，平安無事。 ⊕占卜到這個爻表示必須心誠守正，不可妄言失信，如果想要耍小聰明獲得不義之財，最終還是會壞事的；千萬不要輕視對方，自己要把持正直的道路，才能夠順利行事。
萃二		二樓（陰）形狀和窗戶相吻合，坐得正位，和五樓（陽）經常打電話溝通，二樓（陰）位於下卦坤卦（地）的中央，獲得了一顆星星（臣子），二樓本身坐得正，就可以吸引和結合一樓（陰）、三樓（陰）共同向五樓（陽，君王）輸誠，形成了君臣和諧的局面。 所以爻辭寫著： 六二：引吉，無咎；孚乃利用禴。 【白話】六二，獲貴人指引，長久吉祥，平安無事；內心懷著虔誠，大有利於舉行禴祭（即夏祭，古代四季祭祀之一），雖是薄祭仍為有利。 ⊕占卜到這個爻表示心意比實物更重要，要用心誠感人交友，不要用貴重的禮物誘人，凡事先求問心無愧，嚴己待人，廣結好友，則事情將會順利達成目的。

卦意對照

卦次	圖解	卦意
萃三	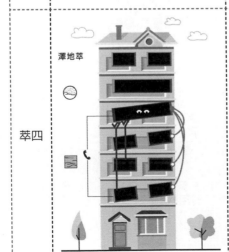	三樓（陰）形狀和窗戶不相符，坐不正位，和六樓（陰）無法相應溝通，三樓（陰）本身就位於下卦坤卦（地）的最上端，不是中位也不是正位（陰居陽位），上無六樓（陰）相應而下遇到二樓（陰）同性相斥，只能自己哀嘆，沒有獲得什麼利益；所幸往上四樓（陽）可以陰陽相合，並進而上見五樓（陽，君王），可是一直沒有受到六樓（陰）的相助，有一些小小的遺憾。 所以爻辭寫著： 六三：萃如，嗟如，無攸利；往無咎，小吝。 【白話】六三，聚合的希望在歎息聲中破滅，憂愁嗟嘆，做什麼都不會順利；前去行事不會遇到什麼災禍，只有一些小小的麻煩。 **⊕占卜到這個爻表示沒有多少人會幫忙，做事情困難點頗多，甚至沒有獲利而且不太順利，但是還是要心存誠信，堅守自己要走的道路前進，要順勢而為，不要獨斷獨行，細察紛亂的情境找一條生路。**
萃四		四樓（陽）形狀和窗戶不相符，坐不得位，和一樓（陰）經常打電話溝通，但是四樓（陽）鄰近五樓（陽，君王），四樓是一位大臣而且率領底下眾陰（一至三樓），歸順於五樓君王，是大吉利之象。 所以爻辭寫著： 九四：大吉，無咎。 【白話】九四，大吉大利，平安無事。 **⊕占卜到這個爻表示事情進行順利，有朋友相助，要心存感恩，永固友情。**

卦意對照

卦次	圖解	卦意
萃五	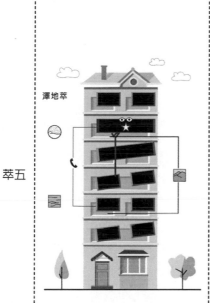	五樓（陽）形狀和窗戶相吻合，坐得正位，和二樓（陰）相應溝通，五樓（陽）位於上卦兌卦（澤）的中央，獲得了一顆星星（君王），五樓獲得了二樓（陰）帶領底下三層（陰）投效君王，五樓是可以君臨天下。但是美中不足的是，五樓（陽）受到四樓（陽）的同性阻隔，無法完全接受底下三層樓（陰）的輸誠，而且五樓（陽）受到整棟樓共有四層樓（陰）的包圍，有君王被小人圍住的情況，所以只要五樓（陽）自己自省守正，力行君王應行之道，仍然是可以獲得眾民景仰的。 所以爻辭寫著： 九五：萃有位，無咎，匪孚；元永貞；悔亡。 【白話】九五，當萬方聚合之時居於尊貴的高位，即使心力交瘁，平安無事，但心力交瘁是失信於民的緣故，從一開始就要堅守正道，則悔氣消亡。 ⊕占卜到這個爻表示最近的情況不是很理想，有一些流言或誤解使得事情不太順利，但是以長遠來看是會慢慢轉好，但重要的是自己要把持守中誠信之道，才能化險為夷。
萃六	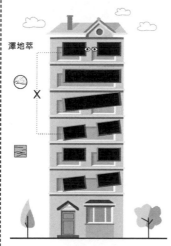	六樓（陰）形狀和窗戶相吻合，坐得正位，和三樓（陰）無法溝通相應，六樓已經位於最高樓，不僅前無進路，而且底下也不支持，自己孤單地坐在最高樓，又在五樓（君王）之上而有不安的心理，當然會孤立無助地悲傷哭泣；所幸六樓（陰）自己坐得正位（陰居陰位），所以只要六樓能夠自省悔悟，知過改過，最終還是會沒事的。 所以爻辭寫著： 上六：齎咨涕洟，無咎。 【白話】上六，唉聲嘆氣，憂心忡忡，但是平安無事。 ⊕占卜到這個爻表示目前沒有朋友相助，自己必須自力更生，自己要能夠自省改過，不要怨嘆別人，事情慢慢地就會順利了。

第四十六卦

升卦

𣥂 在 𣥂（長柄勺）上加 ⺊，表示酒斗在滴淌著酒，好像是將盛酒的酒斗從酒罈裡提起。

地在上風木在下（上卦坤卦是地，下卦巽卦是風屬木），有如埋在地下的種籽破土而出，向上生長。

❖【坤上巽下】　地風升

整棟樓是上升的力量，二樓（陽，臣子）向上支持五樓（陰，君王），五樓位於上卦坤卦（地）廣納百川，當然會接受二樓剛強臣子，往上升的氣氛就是往光明面走，南方光明有利於行。

所以爻辭寫著：

升，元亨，用見大人，勿恤，南征吉。

【白話】《升卦》象徵上升：起頭亨通，宜於會見權高位尊的大人物，不必憂慮，向南方出征，吉利。

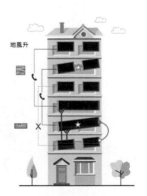

卦意對照

卦次	圖解	卦意

升一

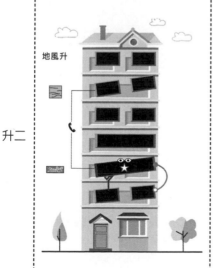

地風升

一樓（陰）形狀和窗戶不相符，坐得正位，和四樓（陰）無法相應溝通，但是一樓（陰）正在最底層，就好像是在地底下正要往上走，剛好二樓（陽）、三樓（陽）可以和一樓（陰）陰陽相合，有利於一樓往上走。

所以爻辭寫著：
初六：允升，大吉。
【白話】初六，在貴人的支持下，獲得晉升，大吉大利。

⊕占卜到這個爻表示有貴人或朋友相助，也可能有升遷的機會，但是自己要謙遜虛心，不強求，自然會有上升的機會。

升二

地風升

二樓（陽）形狀和窗戶不相符，坐不正位，和五樓（陰）經常打電話溝通，二樓（陽）位於下卦巽卦（風）的中央，獲得了一顆星星（臣子），心懷虔誠向五樓（陰，君王）輸誠，必敬之以禮，但心誠遠比禮物重要，即使是個薄禮，五樓（君王）感於二樓（臣子）的至誠，還是會接納的。

所以爻辭寫著：
九二：孚乃利用禴，無咎。
【白話】九二，只要內心恭敬虔誠，即使微薄的禴祭也可以感動神靈，平安無事。

⊕占卜到這個爻表示要用誠意竭力服務，竭誠支持主管和朋友，不要在乎用厚禮相迎，要真正地出自內心的誠正心意，則事情將會順利。

卦意對照

卦次	圖解	卦意
升三	地風升	三樓（陽）形狀和窗戶相吻合，坐得正位，和六樓（陰）相應溝通，三樓（陽）往上獲得了四樓（陰）陰陽相合，而且可以一路往上都是陰，直上六樓而無礙。 所以爻辭寫著： 九三：升虛邑。 【白話】九三，爬升到山丘的城邑。 ⊕占卜到這個爻表示事情進行得很順利，但是也有一個隱憂，就是可能爬升得很快，可是獲得的卻是有名無實的職位，應當戒慎之，前進的程序與步驟還是依照一般情況進行為宜。
升四	地風升	四樓（陰）形狀和窗戶相吻合，坐得正位，和一樓（陰）無法相應溝通，四樓（陰）往上侍奉五樓（君王），四樓本身是陰而順從，也廣納了二樓（陽）、三樓（陽）等大臣，所以四樓（陰）當其位且謹守臣位。 所以爻辭寫著： 六四：王用亨於岐山，吉，無咎。 【白話】六四，君王到岐山祭祀神靈，吉祥如意，平安無事。 ⊕占卜到這個爻表示要明白自己的位置，應該克盡職守，無論是向上或往下都心誠守正，謙遜為德，則自然順利。

卦意對照

卦次	圖解	卦意
升五	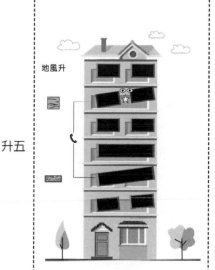	五樓（陰）形狀和窗戶不相符，坐不得位，和二樓（陽）經常打電話溝通，五樓（陰）位於上卦坤卦（地）的中央，獲得了一顆星星（君王），君王陰居陽位而不專權，有四樓（陰，大臣）的相助，又得到三樓（陽）無礙地往上支持，更得到二樓（陽）相應，五樓（陰，君王）信任眾臣，而眾臣也有往上升遷之道，大得志也。 所以爻辭寫著： 六五：貞吉，升階。 【白話】六五，占問吉祥，乘勢沿著臺階一級一級穩步上升。 ⊕占卜到這個爻表示將會依程序逐步升遷，或是有逐步達到目標的機會，但是自己要謙遜虛心廣納建言，則自然會有朋友相助。
升六	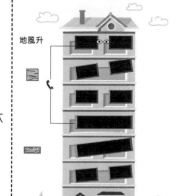	六樓（陰）形狀和窗戶相吻合，坐得正位，和三樓（陽）相應溝通，六樓（陰）已經位於最高樓，卻只想前進而不知退，只想再求上升而貪得無厭，腦筋已經處於昏暗的情況了。幸好有三樓（陽）的相應支持，所以六樓（陰）只要回歸到本質（陰居陰位），自我修心養性，才能夠趨吉避凶而長存。 所以爻辭寫著： 上六：冥升，利於不息之貞。 【白話】上六，在昏暗幽冥稀裡糊塗的狀態下再攀升，利於堅持不懈地保持純正品性。 ⊕占卜到這個爻表示不要盲目躁進，妄視無止盡的求利行為，要及時知過改過，堅守知足正道，就可以安然渡過。

第四十七卦

困卦

$\boxed{\text{困}}$ = $\boxed{\text{口}}$（石砌的花池）＋ ※（木，樹），表示接近根部的樹幹被地面上石砌的池子限制，生長受阻。

上面是澤下面是水（上卦兌卦是澤，下卦坎卦是水），水在澤下，水聚在澤底無法流動，池中之水遇到了障礙，有漸漸枯竭之象。

❖【兌上坎下】　澤水困

整棟樓雖然處於困的情境，但是五樓（君王）和二樓（臣子）都是陽剛，只要君子堅守正道，行中正之德，仍然會順利的。但是二樓和五樓上面都有陰小人，不免會有口舌諂媚之言，所以會有言語不守信的情況發生。

所以爻辭寫著：

困，亨，貞，大人吉，無咎，有言不信。

【白話】《困卦》象徵困頓：亨通，占卜結果表明，大人物可以獲得吉祥，平安無事；但是不論怎麼申辯，別人都不相信。

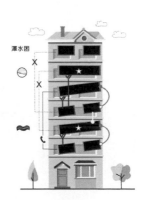

卦意對照

卦次	圖解	卦意
困一	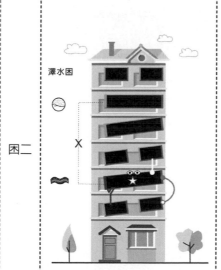	一樓（陰）形狀和窗戶不相符，坐不正位，和四樓（陽）經常打電話溝通，但是一樓（陰）位於坎卦（水）最底端，本身就身處坎險陷坑之內，行動本來就很艱難了，加上四樓（陽）雖然想要支援，但是四樓自己位於上卦兌卦（澤）之下受到水流注入，而且也受到三樓（陰）的相合牽制而無法去支援一樓，這正使得一樓（陰）的處境更加艱困，而且這種困境會拖很多年。 所以爻辭寫著： 初六：臀困於株木，入于幽谷，三歲不覿。 【白話】初六，臀部被刑杖打傷，身陷黑暗的監獄牢房，三年不與外人相見。 ⊕占卜到這個爻表示目前身陷困境，或是昏昧不明的情況，正值此時只能耐心靜心等待，或利用這段時間充實自己以待時機運轉。
		二樓（陽）形狀和窗戶不相符，坐不正位，和五樓（陽）無法相應溝通，二樓（陽）位於下卦坎卦（水）的中央，獲得了一顆星星（臣子），但是二樓身處於坎險之中而且位不正（陽居陰位），特別是在這整棟樓困的情境下，又得不到五樓（陽，君王）的支持，二樓（陽）即使有酒食也不能歡喜飲食。但是二樓的上下兩層都是陰（一、三樓），雖然身處坎險，但是如果能夠不要冒進知止，是不會有事的。 所以爻辭寫著： 九二：困於酒食，朱紱方來，利用亨祀；征凶，無咎。 【白話】九二，沒有醇酒美食可食，穿大紅祭服的人剛好來到。利於舉行祭祀。如果出征有凶險。平安無事。 ⊕占卜到這個爻表示目前處於困境，情況複雜，隨時有艱難的事情發生，不要急躁行事，心也要靜下來理性思考與分析，才能夠趨吉避凶。

卦意對照

卦次	圖解	卦意
困三	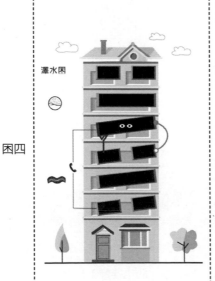 澤水困	三樓（陰）形狀和窗戶不相符，坐不正位，和六樓（陰）無法打電話溝通，三樓仍然位於下卦坎卦（水）陷坑之內，在整棟樓困的情境之下，四、五樓（陽）壓迫著三樓（陰），二樓（陽）也是抵著三樓（陰），三樓的情況就好像是上有巨石壓著，又坐在多刺的蒺藜之上；三樓（陰）想要往上去面見六樓（陰），卻因為同性相斥而不可見，就好像是回到家見不到妻子一樣，進退不得，最為困難。 所以爻辭寫著： 六三：困於石，據於蒺藜；入於其宮，不見其妻，凶。 【白話】六三，被石頭困綁，手撐在蒺藜之上；回到家中，又不見自家妻室，凶險。 ⊕占卜到這個爻表示現在的處境困頓之極，孤立無援，艱難不順，只能靜待轉運的時機到來。
困四	澤水困	四樓（陽）形狀和窗戶不相符，坐不正位，和一樓（陰）經常相應溝通，四樓（陽）想要去營救仍在下卦坎卦（水）陷坑的一樓（陰），但是四樓本身不正位（陽居陰位）力量不足，而且時運不濟，因為四樓就是駕駛豪華的車輛下行，途中遇到下卦坎卦水險泥坑，以及二樓（陽）的阻擾，車輛必然受困難行。但是四樓陽剛且有一樓溝通相應，只要不要躁進，慢慢循序前進，雖然過程有艱難，但是最終應該不會有事的。 所以爻辭寫著： 九四：來徐徐，困於金車，吝，有終。 【白話】九四，慢慢地走來，被金黃色車子阻困，會遇到一些艱難，但最終會有好的結局。 ⊕占卜到這個爻表示雖然身處困境，要本於謙遜之道而隨機應變，逐次解決困難，不要急躁，要理性分析困難點和有效解決方法，事情才會進行順利。

卦意對照

卦次	圖解	卦意
困五	澤水困	五樓（陽）形狀和窗戶相吻合，坐得正位，和二樓（陽）無法打電話溝通，五樓（陽）位於上卦兌卦（澤）的中央，獲得了一顆星星（君土），但是在整棟樓困的情境之下，五樓君王是最艱困的君王，上面有六樓陰險小人，下面二樓（臣子）陽剛不相應也不聽話，逼得五樓（君王）只能使用刑罰誅滅小人，其強烈手段也令赤膽忠心的臣民紛紛走避，讓君王困於無援的困境；所幸五樓（陽）身處君王之位，而且守正位（陽居陽位），又獲得四樓（陽）大臣的支持，只要能夠減緩改革的腳步，循序漸進慢慢進行，困境能夠緩解，加上五樓能夠以虔誠之心祭祀神明，應該能夠窮而通，險而悅，終能脫離困境。 所以爻辭寫著： 九五：劓刖，困於赤紱；乃徐有說，利用祭祀。 【白話】九五，割鼻子剁腳的酷刑，被穿紅色祭服的人困擾；但慢慢地有所解脫走出困境，應當虔誠地祭祀神靈，求神保佑。 ⊕占卜到這個爻表示目前的艱難困境只是暫時情況，但是自己要心誠守正，要細察分析艱難關鍵之處，循序解決，應該可以慢慢地解脫而讓事情順利進行。
困六	澤水困	六樓（陰）形狀和窗戶相吻合，坐得正位，和三樓（陰）無法相應溝通，六樓（陰）位於最高樓，性情柔順而無法當機立斷，想要控制底下五樓（陽）、四樓（陽）卻力量小難以如願，不想要動只想安靜即可，卻位於最高樓尊位而失去應有的職責，身處於這種糾葛不清的困境，不僅心裡不安而且動輒得咎。六樓（陰）身處正位（陰居陰位）應該居高思危，知過改過，已經到了最高樓有反轉的跡象，有困極而通的機會，所以應該徹底改變以往動搖不安，依賴別人的作風，要奮發自強，勉力進行，將可迎刃而解而脫離困境。 所以爻辭寫著： 上六：困於葛藟，於臲卼；曰動悔，有悔，征吉。 【白話】上六，被藤蔓和木樁困綁，動輒得咎，有晦氣。出征或有所行動，吉利。 ⊕占卜到這個爻表示困極而通，雖然目前身陷艱難處境，但是要檢討造成這個困境的原因，可能是自己的觀念使然，所以要反轉觀念和做事態度，用全新的方法與立場努力克服眼前的難關，將會有解除困境的一天。

第四十八卦

井卦

┆┆ 像兩縱兩橫構成的方形框架，表示人工開鑿的提取地下水、有方形護欄的水坑。

上面坎卦為水，下面巽卦是風是木，木在水中有汲引之利，好像是用木桶打水上來，有資源提供之意。

❖ 【坎上巽下】　水風井

整棟樓水在上面，取水的木在下面，不斷地在井裡面提水上來供民生使用，所以城樓可以更改名稱或更換城主，但是井是不能更動的；每一天民眾都來這裡取水飲用，井也任人取用，沒有要求報償，而前來的人甚多甚雜，但只要依序取用，有秩序而不紊亂即可充分利用資源。但是如果不依循自然法則，取水只到井中間無法取水，或是搖晃不定而碰破了水瓶也無法取水，民眾沒有水是會有災禍的。

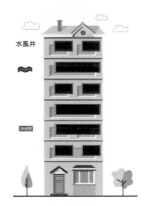

所以爻辭寫著：

井，改邑不改井，無喪無得，往來井井。汔至，亦未繘井，羸其瓶，凶。

【白話】《井卦》：象徵無窮：改建城邑或更換主人，不改動水井，對邑民沒有所失或所得。來來往往的人都到井裡來打水，井水乾涸淤塞，井壁碰破了水瓶，凶險。

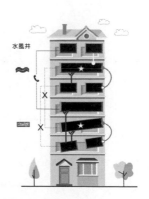

卦意對照

卦次	圖解	卦意
井一	水風井 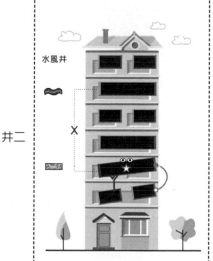	一樓（陰）形狀和窗戶不相符，坐不得位，和四樓（陰）不相應溝通，一樓（陰）位於整棟樓井的最下方，等於是在最底的井泥之中，這裡的井水汙穢而不能飲用；四樓（陰）也不關心照護一樓（陰），就讓一樓（陰）自己攤在底部，如果長此以往，這個井就會荒廢了，連禽獸也不會過來飲水。 所以爻辭寫著： 初六：井泥不食，舊井無禽。 【白話】初六，井底淤滿了污泥不能供人飲用，年久失修的廢井連禽獸也不來。 ⊕占卜到這個爻表示不可以故步自封，不要一直在自己的小圈子繞，要與時俱進，觀察時代的趨勢，不斷創新發展。
井二	水風井	二樓（陽）形狀和窗戶不相符，坐不得位，和五樓（陽）不相應溝通，二樓（陽）位於整棟樓的泥上井下的位置，就是存放的水也不多，不能供人飲用，只能讓鮒鯽使用，所以二樓（陽）不能大用而只能小用，但是二樓（陽）只願意和一樓（陰）相合混在井底，五樓（陽）又和二樓（陽）同性起衝突，就好像是五樓敵視而打破陶罐而漏水似的，二樓（陽）自己固執作為壞了很多事。 所以爻辭寫著： 九二：井穀射鮒，甕敝漏。 【白話】九二，井底容水的凹穴積水，可以射魚，汲水的甕也破損，漏水不能再用。 ⊕占卜到這個爻表示切記避免剛愎自用，固執己見，否則見識淺薄難成大事，如果仍然自視甚高，隨時會出紕漏的。

卦意對照

卦次	圖解	卦意
井三	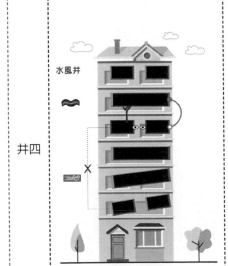 水風井	三樓（陽）形狀和窗戶相吻合，坐得正位，和六樓（陰）經常打電話溝通，三樓（陽）在整棟樓井當中已經有足夠的水，而且三樓陽居陽位表示水質清澈，可是相對應的六樓（陰）力量太弱，無法取水上來，使得無人前來飲用，殊為可惜；為了讓大家都能夠取水飲用，三樓（陽）就求助於五樓（陽，君王），五樓君王陽剛居於陽位，有汲引人才的權力，君王英明，大家都受到恩澤。 所以爻辭寫著： 九三：井渫不食，為我心惻；可用汲，王明，並受其福。 【白話】九三，井水去穢濁而清澈卻無法汲水使用，新邑主為我們感到心痛；井水終於可以汲水享用，君王英明，大家都受到他的恩惠福氣。 ⊕占卜到這個爻表示要注重人事任命，用對人就可以做對事，用人也要信任他，了解他，這樣事情才會順利。
井四	水風井	四樓（陰）形狀和窗戶相吻合，坐得正位，和一樓（陰）無法打電話溝通，四樓（陰）在五樓（陽，君王）隨侍在側，能夠順從五樓君王，但是四樓（陰）又受到三樓（陽）的進逼，也得不到一樓（陰）的相助，從三至五樓的形狀來看，四樓（陰）顯得中空且力量薄弱（陰），所以四樓要做一位好臣子，應該要加強自己的能力才能做好君王指示的政策，就像在井壁上加強修護保固工程一樣。 所以爻辭寫著： 六四：井甃，無咎。 【白話】六四，用磚石壘砌加固井壁，平安無事。 ⊕占卜到這個爻表示即使身處不利的條件與環境，也別忘了要加強自己的本職學能，才能夠為人所用，或獲取更好的機會。

卦意對照

卦次	圖解	卦意

井五

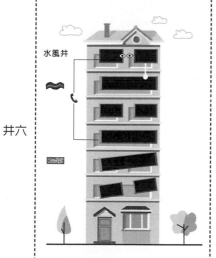
水風井

五樓（陽）形狀和窗戶相吻合，坐得正位，和二樓（陽）無法打電話溝通，五樓（陽）位於上卦坎卦（水）的中央，獲得了一顆星星（君王），自己又得正位（陽居陽位），從整棟樓井的位置，五樓剛好可以給民眾取水飲用，而且水質清澈甘美。

所以爻辭寫著：
九五：井冽，寒泉食。
【白話】九五，井水清澈明淨，甘甜涼爽的泉水，可以飲用。

⊕占卜到這個爻表示自己的才能品德兼備，可以做事或為人所用，但是要心誠守正，才能夠做有利於人的事情。

井六

水風井

六樓（陰）形狀和窗戶相吻合，坐得正位，和三樓（陽）經常打電話溝通，六樓（陰）已經位於最高樓，也是井的最豐收之時，要讓眾民享用，不要蓋上井口，讓眾民可以方便取用；六樓（陰）又受到三樓（陽）的支持，所以上下相誠，一幅大收成之象。

所以爻辭寫著：
上六：井收勿幕，有孚元吉。
【白話】上六，汲完水，收拾完井繩和汲水瓶，不要蓋上井口，以方便他人汲水。只要內心懷著一片誠意，起頭吉利。

⊕占卜到這個爻表示要心懷感恩，放開胸懷且誠信自守，則自有貴人或朋友前來相助，共同完成豐碩的成就。

第四十九卦

革卦

革＝苟（除滅）＋彐（雙手），表示手持工具除去獸皮上的獸毛。

上有澤下有火（上卦兌卦是澤，下卦離卦是火），如果上面池澤能蓄水就可以使底下的燥熱火氣消除，但是如果底下太陽炎熱溫度過高，底下的火熱之氣也可以使上面池澤水氣蒸發而乾涸，上下雙方都有能力改變彼此的狀態，所以有改革、變革之意。

❖【兌上離下】 澤火革

整棟樓上面澤和下面火，任何一方都有能力改變現狀，所以等到適當的時機，在可以改革的祭祀日子進行，是可以值得去做。

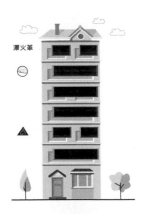

所以爻辭寫著：

革，己日乃孚，元亨利貞，悔亡。

【白話】《革卦》象徵變革：在可以變革的日子進行，可以得到萬民的信任支持，起頭吉祥，堅守正道，晦氣消亡。

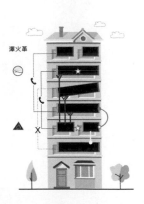

卦意對照

卦次	圖解	卦意
革一	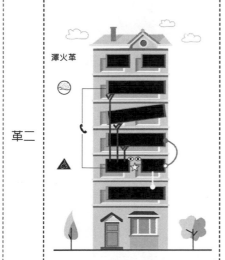澤火革	一樓（陽）形狀和窗戶相吻合，坐得正位，和四樓（陽）無法相應溝通，一樓（陽）雖然擁有改革的正當力量（陽居陽位），但是畢竟一樓（陽）位於最底層力量太小，時機末到，縱使一樓陽剛有可能過猛，但是要審度自己的位置，要像黃牛一般的耐力與毅力，穩紮穩打，不草率躁進，只要完成革新的基層任務即可。 所以爻辭寫著： 初九：鞏用黃牛之革。 【白話】初九，捆東西，要使用黃牛皮繩，才捆得牢靠。 ⊕占卜到這個爻表示**要重視基礎建設或基本能力，而且要堅守崗位持之以恆，有耐心和毅力地做完**。
革二	澤火革	二樓（陰）形狀和窗戶相吻合，坐得正位，和五樓（陽）經常打電話溝通，二樓（陰）位於下卦離卦（火）的中央，獲得了一顆星星（臣子），這位大臣想要革新有作為，有五樓（陽，君王）的支持，又有一樓（陽）致力於基礎建設的改革助力，二樓（陰）往上走也得到三樓（陽）的相合，所以往上走是可行的。 所以爻辭寫著： 六二：己日乃革之，征吉，無咎。 【白話】六二，在改革的日子革除改變。出征或有所行動，吉祥，平安無事。 ⊕占卜到這個爻表示**改變的時候到了，要留意時局並掌握時機，創造新局**。

卦意對照

卦次	圖解	卦意
革三	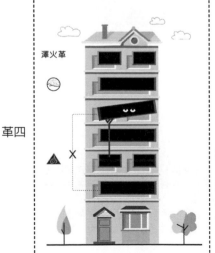 澤火革	三樓（陽）形狀和窗戶相吻合，坐得正位，和六樓（陰）相應溝通，三樓（陽）位於下卦離卦（火）最上端，不是中位有偏執的剛性，三樓（陽）往上遇到四樓（陽）同性相斥，過於剛猛前進會有凶險；三樓（陽）自己坐得正位（陽居陽位）有能力自己反省改過，三樓（陽）可以和二樓（陰）搭配相合，從事革新的工作，雖然過程艱難，但是六樓（陰）也有支持，就是經過多次的努力，只要持續進行，並且反思改過，大家都會相信三樓的誠意與信念的。 所以爻辭寫著： 九三：征凶，貞厲；革言三就，有孚。 【白話】九三，出征或急進，占問會有艱難或危險；改革經過數次征戰，贏得人們的信賴而建立威信。 ⊕占卜到這個爻表示要有耐心去溝通改變的事情，不要剛愎自用急躁行事，這樣會壞事的，只要堅守正道，努力持穩地做，是會獲得朋友支持的。
革四	澤火革	四樓（陽）形狀和窗戶不相符，坐不正位，和一樓（陽）無法相應溝通，四樓陽居陰位剛柔並濟，所以不會有太大的禍患，而且四樓（陽）已經位於上卦兌卦之內，改革的時機到了，可以輔佐五樓（陽，君王）進行改革工作，上下交心信念一致，是可以成功的。 所以爻辭寫著： 九四：悔亡，有孚改命，吉。 【白話】九四，晦氣消亡，贏得人民的信賴，建立威信，吉利。 ⊕占卜到這個爻表示目前正值改變的關鍵時刻，要有堅定的信念，明確的目標及做法，就可以行動了。

卦意對照

卦次	圖解	卦意
革五	澤火革	五樓（陽）形狀和窗戶相吻合，坐得正位，和二樓（陰）經常相應支持，五樓（陽）位於上卦兌卦（澤）的中央，獲得了一顆星星（君王），君王力行改革，達到改革換新的目標，就像一隻老虎蛻變成光明華麗的斑紋一般，不需進行占卜，就知道君王德孚眾望，眾民共信。 所以爻辭寫著： 九五：大人虎變，未占有孚。 【白話】九五，偉人的人物像猛虎一樣閃耀華麗斑紋，不必占問，肯定得到人們的信賴。 ⊕占卜到這個爻表示現在進行改變的工作應該正是時候，而且應該會有很好的成績。
革六	澤火革	六樓（陰）形狀和窗戶相吻合，坐得正位，和三樓（陽）經常打電話溝通，六樓已經位於整棟樓的最高樓，改革已成氣象煥新，就像豹子斑斕的花紋一般，而且連小人也表現地順從，但是六樓（陰）已經完成改革，而目前無進路，如果不守住成就卻執意還要進行改革，將會有凶險，六樓（陰）要自知自己坐得正位（陰居陰位），只要堅守正道，作息正常，安居樂業，則吉祥平安。 所以爻辭寫著： 上六：君子豹變，小人革面；征凶，居貞吉。 【白話】上六，諸侯王公改革如豹子華麗斑斕的花紋，小民百姓也改變面容，出去征戰有凶險，利於居而守正可以得到吉祥。 ⊕占卜到這個爻表示目前已經有上下離心的跡象，所以不宜繼續進行改變的進程，最好安守已經改變的成果，才能持盈保泰。

第五十卦

鼎卦

　　𣇄 像有足 𠂤、有提耳 △ 的青銅容器，也是煮具，盛行于商周時期，最早用於皇宮祭祀時熬制美食。

　　上面離卦是火，下面巽卦為風和木，火在木上燃燒，得風之助，常見的景象就是在火上烹煮食物，有用鼎烹飪與祭祀之意。

❖【離上巽下】　火風鼎

　　整棟樓下面巽卦謙遜，上面離卦光明，五樓（君王）陰居陽位，二樓（臣子）陽居陰位，上下相應齊心，鑄成鼎為烹飪器具，烹牲獻祭於上帝，是全體百姓的大吉。

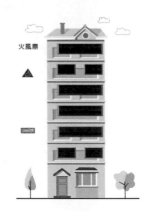

　　所以爻辭寫著：

　　鼎，元吉亨。

　　【白話】《鼎卦》象徵革故鼎新：起頭吉祥，亨通。

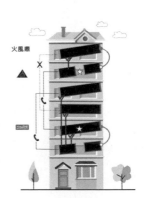

卦意對照

卦次	圖解	卦意
鼎一	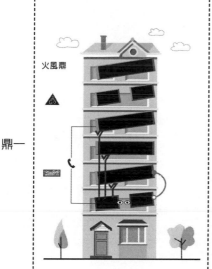	一樓（陰）形狀和窗戶不相符，坐不正位，和四樓（陽）經常打電話溝通，但是一樓本來應該是陽，現在卻是陰居陽位，等於是鼎的腳不對位，等於是將鼎顛倒了，不過這次的顛倒是要將雜物傾倒出來，洗淨後以盛入清潔的祭品。而一樓（陰）和四樓（陽）相應，四樓是鄰近五樓（君王）的大臣，大臣的妾（一樓，陰為妾，不是妻）獲得了一子，使社稷之主不會中斷，也是一件好事。 所以爻辭寫著： 初六：鼎顛趾，利出否；得妾以其子，無咎。 【白話】初六，鼎足顛倒朝天，利於倒出廢物。得到妾生的兒子，平安無事。 ⊕占卜到這個爻表示**要留意是否還有陋習陋規仍然存在，務必要改革清除，事情才能夠順利進行，可能有一些意外之事，基本上大多是好事。**
鼎二	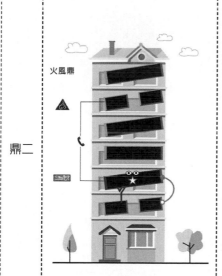	二樓（陽）形狀和窗戶不相符，坐不正位，和五樓（陰）相應溝通，二樓（陽）位於下卦巽卦（風）的中央，獲得了一顆星星（臣子），二樓的位置（陽）在整棟樓鼎就好像是鼎裡面裝了祭品，是有實物（陽）的鼎了。但是二樓臣子和五樓君王都不得位（二樓陽居陰位，五樓陰居陽位），上下君臣不得位的相處很容易變成仇人，而且五樓（陰）有君王的名（五樓陽位）卻無君王的權（陰），身體也不健康，力量不足君德不彰，無法去逼迫二樓。然而二樓（陽）居陰位，自己剛強卻能自卑，自己坐中位也常戒慎恐懼，保有自己的位置，所以不會有任何禍患。 所以爻辭寫著： 九二：鼎有實，我仇有疾，不我能即，吉。 【白話】九二，鼎內盛滿了食物，我的伴侶有病，不能和我一起用餐，吉祥。 ⊕占卜到這個爻表示**要知道進退，即使自己有真才實學，也要謹慎行事，潔身自愛，這樣不僅不會有事，也較容易受到上級的賞識。**

卦意對照

卦次	圖解	卦意

鼎三

火風鼎

三樓（陽）形狀和窗戶相吻合，坐得正位，和六樓（陽）無法溝通相應，三樓（陽）本身就位於下卦巽卦（風）的最上端，本身就是偏位而且過於陽剛，加上上下兩層樓（陽）的同性阻擋，使得三樓進退阻滯不通，這就好像是把美味的食物傾倒在地而不能食用一樣，處境很艱難。還好五樓（陰，君王）會幫助三樓（陽），就好像是久旱逢甘雨，災象解除，本來艱難的事情就會慢慢地緩解，最終轉凶為吉。

所以爻辭寫著：
九三：鼎耳革，其行塞，雉膏不食；方雨虧悔，終吉。
【白話】九三，鼎耳脫落，無法移走搬運，肥美的野雞肉無法食用；剛好下雨，毀了美食，真是晦氣，重新煮沸，最終還可以獲得吉祥。

⊕占卜到這個爻表示目前做事情經常不順，阻礙甚多，這段時間要有耐心，不煩躁，靜心處理終會有好結果到來的。

鼎四

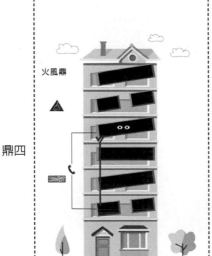

火風鼎

四樓（陽）形狀和窗戶不相符，坐不正位，和一樓（陰）經常打電話溝通，四樓的位置是一位大臣，四樓要侍奉五樓（君王），四樓還要支援一樓（陰），但是四樓陽居陰位不得位，做事情的實力不足，又好大喜功，自己包攬了這麼多事，終於無法勝任；這就好像是一直放食物進入鼎內，鼎終於不勝負荷而折斷了鼎足，使得鼎內的美味佳餚散落滿地。

所以爻辭寫著：
九四：鼎折足，覆公餗，其形渥，凶。
【白話】九四，鼎腳折斷了，王公鼎裡的美食傾倒出來了，鼎身被玷污看似齷齪，凶險。

⊕占卜到這個爻表示有用人不當之虞，或是自己好大喜功不自量力，極可能會壞了大事，甚至招惹官司，要及時戒慎之。

卦意對照

卦次	圖解	卦意
鼎五	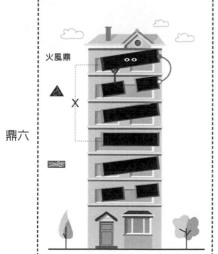 火風鼎	五樓（陰）形狀和窗戶不相符，坐不得位，和二樓（陽）相應溝通，二樓本來就有「鼎有實」的豐厚實力，使得五樓（陰）以虛受實，更有君王之尊。 所以爻辭寫著： 六五：鼎黃耳金鉉，利貞。 【白話】六五，啓用新鼎，配上黃色的銅耳和銅鼎杠，利於堅守正道。 ⊕占卜到這個爻表示要堅守中道，同時要廣納建言，公正處理，以厚實自己做事的實力，並保有最佳的成果。
鼎六	火風鼎	六樓（陽）形狀和窗戶不相符，坐不得位，和三樓（陽）無法溝通相應，六樓（陽）位於最高樓，陽居陰位剛柔並濟，鼎內的食物已然全熟，可以拿給眾人食用，鼎的功能已經發揮最大的功能，全其養人之功。 所以爻辭寫著： 上九：鼎玉鉉，大吉，無不利。 【白話】上九，新鼎配上美玉的鼎杠，十分吉祥，無往不利。 ⊕占卜到這個爻表示目前事情一切順利，但不要因而自滿，要有虛懷之心保持目前最佳狀態。

第五十一卦

震卦

$\frac{\textbf{J}}{} = \textbf{用}$（振）+ ⺊（止，兩點、'表示雙腿發抖），表示天雷振撼天地，令人恐懼發抖。

上卦和下卦都是一樣，兩個陰在上，一個陽在下，上面強大的陰性磁場逼得底下的陽性磁場發出強大爆發力，震雷自下而發，其氣勃鬱，但雷電行於天上，其行突兀，萬物皆驚起隨之震動。

❖【震上震下】 震為雷

整棟樓上下都是雷，雷聲震動聲響大，突然傳來經常會使人驚惶四顧，但是只要事先有戒備防範，仍然可以和別人一樣，笑嘻嘻地處理。

所以爻辭寫著：

震，亨。震來虩虩，笑言啞啞；震驚百里，不喪匕鬯。

【白話】《震卦》象徵震動的雷聲：雷聲傳送過來令人恐懼，然而君子卻能安之若素，言笑如故；即使雷聲震驚百里之遙，主管祭祀的人卻能做到從容不迫，手中的匙和酒都未失落。

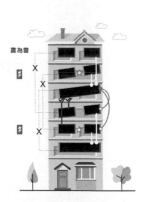

卦意對照

卦次	圖解	卦意
震一	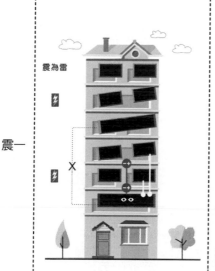	一樓（陽）形狀和窗戶相吻合，坐得正位，但是四樓（陽）卻不和一樓打電話溝通，一樓（陽）沒有上面照應，突然聽到雷聲而驚恐，知道恐懼就要懂得反省，一樓（陽）往上遇到二樓（陰）、三樓（陰）陰陽相合順利上行，加上一樓陽居陽位坐正位，可見一樓（陽）懂得自省，及早防備，內心自樂，謹慎則吉。 所以爻辭寫著： 初九：震來虩虩，後笑言啞啞；吉。 【白話】初九，雷聲傳送過來令人恐懼，君子亦應知恐懼而修省，而後言笑自若，結果是吉祥的。 ⊕占卜到這個爻表示剛開始經驗不足，會有很多意外之事發生，一回生兩回熟，只要經驗多了則行事自然有法則可循，事情就順利了。
震二	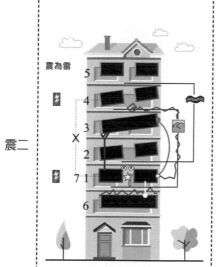	二樓（陰）形狀和窗戶相吻合，坐得正位，又位於下卦震卦（雷）的中央，得了一顆星星（臣子），但是五樓（陰，君王）卻不和二樓相應溝通，一樓（陽）的雷聲震動驚駭了二樓（陰），往上又遇到盜賊（三至五樓組成坎卦水險盜賊），使得二樓丟失了錢財，二樓趕緊跑到高山上去（二至四樓組成艮卦山），其實不需要，因為一樓雷響最終還是會停，二樓回歸到平靜的境地，只要過了七天，就會失而復得了。 所以爻辭寫著： 六二：震來厲；億喪貝，躋於九陵，勿逐，七日得。 【白話】六二，驚雷震動，唉，把貝幣都丟失了。攀登到高高的九陵上邊去尋找，不必去找了，待到七天自會失而復得。 ⊕占卜到這個爻表示要記得柔順勝剛強，要忍一時的不方便，暫時避開鋒頭，順著自然的循環道理，事情就會平坦順利。

卦意對照

卦次	圖解	卦意
震三	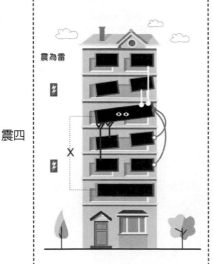	三樓（陰）形狀和窗戶不相符，坐不得位，而且也不和六樓（陰）打電話溝通，三樓受到一樓雷聲作響，距離較遠所以雷聲稀稀疏疏，但是已經讓三樓畏懼不安（陰居陽位不得位），神氣散漫；還好在這段雷聲當中，三樓（陰）和四樓（陽）陰陽相合，三樓往上而無阻礙，不會招來大禍。 所以爻辭寫著： 六三：震蘇蘇，震行無眚。 【白話】六三，雷震動聲響稀稀疏疏，在雷聲中行走，不會有災異。 ⊕占卜到這個爻表示有些意外之事沒有想像那麼嚴重，只要仔細分析其成因與過程，就知道解決方法，事情就順利進行了。

四樓（陽）形狀和窗戶不相符，坐不得位，而且一樓（陽）也不溝通相應，從整棟樓的形狀來看四樓，四樓恰恰位於大大的坎卦的中央，因為四樓（陽）的上面有兩個陰（五、六樓），下面也有兩個陰（二、三樓），四樓（陽）被四個陰圍住，動彈不得，就好像一個人墜落在低窪的泥地上，使得整個震雷上升的氣勢突然往下墜落。

所以爻辭寫著：
九四：震遂泥。
【白話】九四，雷霆擊落至泥地上。

⊕占卜到這個爻表示目前身處艱難情境，還要磨練多時，日後才有出頭之日。

震四

震為雷

卦意對照

卦次	圖解	卦意
震五	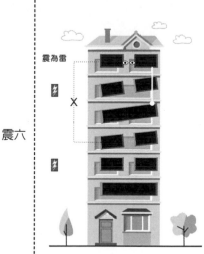	五樓（陰）形狀和窗戶不相符，坐不得位，又位於上卦震卦（雷）的中央，得了一顆星星（君王），但是不和二樓（陰，臣子）相應溝通，五樓（陰）本身柔弱（陰）沒有陽剛之德，往上遇到坐了正位的六樓（陰）會遭遇強擊，向下又遇到四樓（陽）的強逼，五樓進退兩難也可能有危險；所幸五樓本身位於中位尊位，自己只要堅守正道足以自保，如果能夠心誠守中，雖然不能有大成就，至少也小有成就。 所以爻辭寫著： 六五：震往來厲；億無喪，有事。 【白話】六五，雷上下震動，危險；猜想不會有甚麼損失，要去做祭祀。 ⊕占卜到這個爻目前雖然身處於艱難的情境，只要心誠守中，穩定自己的步伐，還是能夠化險為夷，沒有損失的。
震六		六樓（陰）形狀和窗戶相吻合，坐得正位，和三樓（陰）不相應溝通，六樓（陰）已經位於最高樓，如果遇到任何事故，心中難免危懼不安而外表慌張，而且六樓已經前無進路，加上心慌慌，這時候如果堅持要征戰，有凶險。但是六樓心慌慌主要是沒有事先防範所致，而且四樓的震雷聲響只有傳到五樓，只是六樓鄰居而已，未達到六樓，所以實際上沒有事，但即便如此，六樓驚懼心慌的表現還是不免會被責罵的。 所以爻辭寫著： 上六：震索索，視矍矍，征凶；震不于其躬，於其鄰，無咎；婚媾有言。 【白話】上六，雷電交加，令人恐懼不安，驚懼四顧，如果有所行動就會有凶險；不過，當雷震還沒有打在自家上，而打到鄰家，平安無事；涉及婚配之事，將會引起閒言碎語。 ⊕占卜到這個爻表示要理性以對，不要一有事情就情緒化而亂了陣腳，冷靜分析其事故成因，對症下藥，縱使別人責難，自己也要抓穩做事的正確方向。

第五十二卦

艮卦

👁 = ⊙（目）+ 人（人），表示向後看，有回望怒視之意。

艮卦的形狀看起來像一座山（上面是陽爻，底下兩個陰爻），兩山重疊，前後都是山，前進中遇到高山阻擋而停滯，應定靜而後行。

❖【艮上艮下】 艮為山

整棟樓完全沒有相應溝通，一樓和四樓，二樓和五樓，三樓和六樓，都是敵對相待，全部都是背對背，就是去他家也見不到人，這樣沒有交集的情況也還好，只要該止則止，該行則行，不會有任何禍事。

所以爻辭寫著：

艮其背，不獲其身；行其庭，不見其人，無咎。

【白話】《艮卦》象徵抑止：他人背部，沒有看到他的前身；走到他人庭院裡，卻不見他本人。平安無事。

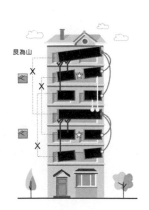

卦意對照

卦次	圖解	卦意
艮一	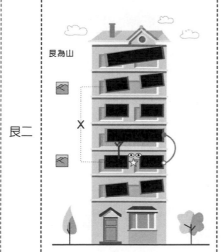	一樓（陰）形狀和窗戶不相符，坐不得位，和四樓（陰）不打電話溝通，一樓（陰）往上遇到二樓（陰）同性相斥，一樓實在不宜亂動，要安守本份，才能夠對自己有利。 所以爻辭寫著： 初六：艮其趾，無咎，利永貞。 【白話】初六，照護腳趾，平安無事，利於長久堅守正道。 ⊕占卜到這個爻表示應該知所行止，但是不是就此懈怠停滯不前，而是努力於自己身處位置的本份工作，才能夠獲得未來的成就。
艮二	艮為山	二樓（陰）形狀和窗戶相吻合，坐得正位，又位於下卦艮卦（山）的中央，獲得一顆星星（臣子），卻不和五樓（陰）相應溝通，二樓是一位大臣想要有所行動但是五樓（君王）同性不支持，使得二樓無法遂行自己的意志而被迫停住，二樓心裡面當然是不愉快的。 所以爻辭寫著： 六二：艮其腓，不拯其隨，其心不快。 【白話】六二，照護他的小腿，無法提起他的腳，他心裡不痛快。 ⊕占卜到這個爻表示不要勉強行事，應該要停止靜待時機，就暫時停住，該止則止，時機到了，能動就動。

卦意對照

卦次	圖解	卦意

艮三

艮為山

三樓（陽）形狀和窗戶相吻合，坐得正位，和六樓（陽）不相應溝通，三樓（陽）位於整棟樓的中央，猶如人體的腰部，但是三樓位於下卦艮卦的最上端，但是往上遇到上卦艮卦整座山而無法前進，又無法聯絡到六樓（陽），三樓想動無法動而心裡焦急（三樓在震卦第一層，三至五樓組成震卦），應該要止而不止，有危險之虞。

所以爻辭寫著：
九三：艮其限，列其夤，厲薰心。
【白話】九三，照護他人腰部，卻撕裂他的背肌，危險，內心焦灼痛苦。

⊕占卜到這個爻表示不要剛愎自用固執己見，遇到不如意的事心裡不要焦急，要懂得當止則止，冷靜以對，要懂得通達彈性處理事務。

艮四

艮為山

四樓（陰）形狀和窗戶相吻合，坐得正位，但卻不和一樓（陰）打電話溝通相應，四樓和三樓就整棟樓而言，猶如是一個人的腰部，四樓（陰）往上受到五樓（陰）所阻，轉而朝向三樓（陽）陰陽相合，自己謙虛向下求誠而達到至善的境地。

所以爻辭寫著：
六四：艮其身，無咎。
【白話】六四，照護他人的身體，平安無事。

⊕占卜到這個爻表示要知其所止，無論是思考行動或是內外行事，都要懂得行止的智慧。

卦意對照

卦次	圖解	卦意
艮五		五樓（陰）形狀和窗戶不相符，坐不得位，但位於上卦艮卦（山）的中央，獲得了一顆星星（君王），但不和二樓（陰，臣子）相應溝通，五樓（陰）無法向下走遇到四樓（陰）同性相斥，但五樓（陰）可以往上走和六樓（陽）陰陽相合，所以可以往前有序，就如同五樓在整棟樓人體處於面頰的位置，表示言語要有條不紊，說話要有次序，所以要謹言，而五樓（陰）柔處陽位尊位，做事情不會有禍患。 所以爻辭寫著： 六五：艮其輔，言有序，悔亡。 【白話】六五，照護他的面頰，說話有條不紊，沒有晦氣或危險。 ⊕占卜到這個爻表示行為要合乎中道，要依照自己的身份地位做合適的事，講合乎身份的話，舉止有序，則事情將會進行順利。
艮六		六樓（陽）形狀和窗戶不相符，坐不得位，和三樓（陽）也不打電話溝通，六樓已經位於整棟樓艮山的最高樓，已經是功德圓滿，要表現出敦厚的形象讓家庭和樂，最終就是止於至善，獲得大吉。 所以爻辭寫著： 上九：敦艮，吉。 【白話】上九，能夠以敦厚篤實的德行抑止邪欲，吉祥。 ⊕占卜到這個爻表示不要妄想一步登天快速飛躍，要懂得敦厚篤實，心懷厚德而止於至善，做事情自然順勢且順利。

第五十三卦

漸卦

漸 ＝ ⚋（河水）＋ ⚋（切分），表示分水導流，表示多步驟分流治水。

風在上山在下（上卦巽卦是風屬木，下卦艮卦是山），樹木生長在山上，這些樹木是逐漸成長起來的，有循序漸進、按部就班之意。

❖【巽上艮下】 風山漸

整棟樓的五樓（陽，君王）和二樓（陰，臣子）都得正位，上下剛柔相應支持，加上上卦巽卦代表長女，下卦艮卦表示少男，女嫁男和諧相處，順利吉祥。

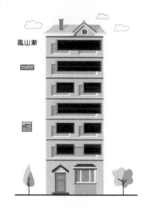

所以爻辭寫著：

漸，女歸吉，利貞。

【白話】《漸卦》象徵循序漸進：女子出嫁，吉祥，有利於堅守正道。

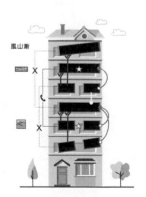

卦意對照

卦次	圖解	卦意
漸一	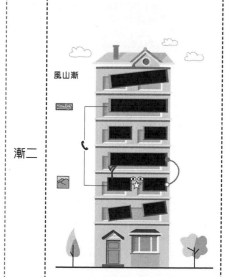 風山漸	一樓（陰）形狀和窗戶不相符，坐不得位，和四樓（陰）不相應溝通，一樓（陰）往上面對坎卦（水，二至四樓組成坎卦），一樓在水邊就像一隻鴻雁停在水岸邊，一樓（陰）往上受阻於二樓（陰）同性相斥，而且一樓（陰）才剛剛起步，就像一位小孩初出茅廬，沒有獲得長輩（四樓）的資助，本身有些危險，但是一樓畢竟才剛起步，所以只要循序漸進，穩健而行，是不需要別人的閒言閒語，最終還是不會有事的。 所以爻辭寫著： 初六：鴻漸於幹，小子厲，有言，無咎。 【白話】初六，鴻雁登上了水岸邊，年幼無知的孩子遇到危險，稍加斥責，平安無事。 **⊕占卜到這個爻表示不要妄想一蹴可幾快速達標，要懂得扎穩基礎的實力，穩步依序學習，才能夠逐步成長。**
漸二	風山漸	二樓（陰）形狀和窗戶相吻合，坐得正位，位於下卦艮卦（山）的中央，獲得了一顆星星（臣子），且和五樓（陽，君王）相應溝通，二樓陰居陰位得正位又位於中位，地位穩固，就好像一隻鴻雁停在安穩的磐石上，而且二樓（陰）獲得五樓（陽）的支持，二樓獲得了國家的俸祿，生活富裕，心靈安適，是吉祥的徵象。 所以爻辭寫著： 六二：鴻漸於磐，飲食衎衎，吉。 【白話】六二，鴻雁登上河邊安穩的磐石上，快活優悠地飲食，吉祥。 **⊕占卜到這個爻表示目前已經小有成就，但是要心誠守正，不要貪取不義財物，要潔身自守，努力於自身本份的工作，才能生活愉快而安穩。**

卦意對照

卦次	圖解	卦意
漸三	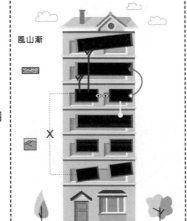 風山漸	三樓（陽）形狀和窗戶相吻合，坐得正位，和六樓（陽）不相應溝通，三樓位於下卦艮卦最上端，就像是一隻鴻雁站在陸地上，但是本來鴻雁應該要繼續飛上去，卻往下著陸於地，這違反自然而有危險之虞。三樓（陽）身處下卦艮卦，但往上可以和四樓（陰）相合，三樓跳躍到四樓進入了上卦的範圍，就好像是丈夫（陽）往上跳躍卻有可能不回來了，或是婦女懷孕卻沒有養活孩子，都不是正常的現象。但是三樓本身陽居陽位，在下卦之首率領眾陰（一、二樓陰）可以抵抗外來的侵略。 所以爻辭寫著： 九三：鴻漸於陸，夫征不復，婦孕不育，凶；利禦寇。 【白話】九三，鴻雁回到岸邊高地，好比丈夫遠去出征沒有歸來，妻子生了兒子卻未能養活下來，凶險；但這有利於抵禦敵寇。 ⊕占卜到這個爻表示要防範一些不合常理的情事發生，目前的處境處處是艱難且不穩定，要時時警惕並觀察事情發展之初，一開始就防範並於解決；同時也要廣納建言，廣交朋友，形成一股可以解決問題執行任務的團隊力量。
漸四	風山漸	四樓（陰）形狀和窗戶相吻合，坐得正位，但是不和一樓（陰）打電話溝通，四樓位於上卦巽卦（風）屬木，代表鴻雁已經飛上樹木，但是鴻雁的足趾間有蹼，不適合抓在樹枝上，只能找粗而大的樹枝才可以停棲，基本上沒有問題。 所以爻辭寫著： 六四：鴻漸於木，或得其桷，無咎。 【白話】六四，鴻雁飛上高樹，有些鴻雁棲息於方形枝杈上，平安無事。 ⊕占卜到這個爻表示要彈性順應當前情勢，要柔順以對，不要過於強勢，要找平安順當的方式適應環境，才能夠達成任務。

卦意對照

卦次	圖解	卦意
漸五	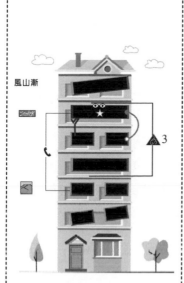	五樓（陽）形狀和窗戶相吻合，坐得正位，位於上卦巽卦（風）的中央，獲得了一顆星星（君王），且和二樓（陰，臣子）相應溝通，五樓的位置已在高處尊位，就好像是一隻鴻雁已經飛到山陵，五樓（陽）要和二樓（陰）相合，卻受到三樓（陽）和四樓（陰）的阻擾，由於三、四樓（加上五樓）組成離卦（代表數字三），所以二樓（陰）至少有三年無法懷孕，但是五樓（陽）和二樓（陰）都是正位，沒有人可以取代二樓（陰）的地位，所以最終二樓還是會成功受孕而相合的。 所以爻辭寫著： 九五：鴻漸於陵，婦三歲不孕；終莫之勝，吉。 【白話】九五，鴻雁飛上山陵，妻子三年沒有懷孕；最後還是無人可以取代她，吉祥。 **⊕占卜到這個爻表示目前的處境雖然有艱難阻擾的現象，但是要耐心以對，要繼續堅守正道，動靜合宜，才能夠獲得好的成果。**
漸六	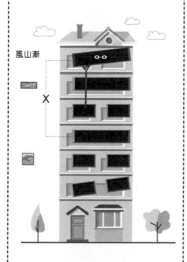	六樓（陽）形狀和窗戶不相符，坐不正位，和三樓（陽）也不打電話溝通，六樓已經位於最高樓，雖然功成名就卻仍然行為有序，就好像一隻鴻雁飛到高山，雖然飛在高山，仍然排列整齊有序，儀表端莊光彩，甚至鴻雁的羽毛仍然至為愛惜，足為行為之楷模。 所以爻辭寫著： 上九：鴻漸於逵，其羽可用為儀，吉。 【白話】上九，鴻雁飛上高山，漂亮的羽毛可以作為典禮上潔美的裝飾品，足為楷模，吉祥。 **⊕占卜到這個爻表示雖然目前已經功成名就，但是仍然必須戒之慎之，仍然要有禮有節，才能夠持盈保泰。**

第五十四卦

歸妹卦

歸，𣱹 = 𠂤（兵符，代表軍權，戰爭）＋ 𠂆（終結）＋ 方（邊遠的勢力），表示異域遠疆停止敵對與戰爭狀態，順服於中央朝廷。

妹，𡜐 = 𣏟（枝葉茂盛但尚無結果）＋ 𡚾（插著髮髻的女子），表示尚未生育的女子。

上為雷下有澤，上卦震卦為長男，娶了下卦兌卦為少女，雖然表示出嫁之意，但是少女比長女先嫁，有違反常理之意。

❖【震上兌下】　雷澤歸妹

整棟樓看起來有四層樓不得位（二至五樓），而且有兩組都互不相應（一樓和四樓，三樓和六樓），只有二樓和五樓相應，但是二樓（下卦兌卦表示少女），往上去追求五樓（上卦震卦代表長男），少女反追求長男，諸多有違常情的事情，所以並不是好事。

所以爻辭寫著：

歸妹，征凶，無攸利。

【白話】《歸妹卦》象徵婚嫁：有所行動，有凶險，不會有利益。

卦意對照

卦次	圖解	卦意
歸妹一	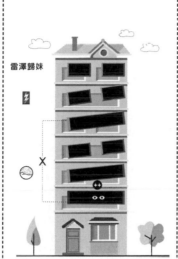	一樓（陽）形狀和窗戶相吻合，坐得正位，和四樓（陽）不相應溝通，一樓（陽）要往上遇到二樓（陽）同性相斥無法前進，一樓位於下卦兌卦是少女，少女要出嫁並沒有受到任何支援也無法前進，少女不是正妻只能做為妾，陪姊姊一起出嫁，其缺陷的情況就好像是一個人跛腳走路；但是因為一樓陽居陽位得了正位，所以以名份來說還說得過去，就是沒有正式的聘禮也不失禮，這就好像即使是跛腳也還是能夠走路，所以如果出發，還是會吉祥的。 所以爻辭寫著： 初九：歸妹以娣，跛能履，征吉。 【白話】初九，姐姐出嫁，妹妹陪嫁，跛腳也能勉強行走，有所行動，吉祥。 **⊕占卜到這個爻表示目前的情況雖然有些艱困，可能還有違反常理的情況，但是不要只是抱怨，要轉念反思，努力在自己的崗位好好地表現，才會有升遷或其他好的機會。**
歸妹二	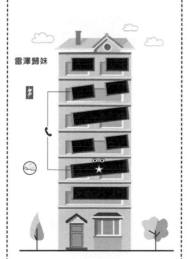	二樓（陽）形狀和窗戶不相符，坐不得位，位於下卦兌卦（澤）的中央，獲得了一顆星星（臣子），而且和五樓（陰，君王）相互支持相應，但是二樓本身陽居陰位不正位，而五樓也是不正位，這樣的偏失就好像一個人少了一隻眼睛，而且二樓所嫁的五樓（陰）並不是陽剛的賢夫，正如一個人只能近視，而無法遠視一般。但是二樓畢竟位於下卦的中央，二樓還是可以堅守正道，守住貞節，克守婦道。 所以爻辭寫著： 九二：眇能視，利幽人之貞。 【白話】九二，瞎了一隻眼睛勉強看見東西，利於幽居之人堅守正道。 **⊕占卜到這個爻表示雖然現在不得志，或是有一些不光彩的缺點，但是只要正視自己的實力與才能，先不要去爭取或爭寵，只要能夠堅持正道，不改變應有的正確道路，最終還是會有好結果。**

卦意對照

卦次	圖解	卦意
歸妹三	雷澤歸妹	三樓（陰）形狀和窗戶不相符，坐不得位，和六樓（陰）不相應溝通，三樓位於下卦兌卦表示少女，面對鄰近的四樓（上卦震卦為長男），雖然相合但是都不得正位，這樣不是合乎常理的婚姻，就好像是本來是妹妹陪姐姐出嫁，後來又被遣回，整個婚姻常理不正常。 所以爻辭寫著： 六三：歸妹以須，反歸以娣。 【白話】六三，妹妹跟著姊姊出嫁，婚事不成，又被休棄返回娘家。 ⊕占卜到這個爻表示不要因為眼前的利益而做出有違常理禮節的事，雖然條件很誘人，但是要內省是否合乎正道，不要因為一時的貪慾而壞了長久大計。
歸妹四	雷澤歸妹	四樓（陽）形狀和窗戶不相符，坐不得位，也不和一樓（陽）相應溝通，四樓自己不得位也無應，不能正規地做事，只能暫時等待有利時機，就好像女孩子出嫁也要選對時間，找對的人。 所以爻辭寫著： 九四：歸妹愆期，遲歸有時。 【白話】九四，延遲錯過出嫁的時機，遲遲不嫁是有期待的。 ⊕占卜到這個爻表示凡事凡物皆有自，皆有時，相互匹配適當，對的時機做對的事，至為重要，如果時機不對寧可等待，否則只會壞事而已。

卦意對照

卦次	圖解	卦意
歸妹五	雷澤歸妹	五樓（陰）形狀和窗戶不相符，坐不得位，位於上卦震卦（雷）的中央，獲得了一顆星星（君王），和二樓（陽，臣子）相應支持，五樓（上卦震卦長男）娶了二樓（下卦巽卦少女），正應了商朝帝乙的妹妹嫁給周文王的史實；但是五樓陰居陽位，柔順內斂不張揚，就好像姊姊的嫁衣不華著，甚至不如妹妹的艷麗，沒有很完美，只是接近完美，這樣的品行守中，是吉祥的。 所以爻辭寫著： 六五：帝乙歸妹，其君之袂，不如其娣之袂良；月幾望，吉。 【白話】六五，帝乙嫁女，姊姊的服飾，反不如妹妹的服飾豔麗華美；滿月十五將近，吉祥。 ⊕占卜到這個爻表示不要只重視外在的華麗，而更應該留意內在的品德，做事情不要只做表面功夫，要注意細節，事情才能順利成功。
歸妹六	雷澤歸妹	六樓（陰）形狀和窗戶相吻合，坐得正位，和三樓（陰）不相應溝通，六樓已經位於最高樓，也代表已經過時了，女孩子年紀也大了，又沒有和底下三樓相應，所以女孩子的婚姻也無成，這種一無所獲的情況，就好像是籃子裡面空空如也，甚至殺羊卻沒有得到血一樣，沒有任何獲利。 所以爻辭寫著： 上六：女承筐無實，士刲羊無血。無攸利。 【白話】上六，女子的筐籃裡空空蕩蕩沒有果物，男子用刀宰山羊卻不見出血。沒有什麼吉利。 ⊕占卜到這個爻表示目前的情況很艱難，很可能不會有任何獲利或好處，這是一個嚴重的警訊，要暫時地認命和順命，要靜待守時，平靜地渡過這段難關。

第五十五卦

豐卦

象徵豆形的盛器中，裝滿一串串玉環，表示富足。

上為震卦為雷為木，下為離卦為火為電，雷電俱至，或是木火通明，威明備足，聲勢壯大，所以具有盛大、豐盛之意。

❖【震上離下】　雷火豐

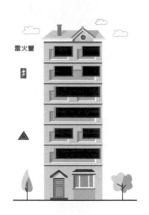

整棟樓雷火通明，呈現一片大豐收的氣象，君王聖明，乘時而用聚集天下眾民，四海之富，讓眾民安居樂業，王業如日中天。

所以爻辭寫著：

豐，亨，王假之；勿憂，宜日中。

【白話】《豐卦》象徵盛大豐滿：亨通，君王能夠使天下達到盛大豐滿；不用憂愁，在正午時刻祭祀。

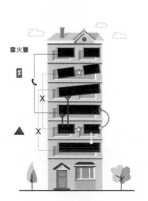

卦意對照

卦次	圖解	卦意
豐一	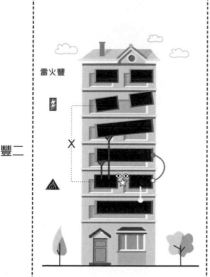雷火豐	一樓（陽）形狀和窗戶相吻合，坐得正位，和四樓（陽）不打電話溝通，一樓（陽）可以往上和二樓（陰）相合，一、二樓都是正位，二樓可以做為一樓的導師，但是一樓位於下卦離卦的最底層，火焰光明比較小，只能夠照亮幾天而已，不能普照於天下，當然一樓（陽）想要上進往上走，是值得鼓勵的。 所以爻辭寫著： 初九：遇其配主，雖旬無咎，往有尚。 【白話】初九，遇見地位彼此相當的夥伴，合作十天也不致受害，如果有所行動會受到讚賞。 ⊕占卜到這個爻表示目前如果要成就一些小事是可以的，而且還會有合作的夥伴一起共事，但是不要去規劃大事業，這個時機還沒有到。
豐二	雷火豐	二樓（陰）形狀和窗戶相吻合，坐得正位，位於下卦離卦（火）的中央，獲得了一顆星星（臣子），和五樓（陰）不相應溝通；但是二樓（陰）得正位而能夠充分發揮離火的光明，卻沒有受到五樓（陰）支持而被蒙蔽，猶如日半蝕一樣，竟然可以在白天看得到北斗七星，人們看到這樣的情況當然會有疑慮，尤其是二樓（陰）想要往上和三樓（陽）相合，但是五樓（陰）不同意，前進與否就有疑問了。還好二樓本身就處於中位，只要依照心誠守中之道行之，應該是吉祥的。 所以爻辭寫著： 六二：豐其蔀，日中見斗，往得疑疾；有孚發若，吉。 【白話】六二，光明遭到雲的蒙蔽，正午時分見到北斗星。前往行事會被猜疑；能以自己的至誠之心去啟迪，那麼最後是能獲得吉祥的。 ⊕占卜到這個爻表示目前做事情難免有人會猜忌或是有閒言閒語，甚至會有顛倒黑白的情況，但是只要心誠守正，耐心地逐一釋解疑義，只要所持的是中道，最終事情會順利的。

卦意對照

卦次	圖解	卦意
豐三	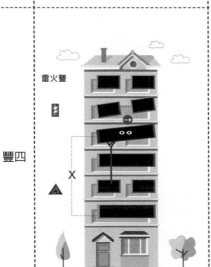雷火豐	三樓（陽）形狀和窗戶相吻合，坐得正位，和六樓（陰）經常打電話溝通，三樓（陽）位於下卦離火之內，雖然更為放大光明，但是日蝕的現象更為完整，日全蝕的結果讓人們在白天也可以看得到小星星，在這樣昏暗不明的情況下，如果堅持要前進，三樓（陽）往上走就遇到四樓（陽）同性阻擾，嚴重的甚至右臂骨折呢，當然這只是小傷，如果還是和三樓（陽）陽居陽位一樣地堅守正道，是不會有事的。 所以爻辭寫著： 九三：豐其沛，日中見沬；折其右肱，無咎。 【白話】九三，光明被雲遮掩，正午時分看見了小星星；好比右臂被折斷而難以有所作為，但終究不會受害。 **⊕占卜到這個爻表示如果眼光過於淺薄勢利，或是貪於眼前小利，是會招來禍患的，只有心誠守正，眼光要放在長遠的目標，不要為一時的艱難而受挫，穩健行事，終有成就之日。**
豐四	雷火豐	四樓（陽）形狀和窗戶不相符，坐不得位，和一樓（陽）不相應溝通，四樓陽居陰位不得位又沒有一樓相應，猶如日半蝕遮蔽了一些光明，白天可以看得到北斗七星，但是四樓（陽）鄰近五樓（陰，君王），而且往上走是陰陽相合是很順利的，所以情況會好轉，吉祥。 所以爻辭寫著： 九四：豐其蔀，日中見斗；遇其夷主，吉。 【白話】九四，光明遭到雲的蒙蔽，正午時分看到了北斗星；遇到明主賞識，吉祥。 **⊕占卜到這個爻表示目前短暫的不方便或艱難情況是必然的，要忍耐靜待，同時也要專注於自己的本職學能增強實力，可能會有貴人提拔，到時候要把握難得的機會。**

卦意對照

卦次	圖解	卦意
豐五	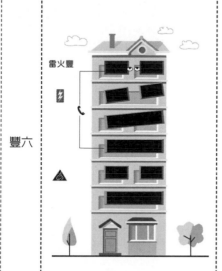 雷火豐	五樓（陰）形狀和窗戶不相符，坐不得位，位於上卦震卦（雷）的中央，獲得了一顆星星（君王），和二樓（陰）不相應溝通，但是五樓因為陰居陽位有柔順之德，位居尊位而大放光明，加上四樓（陽）大臣的輔佐使眾民蒙受恩澤，是很吉祥的。 所以爻辭寫著： 六五：來章，有慶譽，吉。 【白話】六五，光明來了，會有喜慶和美譽，吉祥。 ⊕占卜到這個爻表示要專注於自己的本職學能，只要自己有實力可以做對做好，則自然有人賞識，榮譽自然加身，事情也會順利進行。
豐六	雷火豐	六樓（陰）形狀和窗戶相吻合，坐得正位，和三樓（陽）經常打電話溝通，但是六樓位於最高樓，光明已經用盡，六樓陰居陰位黑暗盡至，雖然六樓位置至高無上就好像是住了一間非常豪華的房子，但是裡面卻散盡家產且空無一人，是盛極而衰之象，這種現象就像古人認為看到全日蝕三年不會有好運一樣，這樣的流浪生活最少要過三年，不是一件好事。 所以爻辭寫著： 上六：豐其屋，蔀其家，闚其戶，闃其無人，三歲不覿，凶。 【白話】上六，房屋高大宏偉，但遮蔽得密密實實，從窗戶窺視，空無一人，三年之久仍不見人，凶險。 ⊕卜到這個爻表示目前已有成就也可以享受奢華生活，但是鬆懈傲慢的結果是會招來禍患的，有財富同時也要修心養性，財德並豐才能持久。

第五十六卦

旅卦

旅 = 方（旗幟）+ 从（追隨），表示士兵們追隨在飄揚的戰旗下。

火在山上（上卦離卦是火，下卦艮卦是山），燒過一處又一處，和旅人一樣不停留，有過往暫寄之意。

❖【離上艮下】　火山旅

整棟樓的二樓（臣子）和五樓（君王）都是陰柔，而陽為大陰為小，所以可以做小事，出去旅遊處處小心謹慎，安分守己又守正，是很吉祥的。

所以爻辭寫著：

旅，小亨，旅貞吉。

【白話】《旅卦》象徵旅行：小事亨通，旅行占問，吉祥。

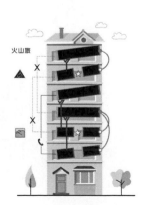

卦意對照

卦次	圖解	卦意
旅一	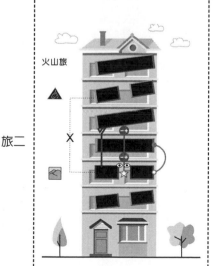 火山旅	一樓（陰）形狀和窗戶不相符，坐不得位，和四樓（陽）經常打電話溝通，一樓（陰）才剛剛出去旅行，由於陰居陽位不得位，又遇到上面二樓（陰）同性相斥，使得一樓顯得只會計較瑣碎小事，雖然一樓（陰）有四樓（陽）的相應，但是四樓（陽）位居離卦，火氣上揚而不想下降去幫忙一樓，甚至搞不好也會把火氣打擊一樓，其實這都是一樓咎由自取，自己偏執的個性使然。 所以爻辭寫著： 初六：旅瑣瑣，斯其所取災。 【白話】初六，旅行之始計較瑣細之事，這是自己找罪受的。 ⊕占卜到這個爻表示不要貪戀眼前的小利，也不要見樹不見林地專注於不重要的小事，自己要放大格局，抓穩大方向，只要策略方針的道路是正確的，就要懂得捨去小瑣事而去做對的事。
旅二	火山旅	二樓（陰）形狀和窗戶相吻合，坐得正位，位於下卦艮卦（山）的中央，獲得了一顆星星（臣子），和五樓（陰）不相應溝通，二樓旅人陰居陰位又守中位，又得到三樓（陽）和四樓（陽）陰陽相合，兩層樓的陽實資金豐厚了二樓（陰），使得二樓不僅有旅館住宿，也有資財，更有童僕侍候，這是一個美好的旅行。 所以爻辭寫著： 六二：旅即次，懷其資，得童僕，貞。 【白話】六二，旅客住在旅舍，攜帶錢財，獲得忠心童僕，占問吉祥。 ⊕占卜到這個爻表示目前的事情進行順利無礙，要好好地守住把握這樣好的機會或境況。

卦意對照

卦次	圖解	卦意
旅三	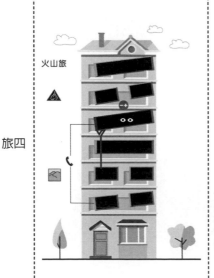火山旅	三樓（陽）形狀和窗戶相吻合，坐得正位，和六樓（陽）不打電話溝通，三樓陽居陽位剛強，但是身處下卦最上端過於偏執，三樓顯得驕傲自持，但是不受六樓（陽）相應，而且往上又遇到四樓（陽）同性相斥，更甚者，四樓（位於上卦離卦）還會引發火災打擊三樓，這樣的境地連忠心的童僕也離開了。 所以爻辭寫著： 九三：旅焚其次，喪其童僕，貞厲。 【白話】九三，旅途中旅舍失火，童僕跑掉了，占問有艱難危險。 ⊕占卜到這個爻表示目前險象環生，要多注意意外而艱難的情況發生，但是更要注意的是自己的修心養性，要謙遜虛懷，不爭強好勝，否則災禍將接踵而至。
旅四	火山旅	四樓（陽）形狀和窗戶不相符，坐不得位，而且和一樓（陰）經常打電話溝通相應，四樓（陽）獲得五樓（陰，君王）的資源支持，四樓可以住在新住所，拿回錢財，但是因為四樓陽居陰位不正位，或有所缺，沒有忠心的童僕，四樓心裡難免遺憾而不快。 所以爻辭寫著： 九四：旅於處，得其資斧，我心不快。 【白話】九四，旅行到合適的地方，得到自己的資財，但我的心情仍然不愉快。 ⊕占卜到這個爻表示目前的處境雖然有時緊急有時放緩，這都是正常的，自己要彈性以對，順應環境的變化做最適當的處置，不要因為哪個部份不如意而終日鬱悶，卻因此而誤了大事。

卦意對照

卦次	圖解	卦意
旅五	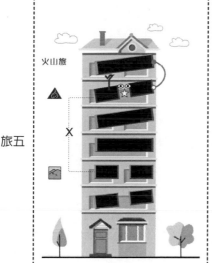	五樓（陰）形狀和窗戶不相符，坐不得位，位於上卦離卦（火）的中央，獲得了一顆星星（君王），但是卻不和二樓（陰）溝通相應，五樓（陰）身處尊位有柔順文明之德，看到一隻雉雞，射去一箭即中，但是雉雞逃逸，被六樓捕到（六樓據五樓，據也是捕的意思），最後雉雞雖然死了，但是五樓（陰）的善射也獲得了美譽。 所以爻辭寫著： 六五：射雉，一矢亡，終以譽命。 【白話】六五，射雉雞一箭，雉雞帶矢逃逸而亡；最終獲得善射的榮譽和美名。 ⊕占卜到這個爻表示要心懷虛谷，順勢而為，寬懷廣納建言，則事情將一舉中的，而且還獲得賞識。
旅六	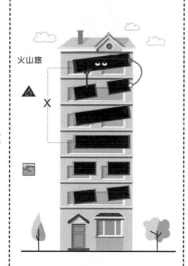	六樓（陽）形狀和窗戶不相符，坐不得位，和三樓（陽）不相應溝通，六樓已經位於最高樓，六樓陽居陰位過於陽剛高傲狂大，六樓又位於上卦離卦（火）的最上端，其偏執的位置更容易招致火災，離卦也表示鳥，所以可能有鳥巢遭火焚的現象，六樓旅人剛開始還傲氣歡笑，真的災禍來臨就嚎啕大哭，這樣狂妄的行為不是旅人應有的態度，就是牽牛出去也會因為狂妄疏忽而丟失了牛，六樓應有的柔德盡失，是有危險的。 所以爻辭寫著： 上九：鳥焚其巢，旅人先笑後號咷；喪牛於易，凶。 【白話】上九，鳥巢失火被燒掉，行旅之人剛開始喜悅歡笑，後因遭禍事而號咷痛哭；又因疏失丟失了牛，有凶險。 ⊕占卜到這個爻表示要隨時警惕自己不能過於高傲固執，否則災禍會接連而至，要心存誠正，謙遜關懷，低調渡過這段艱難的時刻。

第五十七卦

巽卦

巽 看似兩人趴伏之狀，象徵服從、順從，因此巽亦有遜順之意。

上卦下卦都是巽卦，巽卦代表長女，巽卦為風、柔木，有風行天下而無孔不入之象，也有謙遜而低伏順從之意。

❖ 【巽上巽下】　巽為風

整棟樓上下都是風，風流動不定，不能做大事，加上全部都不相應，一四樓，二五樓，三六樓，都是同性相斥，所以只能做小事，因為和順是一種美德，也是以下事上的基本態度，所以應該可以去見大人，並且獲得賞識。

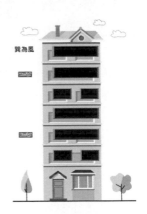

所以爻辭寫著：

巽，小亨，利有攸往，利見大人。

【白話】《巽卦》象徵順從：小有亨通，利於有所作為，利於會見有道德並居於高位的人物。

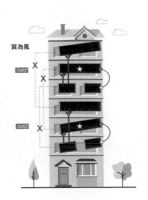

卦意對照

卦次	圖解	卦意
巽一	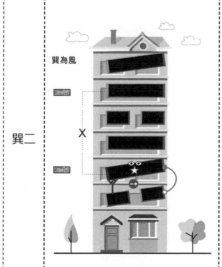	一樓（陰）形狀和窗戶不相符，坐不得位，也不和四樓（陰）相應溝通，一樓（陰）可以往上和二樓（陽）陰陽相合，但是四樓（陰）並不同意，加上一樓（陰）位於最卑下而且過於謙遜，所以很難決定要不要前進，這個情況最適合讓軍人過來，因為軍人的個性就是決斷明確，可以解決一樓（陰）優柔的性格缺陷。 所以爻辭寫著： 初六：進退，利武人之貞。 【白話】初六，進退遲疑，利於像軍人一樣果斷地做出決定，堅守中正之道。 **⊕占卜到這個爻表示順從雖然是迎合主管的最安全方式，但是卻無法顯現出你的專業優點，應該要維持謙遜美德，但也要適時地做正確的決斷，一方面可以幫主管解決問題，另一方面也可成為主管最得力的好手。**
巽二		二樓（陽）形狀和窗戶不相符，坐不得位，位於下卦巽卦（風）的中央，獲得了一顆星星（臣子），但是和五樓（陽）不打電話溝通，二樓（陽）大臣只能和一樓（陰）陰陽相合，但是叫二樓大臣低下，就好像是伏在床下，情可以堪？只好多次求助於神明祝禱，還好二樓（陽）身處中位，能行中道，最終會沒事的。 所以爻辭寫著： 九二：巽在床下，用史巫紛若，吉，無咎。 【白話】九二，過度謙卑而屈居於床下，多次召集祝史和巫覡來祝禱。吉祥，平安無事。 **⊕占卜到這個爻表示要謙遜虛懷，廣納建言，恪遵中道，事情就會順利進行。**

卦意對照

卦次	圖解	卦意
巽三	巽為風	三樓（陽）形狀和窗戶相吻合，坐得正位，和六樓（陽）不相應溝通，三樓陽居陽位而過於剛強（位於下卦最上端偏位），雖然可以往上和四樓（陰）相合，但是六樓不相應，本來是剛強的三樓卻位於柔順的下卦巽卦（風）之內，要往上又被逼柔下，往返多次，已經是志窮了。 所以爻辭寫著： 九三：頻巽，吝。 【白話】皺緊眉頭伏跪在床下，有困厄。 ⊕占卜到這個爻表示不要操之過急，也不要過於柔弱，這其間的分寸拿捏要多留意，保持彈性順勢而為是必要的，如果遇到有多次往返的現象，只能靠著耐心渡過這段艱難時刻。
巽四	巽為風	四樓（陰）形狀和窗戶相吻合，坐得正位，和一樓（陰）不溝通相應，但四樓陰居陰位得正位是個有用的大臣，和五樓（陽，君王）陰陽諧協，所以沒有什麼晦氣，而且還可以獲得君王賞賜三品，或是在田野獵獲三隻獵物。 所以爻辭寫著： 六四：悔亡，田獲三品。 【白話】六四，晦氣消失，田獵時得到三種野獸。 ⊕占卜到這個爻表示要善用柔順之德，用柔德感化他人，讓朋友讚賞你的君子之風，而願意幫助你。

卦意對照

卦次	圖解	卦意
巽五	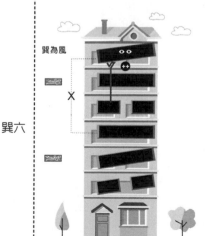	五樓（陽）形狀和窗戶相吻合，坐得正位，位於上卦巽卦（風）的中央，獲得了一顆星星（君王），但是和二樓（陽，臣子）不相應支持，但是因為五樓位於尊位中位正位，所以陽剛中正，可得其所願。所以在丁日（去甲甚遠，稱為無初）和癸日（最終之日）之間的七日，舉辦祭祀是吉日，就是先庚三日（丁、戊、己日），後庚三日（辛、壬、癸日），共有七天（丁戊己庚辛壬癸），或說只有兩日，丁日和癸日才是吉日。 所以爻辭寫著： 九五：貞吉，悔亡，無不利；無初有終；先庚三日，後庚三日，吉。 【白話】九五，占問吉祥，悔恨消失，做任何事情沒有不順利的；在無初日和有終日，先庚三日為丁日，後庚三日為癸日。吉祥。 **⊕占卜到這個爻表示做事情要合乎天時，也要順應中正巽順的待人處事之道，才能成就大事。**
巽六		六樓（陽）形狀和窗戶不相符，坐不得位，和三樓（陽）不相應溝通，六樓即使已經位於最高樓，卻是最卑順，又受到五樓（陽）的上逼，六樓的處境更為孤立卑下且危險，加上六樓陽居陰位不正，更是窮極自困，是很不好的情況。 所以爻辭寫著： 上九：巽在床下，喪其資斧；貞凶。 【白話】上九，謙卑恭順到了極點而屈於床下，喪失了賴以謀生的資本，占問凶險。 **⊕占卜到這個爻表示目前正處於極端艱困的情境，自己力量薄弱無以回天，但是不要氣餒，要靜心耐心地渡過這段難關。**

第五十八卦

兌卦

澤 ＝ 川（河川）＋ 選（選擇），擇地截流，蓄水灌溉。

上卦下卦都是兌卦是澤，地澤滋潤萬物，萬物喜悅得到滋養，上下皆喜悅。

❖【兌上兌下】　兌為澤

整棟樓上下兩個澤相連，互相滋潤增益，所以順利亨通。

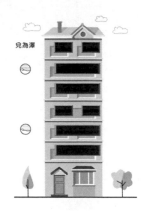

所以爻辭寫著：

兌，亨，利，貞。

【白話】《兌卦》象徵喜悅：亨通暢達，利於堅守中正之道。

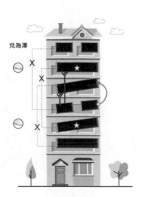

卦意對照

卦次	圖解	卦意
兌一	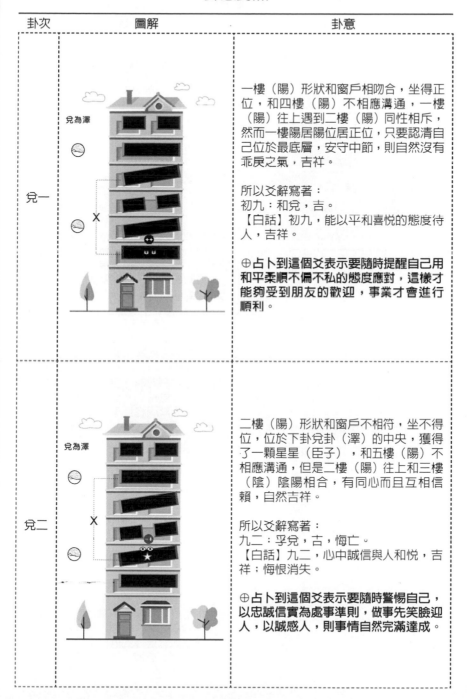	一樓（陽）形狀和窗戶相吻合，坐得正位，和四樓（陽）不相應溝通，一樓（陽）往上遇到二樓（陽）同性相斥，然而一樓陽居陽位居正位，只要認清自己位於最底層，安守中節，則自然沒有乖戾之氣，吉祥。 所以爻辭寫著： 初九：和兌，吉。 【白話】初九，能以平和喜悅的態度待人，吉祥。 ⊕占卜到這個爻表示要隨時提醒自己用和平柔順不偏不私的態度應對，這樣才能夠受到朋友的歡迎，事業才會進行順利。
兌二		二樓（陽）形狀和窗戶不相符，坐不得位，位於下卦兌卦（澤）的中央，獲得了一顆星星（臣子），和五樓（陽）不相應溝通，但是二樓（陽）往上和三樓（陰）陰陽相合，有同心而且互相信賴，自然吉祥。 所以爻辭寫著： 九二：孚兌，古，悔亡。 【白話】九二，心中誠信與人和悅，吉祥；悔恨消失。 ⊕占卜到這個爻表示要隨時警惕自己，以忠誠信實為處事準則，做事先笑臉迎人，以誠感人，則事情自然完滿達成。

卦意對照

卦次	圖解	卦意
兌三	兌為澤	三樓（陰）形狀和窗戶不相符，坐不得位，和六樓（陰）不打電話溝通，三樓（陰）位於下卦兌卦最上端偏位，是一個陰柔的小人，向上諂媚於四樓（陽），向下又和二樓（陽）、一樓（陽）據之交往，完全不照禮儀規範，會有危險的情況發生。 所以爻辭寫著： 六三：來兌，凶。 【白話】六三，特意來取悅，凶險。 ⊕占卜到這個爻表示要留意有小人會來利用你，或施以小利引誘你做一些違法的事情，會招致災禍；相反地，你也不能刻意獻媚取悅別人，別人會警覺而有防範，對你也有不利。
兌四	兌為澤	四樓（陽）形狀和窗戶不相符，坐不得位，和一樓（陽）不相應溝通，四樓位於上卦最底端做為一位大臣，理應往上侍奉五樓（君王），但是四樓（陽）和三樓（陰）陰陽相合，四樓如果往上就會疏忽了三樓，如果向下就會失去五樓，進退考量使得心裡難以寧靜。四樓在此之際，只要能夠介然分明，應該知道身為大臣，應該順從五樓（君王），能夠想通這一點，心裡的病症也能夠不藥而癒。 所以爻辭寫著： 九四：商兌，未寧，介疾有喜。 【白話】商談未妥，心緒不寧，生了一場大病卻豁然而癒。 ⊕占卜到這個爻表示目前有兩難的情況發生，舉措難以確定，基於此，就要回到事物的本初，為何要做這件事情，原本的期望語想要達到的目的是什麼，自己訂一個判斷標準，則答案立現。

卦意對照

卦次	圖解	卦意
兌五	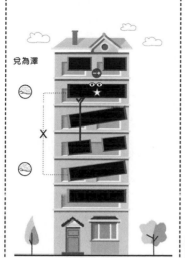	五樓（陽）形狀和窗戶相吻合，坐得正位，位於上卦兌卦（澤）的中央，獲得一顆星星（君王），但是和二樓（臣子）不支持相應，五樓貴為尊位君王不向下和四樓（陽）同性合作，卻往上和六樓（陰）陰陽相合，殊不知六樓是陰險小人，六樓小人慢慢地剝了五樓，五樓君王受到六樓諂媚讒言而心感喜悅，君子和小人相悅，這會後患無窮，必須發出警號。 所以爻辭寫著： 九五：孚於剝，有厲。 【白話】九五，壞人親和應合，有危險。 ⊕占卜到這個爻表示目前身居要位或處理重要事務，切要警惕自己勿受他人笑臉攻勢或甜言蜜語，因而受到迷惑而自亂做事節奏，不要過份相信別人，要謹慎戒懼以求順利。
兌六	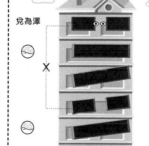	六樓（陰）形狀和窗戶相吻合，坐得正位，和三樓（陰）不相應溝通，六樓陰居陰位且位於最高樓，已經是兌之極，愉悅歡樂之極，懂得使人喜悅，這個吉凶全憑一己之念，往好的方向，六樓（陰）可以向下和五樓（陽）相合，一陰一陽愉悅善處之；往壞的方向，六樓（陰）自己在高樓享樂，享樂不止則禍患即來，所以吉凶不說，全在一己之念。 所以爻辭寫著： 上六：引兌。 【白話】上六，長久歡悅。 ⊕占卜到這個爻表示可以和朋友一起工作一起享受成果的歡樂，也可以自己享樂，樂而忘憂，這時候心裡面鬆懈而未察覺危機暗伏，當心樂極生悲。

第五十九卦

渙卦

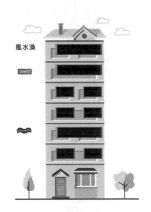

$\overset{\text{渙}}{=}$ ＝ $\overset{\text{坎}}{=}$（水）＋ $\overset{\text{巽}}{=}$（交遞），水向四處漫流。

風在上水在下（上卦巽卦是風，下卦坎卦是水），風行水上，風吹水面，但水在下不與上交，各行其是，容易離散。

❖ 【巽上坎下】　風水渙

整棟樓風行上而水面在下，各行其是容易渙散，這時候五樓（陽，君王）和二樓（陽，臣子）就肩負聚集人心的任務，建立宗廟承先啟後可以復聚人心，就是大川涉渡之險也會化險為夷，只要堅守正道，必然亨通而長治久安。

所以爻辭寫著：

渙，亨。王假有廟，利涉大川，利貞。

【白話】《渙卦》象徵渙散：順暢亨通，君主去祠廟祭祀神靈以祈求保佑，利於渡過大川，利於堅守中正之道。

卦意對照

卦次	圖解	卦意
渙一	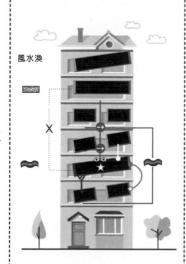 風水渙	一樓（陰）形狀和窗戶不相符，坐不得位，和四樓（陰）不打電話溝通，一樓（陰）以最底層的柔弱能力，受到二樓（陽）陰陽相合的陽剛幫助，增強一樓（陰）的實力，就好像是得到強力壯馬的支援，一樓可得救且渡過危機，吉祥之象。 所以爻辭寫著： 初六：用拯馬壯，吉。 【白話】初六，要駕馭馬車，馬匹強壯，吉祥。 ⊕占卜到這個爻表示要適時地尋求專業的協助，切勿故步自封，透過專家的診斷與建議，可以使你的事業進行得更為順利。
渙二	風水渙	二樓（陽）形狀和窗戶不相符，坐不得位，位於下卦坎卦（水）的中央，獲得了一顆星星（臣子），卻不受五樓（陽，君王）的支持溝通，但是二樓（臣子）態度積極，想要往上和五樓（君王）相應，縱使二樓（陽）身陷於坎卦水險陷坑之中（下卦坎卦），還好，二樓往上走一路順暢（三樓陰，四樓陰，往上陰陽相合），二樓可以順利急奔，往上見君王合乎中道，沒有任何悔恨。 所以爻辭寫著： 九二：渙奔其機，悔亡。 【白話】九二，洪水奔湧直向居所，悔恨消失。 ⊕占卜到這個爻表示要心誠守正，目標明確，如果有危機要快速抽離現場，不要眷戀一時之利，才能夠全身而退。

卦意對照

卦次	圖解	卦意
渙三	風水渙	三樓（陰）形狀和窗戶不相符，坐不得位，和六樓（陽）經常打電話溝通，三樓身處於下卦坎卦水險當中，正是水面遇到上面風（上卦巽卦為風）極險之地，三樓要脫險只有往上走，有六樓（陽）的接應，離開險境就進入巽卦風的順境了。 所以爻辭寫著： 六三：渙其躬，無悔。 【白話】六三，洪水沖到身體上，沒有什麼悔恨。 ⊕占卜到這個爻表示目前遇到的艱難險阻的事情，要找到可以支援的人，可能是長輩或貴人，趕快脫身離開險境，以保順利安全。
渙四	風水渙	四樓（陰）形狀和窗戶相吻合，坐得正位，和一樓（陰）不相應溝通，四樓陰居陰位得正位是一位大臣，往上輔在五樓（陽，君王）陰陽相合，四樓可以將小人派系予以渙散，這對國家是好事，但是四樓（陰）卻能夠聚集民眾成為大群，就好像水漫流到大丘，這必須是才智出眾的大臣才可以辦到，能夠做到這樣簡直是大功一件，而且其能力真是難以想像，匪夷所思。 所以爻辭寫著： 六四：渙其群，元吉；渙有丘，匪夷所思。 【白話】六四，洪水沖散人群，吉祥。但洪水竟然聚集衝到山丘，簡直匪夷所思，這不是常人所能想到的。 ⊕占卜到這個爻表示當事業有一定的成就之時，要力思清除阻礙發展的人為或物質的障礙，而且要廣邀有實力的朋友或員工，再將事業擴展發揚光大。

卦意對照

卦次	圖解	卦意
渙五	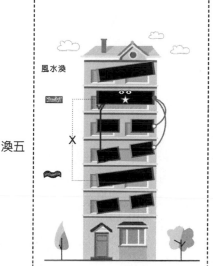	五樓（陽）形狀和窗戶相吻合，坐得正位，位於上卦巽卦（風）的中央，獲得了一顆星星（君王），和二樓（陽）不支持溝通，但是五樓（君王）畢竟是正位尊位具有陽剛之德，在人心渙散之時，可以發號司令使民心聚集歸順，這就好像是讓一個人發了大汗，則四肢舒暢，疾病立除一樣；君王令出而民從，人汗一出而病除。五樓君王治渙有功，居廟堂中正，造福百姓，當然沒有問題了。 所以爻辭寫著： 九五：渙汗其大號，渙王居，無咎。 【白話】九五，發大汗，君王號令，君王居王宮，平安無事。 **⊕占卜到這個爻表示要有一個革心除舊習的決心，體察時勢順應時代需求，整頓團隊以衝刺更廣大的未來。**
渙六	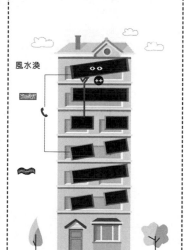	六樓（陽）形狀和窗戶不相符，坐不得位，和三樓（陰）經常打電話溝通，六樓已經位於最高樓前無進路，其下又有五樓（陽）同性進逼，六樓在窮極之時必須亟思改變，只能傷害自己流血以脫離險地求生，往下相應三樓（陰）隨著風行之勢（上卦巽卦是風）遠離，以剛俯柔，以貴下賤，轉危為安。 所以爻辭寫著： 上九：渙其血，去逖出，無咎。 【白話】上九，傷害出血，風行遠離，平安無事。 **⊕占卜到這個爻表示目前在這個環境的人心士氣已經出問題了，必須要痛下決定嚴格執行革除弊病，甚至換上新血輪；不然就是認賠殺出，快速離開險境，另闢新局。**

第六十卦

節卦

節 ＝ 个个（竹）＋ 𝕬（就餐），表示竹制餐具，帶結的一截竹子。

上面是水下方為澤（上卦坎卦是水，下卦兌卦是澤），水自高處流下，積水成澤，水歸於澤，池澤所能容納的水量是有節度的，水止於其所，而萬物積於其居，代表節制、限度之意。

❖【坎上兌下】　水澤節

整棟樓上面有水下面有澤，水流入澤要有節度，只要有適當的節制，就會亨通；但是如果太過苛刻約束，自己太苦或是苛待他人，都不可能亨通。

所以爻辭寫著：

節，亨。苦節不可貞。

【白話】《節卦》象徵節制：亨通，如果以自我節制為苦；不可以占問。

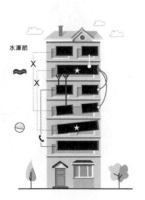

卦意對照

卦次	圖解	卦意
節一	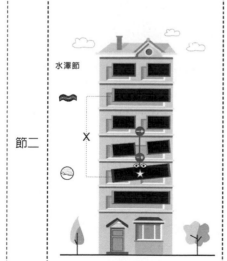 水澤節	一樓（陽）形狀和窗戶相吻合，坐得正位，和四樓（陰）經常溝通相應，但是四樓（陰）位於上卦坎卦（水）水險陷坑之內，一樓（陽）還是不要往上相應，畢竟一樓才剛剛踏入社會，經驗有限，自己謹守戶庭，就不會有事。 所以爻辭寫著： 初九：不出戶庭，無咎。 【白話】初九，不邁出庭院，平安無事。 ⊕占卜到這個爻表示事情進行有時通暢有時阻塞，要能夠知道通塞關鍵之處，進退有據，事情自然會順利進行。
節二	水澤節	二樓（陽）形狀和窗戶不相符，坐不正位，位於下卦兌卦（澤）的中央，獲得了一顆星星（臣子），卻和五樓（陽，君王）不相應溝通，按理一樓代表室內，那二樓就在室外，二樓應該走出去，尤其是二樓（陽）往上遇到三、四樓（陰）將順利行走，更是出外的時機。可是二樓（陽）如果躊躇不前，欲行又止，自我拘束，徒然坐失良機，會有危險。 所以爻辭寫著： 九二：不出門庭，凶。 【白話】九二，不跨出門庭，凶險。 ⊕占卜到這個爻表示要順應審視時勢動向，保持彈性靈活的決策力，看到絕佳時機就放膽去做，如果一昧固執己見或拘泥於僵硬的決策，則將坐失良機，貽誤大事。

卦意對照

卦次	圖解	卦意
節三	水澤節 ✕	三樓（陰）形狀和窗戶不相符，坐不正位，和六樓（陰）不相應溝通，三樓（陰）往上面對上卦坎卦（水）水險陷坑，三樓本身就處於危險邊緣，加上三樓如果要往上也會受到四樓（陰）同性相斥，偏偏三樓（陰）據了底下兩個陽覺得很得意，再加上三樓陰居陽位不正位且偏位（下卦最上端），使得三樓驕縱不知節制，則將會踏入險境而禍害臨身，如果三樓能夠退居省察，改正自新，凡事注意節制之道，就不會有事了。 所以爻辭寫著： 六三：不節若，則嗟若，無咎。 【白話】六三，不加節制，則會嗟歎不止，但知過悔過，則可平安無事。 **⊕占卜到這個爻表示不可恃才傲物，過於驕狂將會招來禍患，要自我節制，知禮遵節，知過改過，則將會避開禍害。**
節四	水澤節 ☎	四樓（陰）形狀和窗戶相吻合，坐得正位，和一樓（陽）經常打電話溝通，四樓（陰）往上輔助五樓（陽，君王），四樓又陰居陰位得正位，四樓和五樓一內一外，一體一用，相得益彰，則萬事亨通。 所以爻辭寫著： 六四：安節，亨。 【白話】六四，安於自我節制，亨通。 **⊕占卜到這個爻表示只要合乎節制之道，心誠守正，守己安分，則順利平安。**

卦意對照

卦次	圖解	卦意
節五	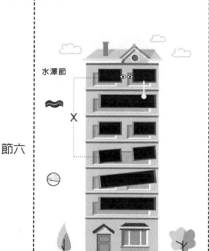	五樓（陽）形狀和窗戶相吻合，坐得正位，位於上卦坎卦（水）的中央，獲得了一顆星星（君王），和二樓（陽）不打電話溝通，五樓（陽，君王）陽剛得正位，又有底下四樓（陰）大臣的柔順相助，五樓可以成其大功，大行其中正之道。 所以爻辭寫著： 九五：甘節，吉，往有尚。 【白話】九五，樂於自我節制，吉祥；前行或有所作為會得到人們的讚賞。 ㊀占卜到這個爻表示只要制定合理的法制規定，合乎人情事理，就可以逐步發展壯大事業版圖。
節六		六樓（陰）形狀和窗戶相吻合，坐得正位，和三樓（陰）不相應溝通，六樓已經位於最高樓，位極而時窮，加上六樓也位於上卦坎卦（水）陷坑內，六樓（陰）又不適當地據五樓（陰據陽為凶），更是苦不堪言，有危險之象；所以六樓要及時覺悟，不能自己這麼苦節過甚，要做適當的改正與變通，合乎人情事理的節制，才可以避免危亡。 所以爻辭寫著： 上六：苦節，貞凶，悔亡。 【白話】上六，以自我節制為苦，占問凶險，但如知過悔過，則晦氣消亡。 ㊉占卜到這個爻表示自己吃苦節制或使人吃苦節制都不適當，如果固執不改將會遭致災禍，要制定合乎人情事理的規定，改正與變通才能讓事情順利進行。

水澤節

第六十一卦

中孚卦

孚有兩個含義，一為俘虜，一為誠信。

風在上澤在下（上卦巽卦是風，下卦兌卦是澤），風在澤上流動，風輕拂池澤的水面上，引發陣陣漣漪的共鳴，因而跟隨順從，有誠懇、信實之意。

❖【巽上兌下】 風澤中孚

整棟樓風吹於上而澤在下應之，就像是豚魚一感知起風，必然跳躍出水面而拜，所以只要有中道之心，誠信感動，就是涉險渡大川也可。

所以爻辭寫著：

中孚，豚魚吉，利涉大川，利貞。

【白話】《中孚卦》象徵誠信：誠信如豚魚，吉利，利於涉越大河，利於堅守中正之道。

卦意對照

卦次	圖解	卦意
中孚一	風澤中孚	一樓（陽）形狀和窗戶相吻合，坐得正位，和四樓（陰）經常打電話溝通，一樓陽居陽位得正位，誠信安居則吉祥，如果心有他念或偏私，就會心不安。 所以爻辭寫著： 初九：虞吉，有它不燕。 【白話】初九，安守誠信，吉祥，如果心生異心，得不到安寧。 ⊕占卜到這個爻表示做事情誠信很重要，要自我省察自己的信用度如何，自己為人處事考慮周到嗎？現在如果出事，是不是以上的環節出錯了。
中孚二	風澤中孚	二樓（陽）形狀和窗戶不相符，坐不得位，位於下卦兌卦（澤）的中央，獲得了一顆星星（臣子），二樓（陽）和五樓（陽）不互相溝通，二樓陽居陰位，上有兩層樓陰（三、四樓）相合，象徵母子之象，也象徵志同道合的朋友，皆出於二樓中位的孚信至誠所致。 所以爻辭寫著： 九二：鳴鶴在陰，其子和之；我有好爵，吾與爾靡之。 【白話】母鶴在山的北面鳴叫，小鶴應聲相和；我有醇香的酒漿，願與你們一同暢飲。 ⊕占卜到這個爻表示要執行的策略要能夠引起股東或同事的共鳴，才能夠順利推行，要心存誠信，廣納建言，獲得一致性的共識後，等於是成功了一半。

卦意對照

卦次	圖解	卦意
中孚三	風澤中孚	三樓（陰）形狀和窗戶不相符，坐不得位，和六樓（陽）經常相應溝通，三樓（陰）往上遇到四樓（陰）同性相斥，而三樓（陰）據二樓（陽）為凶象，加上三樓（陰）與六樓（陽）相應，偏偏六樓位極尊位但是不正位（陽居陰位），六樓的偏執傾向一直影響著三樓，讓三樓毫無己見，時而鼓舞，時而罷廢，時而憂泣，時而歌唱，三樓失去了誠信的形象。 所以爻辭寫著： 六三：得敵，或鼓或罷，或泣或歌。 【白話】六三，面臨強勁的敵人，有人敲起戰鼓追擊，有人停下來，有人哭泣，有人高聲歌唱。 ⊕占卜到這個爻表示目前團隊力量分散，可能有群龍無首的情況，或是朝令夕改，這時候就必須要努力調整組織架構和執行系統，才能夠團結一致力量集中；或是個人遇到艱難困境，可能是信用問題，要深切自省改過，才能解決困難。
中孚四	風澤中孚	四樓（陰）形狀和窗戶相吻合，坐得正位，和一樓（陽）相應支持，四樓已經位於上卦最低端，已經快要接近五樓尊位，就好像是月亮快要圓了，四樓（陰）得正位是一位大臣，可以輔佐五樓（陽，君王）陰陽諧協，但三樓和四樓同時位居整棟樓的中位人位，雖然三、四樓同樣是同僚，但是四樓為了要輔佐五樓君王，必須放棄與三樓相合，猶如讓自己經常陪伴的馬丟失一樣，四樓的誠信感人，不會有事。 所以爻辭寫著： 六四：月幾望，馬匹亡，無咎。 【白話】六四，月亮將圓了，好馬丟失了，平安無事。 ⊕占卜到這個爻表示要抓準策略與目標，凡是害群之馬或是和目標執行無關的事務都應該摒除，全心集中心力往目標前進才是正道。

卦意對照

卦次	圖解	卦意
中孚五	風澤中孚	五樓（陽）形狀和窗戶相吻合，坐得正位，位於上卦巽卦（風）的中央，獲得了一顆星星（君王），卻不和二樓（陽，臣子）相應支持，但是五樓（君王）得位尊位，底下有兩個陰（三、四樓）陰陽相合，五樓君王也以誠信團結眾民，上下互信維繫，則不會出事。 所以爻辭寫著： 九五：有孚攣如，無咎。 【白話】九五，胸懷誠信，繫念不絕，平安無事。 ⊕占卜到這個爻表示事情要順利進行，團結之心必須有，而且用人不是只求順從，而是用其才能，再繫以中正誠信的互信基礎，則事情將順利發展。
中孚六	風澤中孚	六樓（陽）形狀和窗戶不相符合，坐不得位，和三樓（陰）經常打電話溝通，六樓已經位於最高樓，卻用已盡，時已極，就如一隻雞鳴叫的範圍有限，但是位於六樓的雞妄想鳴叫到天際，等於是自不量力，在力量已盡之地仍然想要表現求顯，是會發生問題的。 所以爻辭寫著： 上九：翰音登於天，貞凶。 【白話】上九，雞鳴登上天，占問凶險。 ⊕占卜到這個爻表示要量力而為，懂得權變彈性調整，切記不要好高騖遠自求表現，否則會因為力不從心而難以為繼，遭致災禍。

第六十二卦

小過卦

$\text{過} = \text{辵}$（行進）$+ \text{骨}$（殘骨，死亡），表示在時光流逝中走向死亡，身化枯骨，生命不再。

上卦為震卦為震動之雷，下卦為艮卦表示停止的山，第三、四樓兩個陽被第一、二、五、六樓四個陰包在裡面，顯得客多於主（陰多於陽），更有反客為主之意，是有些小小的過份了。

❖【震上艮下】　雷山小過

整棟樓從外形來看就像一隻鳥，三、四樓（陽）像鳥的身軀，而下面一、二樓（陰），上面五、六樓（陰）則是鳥的雙翼，所以小過卦會使用鳥來比喻。飛鳥在天上鳴叫，飛去而鳴叫聲仍然遺留一些，而且飛鳥不宜往上飛，最好是往下飛，因為往下可以隨時找到棲息地。二樓和五樓都是陰，所以不適合做大事，只能做小事。

所以爻辭寫著：

小過，亨，利貞；可小事，不可大事，飛鳥遺之音，不宜上，宜下，大吉。

【白話】《小過卦》象徵略為過分：小過失，仍可亨通，利於堅守中正之道；可以去做小事，但不可去涉足一些大事；飛鳥要留下鳴叫聲，不應該向上強飛，而應該向下飛，如此，大為吉祥。

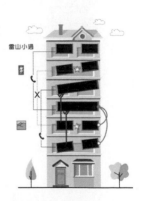

卦意對照

卦次	圖解	卦意
小過一	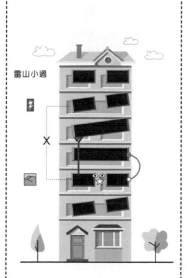 雷山小過	一樓（陰）形狀和窗戶不相符，坐不得位，和四樓（陽）經常相應溝通，一樓（陰）不正位是一位小人，應該安分在底層，可是因為一樓（陰）和四樓（陽）有交情，所以一樓很想要一躍上四樓，因為四樓（大臣）鄰近五樓（君王），可是一樓的力量與身份仍然無法勝任，冒然上行是有風險的。就好像是一隻飛鳥自恃雙翼之勇，不自量力弱，一心往上高飛，最終因為無處棲息而墜落死亡。 所以爻辭寫著： 初六：飛鳥以凶。 【白話】初六，鳥兒飛走，有凶險。 ⊕占卜到這個爻表示現在應該安守本份，努力充實自己應具備的本職學能，修心養性，不要急於求進，甚至攀附權貴，否則很容易遭致禍患。
小過二	雷山小過	二樓（陰）形狀和窗戶相吻合，坐得正位，位於下卦艮卦（山）的中央，獲得了　　顆星星（臣子）。和五樓（陰，君王）不相應溝通，二樓之上是父親（三樓陽），再上是祖父（四樓陽），再上就是祖母（五樓陰），所以二樓想要去見本來不應該去見的五樓（二五樓不相應，小過之一），要先拜訪父親、祖父才能見到祖母；二樓（陰，臣子）又想專程去拜見五樓（陰，君王），真的見面就是大事了，因為五樓（君王）不理會二樓（陰），沒有見到君王，倒是遇見了四樓（陽）大臣（小過之二），這些小過失其實都不是二樓故意所為，二樓只是想要克盡孝道和臣事而已，所以不會有禍患。 所以爻辭寫著： 六二：過其祖，遇其妣；不及其君，遇其臣，無咎。 【白話】六二，通過祖父，遇到祖母；專程去拜見君王，結果卻遇見大臣，平安無事。 ⊕占卜到這個爻表示要堅持心誠守正之道，只要方向是對的就穩定行事，同時也要懂得依自身能力適可而止，這樣即使過程中有些小過失，是無礙於目標達成的。

卦意對照

卦次	圖解	卦意
小過三	雷山小過	三樓（陽）形狀和窗戶相吻合，坐得正位，和六樓（陰）經常打電話溝通，三樓（陽）位於下卦艮卦（山）最上端，是可以不需要往上走，但是三樓陽居陽位過於剛強，有志往上走，可是會遇到四樓（陽）同性敵視，三樓（陽）要懂得防備；因為三樓（陽）和六樓（陰）交情很好，三樓就想要往上去和六樓（陰）相應，殊不知六樓（陰）位居極位，陰居陰位是個小人，三樓沒有防範而去可能會受到六樓陰險所傷害，必須謀定而後動。 所以爻辭寫著： 九三：弗過防之，從，或戕之，凶。 【白話】九三，沒有越界，要有防備之心，如果縱容，可能害死他，凶險。 ⊕占卜到這個爻表示自己的實力堅強是一個事實，但是不要因此而鬆懈疏忽，有可能會受到小人中傷，也不要過於恃強急進，也可能會動輒得咎，所以要彈性調適，進退有據。
小過四	雷山小過	四樓（陽）形狀和窗戶不相符，坐不得位，和一樓（陰）相應溝通，四樓（陽）鄰近五樓（陰）輔佐君王，整個型態沒有問題，四樓（陽）要往上走是很順利（陰陽相合），但是只要去見五樓（陰）即可，不要再往上與六樓（陰）相合，因為六樓位於窮極之位且是小人，恐怕會有危險。四樓要知道自己的處境，陽居陰位不正位，不要往上，適宜安守或往下與一樓相應，果真如此，則不會有事。 所以爻辭寫著： 九四：無咎，弗過遇之；往厲必戒，勿用，永貞。 【白話】九四，平安無事，沒有越界，就和他遇上了。前去危險，必須告誡他，切勿有所行動，要永遠堅守中正之道。 ⊕占卜到這個爻表示做事情不能一成不變，要依時局稍作調適，惟有彈性靈活以對，才會永保安康。

卦意對照

卦次	圖解	卦意
小過五	雷山小過	五樓（陰）形狀和窗戶不相符，坐不得位，位於上卦震卦（雷）中央，獲得了一顆星星（君王），卻和二樓（陰）不相應溝通，五樓（陰）雖然位居尊位，但是五樓陰據了底下兩個陽（三、四樓，陰據陽是凶象），五樓陰柔過盛並不是一位有作為的君王，不能做大事，這種情況就好像是烏雲密佈卻不降下甘霖，看見雲從西方過來，可是西方過來的雲水氣不多，沒有下雨的條件，甚至公侯們要去打獵，打不到鳥，乾脆出其不備跑去洞穴裡面抓鳥，這都不是光明正大的行為，他們不能做大事，只能做些小事。 所以爻辭寫著： 六五：密雲不雨，自我西郊；公弋取彼在穴。 【白話】六五，烏雲密佈卻不下雨，這些烏雲是從城的西邊飄過來的；公侯們射鳥，直接從洞中抓回來。 ⊕占卜到這個爻表示如果現在沒有多大的財力或實力，不要裝腔作勢，妄想做大事業，切記要腳踏實地，扎穩實力，從做好一件小事開始，逐步擴大格局，才是正道。
小過六	雷山小過	六樓（陰）形狀和窗戶相吻合，坐得正位，和三樓（陽）經常打電話溝通，六樓已經位於最高樓窮極之位，往下遇到五樓（陰）同性相敵，雖然六樓可以和三樓陰陽相應，但是偏偏三樓（陽）位於下卦艮卦（山）的最上端，高山之巔止而不動，六樓（陰）如果要往下會受到抵抗，六樓（陰）已經前無進路，如果要往上，就像飛鳥執意要再飛上去，自己能夠飛的高度本來就有極限，再往上飛恐遭致災禍。 所以爻辭寫著： 上六：弗遇過之，飛鳥離之，凶，是謂災眚。 【白話】上六，沒有遇上，讓他過去，飛鳥飛離，凶險，這是災殃禍患。 ⊕占卜到這個爻表示做事情感成份太大，不是任用不適任的私人，不秉公處理，不然就是自傲自大目中無人，這樣不會得到朋友的信任而離去，繼而遭致災禍；要適時調整自己的心態和處事方法，謙遜而有彈性，心誠守中，才可以避禍。

第六十三卦

既濟卦

䷾ ＝ ䷜（水，渡河）＋ ䷝（齊，相等，統一），這意思就是眾人在同一船上喊著口號，以統一節奏整齊劃槳，強渡激流。

　　水在上火在下（上卦坎卦是水，下卦離卦是火），水往下與火往上合而為一，水火相交而完成，是六十四卦中最完美的一卦；象徵事已成功，發揮相輔相成的效果，也代表全盛時期已過，目前正處於亨通安泰之狀。

❖【坎上離下】　水火既濟

　　整棟樓打電話溝通無礙，每一層樓都得正位，完美至極，就是太圓滿了，不能再有做大事的空間了，所以只可以做小事；然而要注意的是，六樓陰居陰位最高樓，六樓（陰）據五樓（陽），有小人乘凌得勢弄權的情況，而且六樓最高位物極必反要轉往未濟卦，要當心順利會轉為混亂。

　　所以爻辭寫著：

既濟，亨小，利貞；初吉終亂。

　　【白話】《既濟卦》象徵成功：小有亨通，利於堅守正道；開始時是吉祥的，最終會導致混亂。

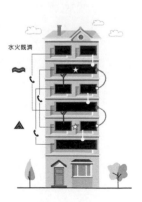

卦意對照

卦次	圖解	卦意
既濟一	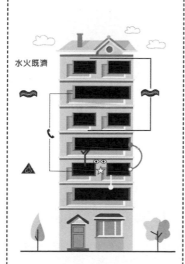 水火既濟	一樓（陽）形狀和窗戶相吻合，坐得正位，和四樓（陰）經常打電話溝通，一樓（陽）和四樓（陰）兩相牽引，猶如車輪滾動，但是四樓（陰）位於上卦坎卦（水）之內，一樓地面難免浸到水而泥濘，必須更加用力拖曳才行，還好二樓（陰）相應支持一樓（陽），協助一樓繼續往前走，不會有禍患。 所以爻辭寫著： 初九：曳其輪，濡其尾，無咎。 【白話】初九，拖拉車輪，浸濕了車子尾部，沒有禍患。 ⊕占卜到這個爻表示做事情要預先防範未來可能發生的意外，只要預先籌畫妥善，事情就會順利進行，千萬不要只顧前進而不計後果，莽進的結果必然遭致一些艱難困境。
既濟二	水火既濟	二樓（陰）形狀和窗戶相吻合，坐得正位，和五樓（陽）經常相應溝通，二樓（陰）位於下卦離卦是次女，雖然五樓（陽）相應，但是也因此招引了盜賊下來（上卦坎卦水險盜賊），使得婦人的車窗簾被偷走了，還好二樓和五樓都得正位，不需要急得去尋找，七天就會找到了。 所以爻辭寫著： 六二：婦喪其茀，勿逐，七日得。 【白話】六二，婦人丟掉了車窗簾，不用去尋找，第七天就會失而復得。 ⊕占卜到這個爻表示要專注於自己設定的大目標或大任務，全心努力去做，不要為一些不重要的瑣事煩心而多花時間去處理，等到達到目標或完成任務，那些次要的瑣事自然也完成，或是找到了。

卦意對照

卦次	圖解	卦意
既濟三	水火既濟　3	三樓（陽）形狀和窗戶相吻合，坐得正位，和六樓（陰）經常打電話溝通，三樓（陽）位於下卦離卦（火）的最上端偏位，陽剛過甚而想要往上走，卻遇到上卦坎卦水險陷坑，異常困頓，這就好像是商朝高宗（武丁）征伐鬼方，勞師動眾歷經三年才戰勝克服，已經師老財困，這時候不能重用小人再亂朝綱，國家已經沒有資源再做無謂的耗盡了。 所以爻辭寫著： 九三：高宗伐鬼方，三年克之，小人勿用。 【白話】九三，殷高宗武丁征伐地處西北的鬼方國，費時三年才獲得勝利，小人不得封賞任用。 **⊕占卜到這個爻表示不要輕舉妄動，不要受人所惑而冒然下單，要謹慎持量自己的實力，以及盤算風險承受的能力。**
既濟四	水火既濟	四樓（陰）形狀和窗戶相吻合，坐得正位，和一樓（陽）相應溝通，但是四樓（陰）上鄰五樓（陽）要輔佐君王，四樓（陰）又相應於一樓（陽），四樓在上下兩個陽之間擺盪，有不安定之象；四樓也正處於兩個坎卦水險盜賊陷坑的重疊之處（二至四樓，四至六樓組成坎卦），使得四樓必須時時戒慎恐懼，兢兢業業，要穿件破衣在外面以防賊人搶劫。 所以爻辭寫著： 六四：繻有衣袽，終日戒。 【白話】六四，就像在冬天穿著破衣一樣，整天都要保持戒備，戰戰兢兢。 **⊕占卜到這個爻表示要謙謹自持，要有危機意識，提高警覺，不可過份炫耀，或是狂妄高調，否則會有損失。**

卦意對照

卦次	圖解	卦意
既濟五	水火既濟　西　東	五樓（陽）形狀和窗戶相吻合，坐得正位，和二樓（陰）經常相應溝通，五樓君王已經位於尊位功業就，接下來當然要祭祀上天，但是祭祀要得時、得地，也要心誠，即使只有準備薄禮也沒有關係。所以如果在東邊不修德行，雖然殺牛也不得神明所歆饗；倒不如到西邊君王的本位之處祭祀，雖然只準備簡薄祭品，但只要虔誠盡禮，終可獲神明保佑。（先天八卦之下卦離卦位於東方，上卦坎卦位於西方） 所以爻辭寫著： 九五：東鄰殺牛，不如西郊之禴祭，實受其福。 【白話】九五，東邊鄰國殺牛羊舉行盛大祭禮，倒不如西邊鄰國舉行簡單而樸素的祭祀，這樣才更能得到上天的保佑。 ⊕占卜到這個爻表示心誠守正最重要，能夠獲得別人感念信任的，不在於禮物有多麼貴重，而是真心關懷全心付出的態度。
既濟六	水火既濟	六樓（陰）形狀和窗戶相吻合，坐得正位，和三樓（陽）相應溝通，六樓已經位於最高樓坎險之極，而且六樓居於最高位自得意滿，只想再向上衝，就好像頭部被淋濕了一樣，恐有危難，物極必反，六樓已經快要轉成未濟卦，既濟圓滿之局勢必難以持久。 所以爻辭寫著： 上六：濡其首，厲。 【白話】上六，弄濕了頭，有危險。 ⊕占卜到這個爻表示災禍將至，不要再因為功成名就而自得意滿了，要趕緊謹慎防範，多做一些風險預估的準備工作，否則將有大損失。

第六十四卦

未濟卦

濟， ＝ （水，渡河）＋ （齊，相等，統一），這意思就是眾人在同一船上喊著口號，以統一節奏整齊劃槳，強渡激流。

上卦離卦火往上，下卦坎卦水往下，不會結合，難以相容，無法相濟使用。

❖【離上坎下】 火水未濟

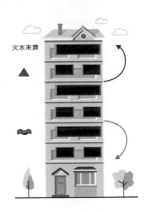

整棟樓上下都在打電話溝通無礙，所以亨通。但是每一層樓都不正位，所有人的才能都不稱職，不會做出什麼事出來，就好像一隻小狐想要過河，快要上岸尾巴也弄濕了，卻因為後勁不足身疲力竭，而前功盡棄，沒有任何成果。

所以爻辭寫著：

未濟，亨，小狐汔濟，濡其尾，無攸利。

【白話】《未濟卦》象徵事未完成：亨通，小狐渡河快到對岸了，卻浸濕了尾巴，則沒有什麼好處。

卦意對照

卦次	圖解	卦意
未濟一	火水未濟	一樓（陰）形狀和窗戶不相符，坐不得位，和四樓（陽）經常打電話溝通，但是四樓自己也是不正位（陽居陰位不正），一樓（陰）力量薄弱（陰居陽位不正位），又身處於下卦坎卦（水）之內，如果不安份卻冒然前進，將會有艱難的情況發生，就好像是小狐想要渡河卻不知水性與暗流，以致於弄濕了尾巴。 所以爻辭寫著： 初六：濡其尾，吝。 【白話】初六，小狐過河，浸濕了尾巴，前途艱難。 ⊕占卜到這個爻表示目前的經驗與實力不足，不要強作聰明過人的樣子，也不要輕躁冒失地做事，否則壞了事情，也壞了自己的名聲。
未濟二	火水未濟	二樓（陽）形狀和窗戶不相符，坐不得位，和五樓（陰）相應溝通，二樓位於下卦坎卦（水）的中央，獲得了一顆星星（臣子），二樓陽居陰位雖然不得位，但是剛柔並濟並且和五樓（陰，君王）相應支持，二樓（陽）如果循序前進，會有三樓（陰）相合支持，吉祥。 所以爻辭寫著： 九二：曳其輪，貞吉。 【白話】九二，拖拉車輪，占問吉祥。 ⊕占卜到這個爻表示要穩健守正，依照既定的計畫按部就班地循序進行，事情自然會順利；切記不可過於自信而躁進，不看時勢而冒進。

卦意對照

卦次	圖解	卦意
未濟三	火水未濟	三樓（陰）形狀和窗戶不相符，坐不得位，和六樓（陽）經常打電話溝通，三樓位於下卦坎卦（水）最上端，三樓自身陰居陽位不正位且力量薄弱，如果想要前進到上卦離卦（火）的境地，三樓冒險前進是有危險的。但是三樓身處兩個坎卦水險的重疊之處（一至三樓，三至五樓組成坎卦），遇水險配合不正位，反而有利於走水路，不適合走陸路。 所以爻辭寫著： 六三：未濟，征凶，利涉大川。 【白話】六三，事情未完成，急躁冒進而有所行動，有凶險，但有利於渡過大河。 ⊕占卜到這個爻表示如果要出門最好走水路，或是和水相關的人事物，會有收穫。同時，要謹慎看待處理的事務，思緒完整精密，就可以脫離艱困險境。
未濟四	火水未濟　3	四樓（陽）形狀和窗戶不相符，坐不得位，和一樓（陰）經常打電話溝通，四樓已經脫離下卦坎卦險境，而身處於上卦離卦（火）之內，四樓（陽）雖然不得位但是剛柔並濟，往上輔在五樓（陰，君王），又有一樓（陰）往上支持，不會有事，也有條件可以成事，就好像是商朝高宗（武丁）征伐鬼方，三年得勝立大功，得到大國的賞賜。 所以爻辭寫著： 九四：貞吉，悔亡；震用伐鬼方，三年有賞於大國。 【白話】九四，占問吉利，晦氣消亡。以雷霆萬鈞之勢征討鬼方國，經過三年得到了勝利，受到大國的獎賞。 ⊕占卜到這個爻表示找到才德堅貞的幹部，或是你的本職學能已經完備，可以開始執行任務，最終能成就而竟其功。

卦意對照

卦次	圖解	卦意
未濟五	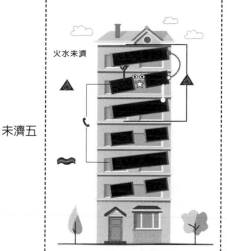	五樓（陰）形狀和窗戶不相符，坐不得位，和二樓（陽）相應溝通，五樓位於上卦離卦（火）的中央，獲得了一顆星星（君王），陰居陽位所發出的光是柔和慈愛的暉光，讓二樓（陽，臣子）剛健正直的君子甘願獻身成就其大業，吉祥。 所以爻辭寫著： 六五：貞吉，無悔；君子之光，有孚，吉。 【白話】六五，占問吉祥，沒有晦氣；有誠實守信的德行，是君子的光榮，吉祥。 ⊕占卜到這個爻表示有得力的助手，有堅實的團隊，以謙遜虛心關懷的態度帶領，事情將順利成功。
未濟六	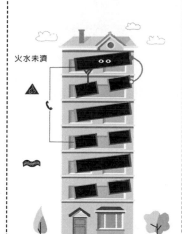	六樓（陽）形狀和窗戶不相符，坐不得位，但是和三樓（陰）經常打電話溝通，五樓已經寬其功，六樓（陽）位於最高樓已經不需要做什麼事了，有了三樓（陰）不斷地支持供應好酒（三樓位於下卦坎卦有酒），六樓飲酒作樂而過於貪飲，當然會醉酒而窘狀百出，就好像頭部被酒淋濕了一樣；當然，物極必反，六樓要轉為既濟卦了，雖窮而不窮，失窮反而轉為通，失終反而轉為始，是失反而得其成，六樓的生機沒有滅失，有失反為是。 所以爻辭寫著： 上九：有孚於飲酒，無咎；濡其首，有孚失是。 【白話】上九，滿懷信心，安閒自得地飲酒作樂，平安無事；縱情濫飲，像小狐過河弄濕了頭一樣，有合乎規矩，失去，也得到。 ⊕占卜到這個爻表示事情沒有到了蓋棺論定的終點，仍然可以全力再拚，或許有一絲生機，總會有轉危為安的生路出現的。

醸生活25　PA0106

 易經圖解占卜攻略
　　──用數字卦占卜法，掌握自我運勢，解答人生及職場
的不可測

作　　者	原　來
責任編輯	杜國維
圖文排版	楊家齊
封面設計	蔡瑋筠

出版策劃	醸出版
製作發行	秀威資訊科技股份有限公司
	114 台北市內湖區瑞光路76巷65號1樓
	電話：+886-2-2796-3638　傳真：+886-2-2796-1377
	服務信箱：service@showwe.com.tw
	http://www.showwe.com.tw
郵政劃撥	19563868　戶名：秀威資訊科技股份有限公司
展售門市	國家書店【松江門市】
	104 台北市中山區松江路209號1樓
	電話：+886-2-2518-0207　傳真：+886-2-2518-0778
網路訂購	秀威網路書店：https://store.showwe.tw
	國家網路書店：https://www.govbooks.com.tw
法律顧問	毛國樑　律師
總 經 銷	聯合發行股份有限公司
	231新北市新店區寶橋路235巷6弄6號4F
	電話：+886-2-2917-8022　傳真：+886-2-2915-6275

出版日期	2020年6月　BOD一版
定　　價	390元

國家圖書館出版品預行編目

易經圖解占卜攻略：用數字卦占卜法, 掌握自我
運勢,解答人生及職場的不可測 / 原來著. -- 一
版. -- 臺北市：釀出版, 2020.06
　　面；　公分. -- (釀生活；25)
BOD版
ISBN 978-986-445-398-6(平裝)

1. 易占

292.1　　　　　　　　　　　　　109006241

讀者回函卡

感謝您購買本書,為提升服務品質,請填妥以下資料,將讀者回函卡直接寄回或傳真本公司,收到您的寶貴意見後,我們會收藏記錄及檢討,謝謝!

如您需要了解本公司最新出版書目、購書優惠或企劃活動,歡迎您上網查詢或下載相關資料:http:// www.showwe.com.tw

您購買的書名:_____

出生日期:_____年_____月_____日

學歷:□高中 (含) 以下　　□大專　　□研究所 (含) 以上

職業:□製造業　□金融業　□資訊業　□軍警　□傳播業　□自由業
　　　□服務業　□公務員　□教職　　□學生　□家管　　□其它_____

購書地點:□網路書店　□實體書店　│書展　□郵購　□贈閱　□其他

您從何得知本書的消息?

　□網路書店　□實體書店　□網路搜尋　□電子報　□書訊　□雜誌

　□傳播媒體　□親友推薦　□網站推薦　□部落格　□其他_____

您對本書的評價:(請填代號　1.非常滿意　2.滿意　3.尚可　4.再改進)

　封面設計____　版面編排____　內容____　文/譯筆____　價格____

讀完書後您覺得:

　□很有收穫　□有收穫　□收穫不多　□沒收穫

對我們的建議:_____

_____

_____

_____

11466
台北市內湖區瑞光路 76 巷 65 號 1 樓

秀威資訊科技股份有限公司　　　收

BOD 數位出版事業部

．．．

（請沿線對折寄回，謝謝！）

姓　　名：_____　年齡：_____　性別：□女　□男

郵遞區號：□□□□□

地　　址：_____

聯絡電話：(日)_____ (夜)_____

E-mail：_____